KB247728

길 위의 클래식

길 위의 클래식

진회숙
쓰다

모든 길에는 음악이 흐른다

클래식 음악과 함께 떠나는 유럽 여행 산문집

상상스퀘어

1

음악이 깃든 시간 속을
걷는 여행

Italy

이탈리아

박제된 시간 속의
도시

나폴리, 폼페이 유적

새빨간 불을 뿜는 저기 저 산, 올라가자!

그곳은 지옥같이 무서운 곳. 무서워라.

산으로 오르는 전차를 타고 누구든지 올라가네.

피어오르는 연기가 손짓을 하네. 올라오라! 올라오라!

가자! 가자! 저기 저 산에!

푸니쿨리 푸니쿨라 푸니쿨리 푸니쿨라

누구나 타는 푸니쿨리 푸니쿨라.

폼페이 유적. 멀리 베수비오산이 보인다

　　나폴리 민요 〈푸니쿨리 푸니쿨라〉다. 여기서 말하는 '새빨간 불을 뿜는 무서운 산'은 이탈리아 나폴리 인근에 있는 베수비오 화산이고, 푸니쿨리 푸니쿨라는 이 화산의 정상까지 올라가는 케이블카의 이름이다. 이 케이블카는 19세기 말에 토머스 쿡이라는 사업가가 관광객을 끌어들이기 위해 설치했다. 그러나 처음에는 사람들의 관심을 별로 끌지 못했다고 한다. 토마스 쿡은 어떻게 하면 관심을 끌 수 있을까 고심하다가 재미있는 노래를 만들어 홍보하기로 했는데 그것이 바로 〈푸니쿨리 푸니쿨라〉이다.

　　푸니쿨리 푸니쿨라는 이탈리아어로 '케이블카'라는 뜻인 푸니콜라레 Funicolare에 나폴리 사투리와 줄임말을 결합한 것인데, 이 노래 덕분에 베수비오 화산을 오르는 케이블카가 크게 인기를 끌었다고 한다. 하지만 지금 이 케이블카는 안전상 이유로 철거된 상태.

나폴리, 폼페이 유적

〈푸니쿨리 푸니쿨라〉를 들으면 베수비오 화산이 그다지 위험하지 않은 친근한 산처럼 여겨진다. 하지만 베수비오 화산은 20세기 초까지도 꾸준히 분출을 기록했던 아주 위험한 화산이다. 거대한 분화구에서 뿜어져 나온 불덩어리가 한 도시 전체를 집어삼킨 적도 있었는데, 그 도시가 바로 폼페이다.

젊은 시절 친구와 함께 유럽 배낭여행을 하다가 폼페이에 갔었다. 밤에 나폴리에 도착해 시내의 허름한 모텔에서 밤을 보내고 그다음 날 바로 폼페이 유적을 찾았다. 그런데 입구에서 입장권을 사려는 순간 며칠 전 기차에서 만났던 한국 배낭객의 얘기가 떠올랐다. 폼페이에 입장권을 사지 않고 몰래 들어갈 수 있는 이른바 '개구멍'이 있다는 얘기였다.

순간 갑자기 내 속의 젊은 치기가 발동하기 시작했다. 당시 나는 육체적으로는 팔팔하고, 정신적으로는 무모한 나이였다. 여행을 왔으니 평소에 안 하던 짓을 한번 해보고 싶다는 생각이 들었다. 돈을 아끼려던 것은 아니었다. 그저 재미 삼아 한번 일탈 행위를 해보고 싶었다. 그래서 우리는 한국 배낭객이 알려준 고급 정보(?)를 바탕으로 그 개구멍을 찾기 시작했다. 조금 걸으니 덤불로 덮인 숲이 나타났다. 덤불을 헤치고 걷는 것이 쉽지 않았다. 날카로운 풀에 이리 찢기고, 저리 찢기고 고생이 말이 아니었다. 얼마 지나지 않아 후회가 밀려왔다. 이 덤불을 얼마나 헤치고 가야 개구멍이 나타나는 걸까? 다시 되돌아갈까 생각도 했었다. 하지만 그 험한 덤불숲을 헤치고 돌아갈 생각을 하니 엄두가 나지 않았다. 우리가 할 수 있는 일은 오로지 전진, 전진뿐이었다.

얼마나 걸었을까. 드디어 유적 안으로 들어갈 수 있는 곳이 나타났다. 우리가 흔히 생각하는 개구멍은 아니고, 사람이 충분히 드나들 수 있도록

'황금 팔찌의 집'에서 발견된 화산 폭발의 희생자들

프레임의 간격이 넓은(사이로 지나가려면 적어도 보통 체격은 되어야 한다) 철제 담장이었다. 회심의 미소를 지으며 '이제 저 안으로 들어가면 우리의 개구멍 작전은 성공한 거겠지?' 이런 생각을 하고 있을 때. 안에 있는 한 한국인 관광객과 눈이 마주쳤다. 그가 몹시 놀란 표정을 지으며 "거기 어떻게 나가셨어요?"라고 묻는 것이 아닌가? 그는 우리가 정상적인 방법으로 유적에 들어왔다가 담 밖으로 나갔다고 생각한 모양이다. 그 순간 그렇게 창피할 수가 없었다. 실수로 밖으로 나간 척하며 서둘러 안으로 들어가긴 했지만 지금 생각해도 참으로 모양 빠지는 일이었다. 그나저나 그 개구멍은 아직 그대로 있으려나?

형체로 남은 폼페이 최후의 날

폼페이는 물질적으로나 문화적으로 매우 풍요로운 도시였다. 유적을 둘러보면서 "아니, 2000년 전 사람들이 이렇게 잘살았단 말이야?" 하는 말이 절로 나올 정도였다. 그렇게 잘살던 도시가 하루아침에 쫄딱 망하고 말았다. 서기 79년 8월 24일 아침, 폼페이 사람들은 여느 때와 마찬가지로 가족들과 인사를 나누고, 식탁에 앉아 느긋하게 아침 식사를 즐겼다. 그런데 오후 1시경, 베수비오 화산이 폭발하기 시작했다. 하지만 그때까지만 해도 폼페이 사람들은 이를 대수롭지 않게 생각했다. 그런데 얼마 지나지 않아 대재앙이 일어났다. 거대한 분화구에서 뿜어져 나온 수백만 톤의 화산재가 도시를 덮친 것이다. 미처 도망치지 못한 사람들은 화산재의 공격에 그저 속수무책으로 당할 수밖에 없었다. 그 갑작스러운 재앙 앞에서 얼마나 무서웠을까.

폼페이 사람들은 2000년 후의 우리에게 그 아비규환의 순간을 몸으로 생생하게 보여주고 있다. 폼페이 유적을 구경하면서 가장 충격을 받은 점이다. 고통으로 몸부림치면서 죽어간 사람, 계단을 미쳐 다 내려오지도 못한 채 최후를 맞은 사람, 끝까지 아기를 보호하려고 몸부림치다 죽은 어머니, 생의 마지막 순간에 서로를 간절히 꺼안고 죽어간 연인들. 어떤 것은 표정까지 너무나 생생했다.

그런데 이렇게 생생한 모습을 어떻게 복원할 수 있었을까? 여기에는 이런 사연이 있다. 1861년 폼페이 발굴 현장을 지휘했던 고고학자 주세페 피오렐리 교수는 한 가지 풀리지 않는 문제로 골머리를 앓고 있었다. 폼페이 사람들이 살던 집, 도로 그리고 그들이 사용하던 그릇, 가구, 심지어는 작은 장신구까지 있는데, 사람의 흔적은 어디에서도 찾을 수 없다는 사실이었다.

그 많은 사람이 도대체 다 어디로 사라졌을까? 이렇게 궁금해하던 중 한 가지 사실이 떠올랐다. 용암과 화산재가 식어서 굳어진 흙더미 안에 정체를 알 수 없는 빈 구멍이 많다는 사실이었다. 피오렐리 교수는 그 구멍 안에 조심스럽게 석고를 부었다. 그리고 석고가 다 마른 다음 주변의 흙을 모두 제거했다. 그러자 놀라운 광경이 눈앞에 펼쳐졌다. 재앙의 날 죽어간 사람들의 생생한 모습이 그대로 드러난 것이다.

사람의 몸을 덮은 화산재와 용암은 세월이 지나면서 점점 굳어졌다. 하지만 그 안에 있는 사람의 시신은 썩어 없어졌다. 그래서 시신이 있던 자리가 빈 공간으로 남게 된 것이다. 피오렐리 교수는 그 안에 석고를 부어 폼페이 최후를 맞은 사람들의 모습을 생생하게 재현했다. 이런 방식으로 형체를 찾은 시신은 약 100여 구 정도인데, 그중 일부가 폼페이 유적에 그대로 남아 있다.

풍요로운 삶을 누린 폼페이 사람들

폼페이 유적에 들어서자마자 가장 먼저 도로가 눈에 들어왔다. 돌을 깔아 만든 도로의 가운데에 마차가 다닐 수 있는 길이 있고, 양쪽 옆에는 이보다 약간 높은 보행자 도로가 있었다. 비가 왔을 때 발을 적시지 않고 길을 건널 수 있도록 중간에 만들어놓은 징검다리 모양의 보행자 건널목도 보였다. 도로 바닥에는 면이 고르지 않은 넓은 판석이 깔려 있었다. 판석이 움푹 들어간 곳도 있고 판석 사이의 틈이 상당히 벌어져 있는 곳도 있었는데, 일찍이 이곳을 방문한 적이 있는 미국의 소설가 마크 트웨인은 이에 대

아폴로 신전 앞에 서 있는 아폴로 동상

해 이런 불만을 쏟아냈다. "폼페이 도로를 담당하는 사람이 누군지 이름을 알려달라. 만나면 도로를 이 모양으로 관리한 벌로 한 방 갈겨주고 싶다. 왜 이렇게 화를 내냐고? 움푹 들어간 바퀴자국에 내 발이 빠졌었으니까!"

마크 트웨인을 화나게 했던 그 불편한 도로를 걸어 도시 한가운데에 위치한 바실리카로 갔다. 고대 로마 도시의 중앙에는 어디에나 바실리카가 있었다. 바실리카는 고대 로마의 공공건물을 가리키는 말로, 재판을 열거나 회의를 하는 등 도시민을 위한 공식 업무를 수행하는 곳이었다.

폼페이 사람들은 오전 시간의 대부분을 바실리카에서 보냈다. 아침을 먹고 바실리카에 와서 친지들과 잡담을 나누거나 세상이 어떻게 돌아가는 지 살펴보곤 했다. 실업자들에게도 바실리카는 시간을 보내기에 더없이 좋은 장소였다. 일거리 없는 변호사, 가르칠 학생 없는 교사, 작품 의뢰를 받지 못한 예술가들이 하루의 대부분을 여기서 보냈다. 일거리가 없으니 당연히 사회를 바라보는 눈이 삐딱했을 수밖에 없다. 이 사회 불만 세력들은 가끔 낙서로 불만을 털어놓기도 했는데, 예를 들자면 이런 식이다. '어디서 잔치가 열린다는데 오라는 놈이 한 명도 없구나.' '옆집에 사는 아무개를 꼬시려는데 비너스 여신이 도와주질 않네.'

오전 시간을 바실리카에서 보낸 사람들은 오후가 되면 목욕탕에 갔다. 폼페이 사람들의 삶에서 가장 주목할 만 한 부분이 바로 일상화된 목욕 문화다. 폼페이 사람들은 수시로 목욕을 즐겼다. 목욕이 성행했다는 것은 그만큼 물 공급이 잘 이루어졌다는 의미다. 폼페이의 욕장은 시설이 매우 고급스럽고 세분화되어 있다. 남탕과 여탕이 구분되어 있고 들어가는 출입구도 달랐다. 각 욕장에는 탈의실, 냉탕, 따뜻한 탕, 뜨거운 탕이 있고, 건물 밖에는 운동을 할 수 있는 마당과 화장실이 있었다. 목욕탕에서는 화산

폼페이의 목욕탕

폭발 당시 죽은 사람의 형상도 발견되었다. 화산이 폭발했는데도 목욕탕에 간 것을 보면, 당시 사람들은 위험을 전혀 감지하지 못했던 것 같다. 가죽끈이 달린 나무 샌들을 신고 있는 것으로 미루어 온탕에 있다가 변을 당한 것으로 보인다.

목욕을 마친 사람들은 출출한 배를 채우려고 식당으로 갔다. 식당의 가판대는 도로 쪽으로 열려 있는데, 가판대의 움푹 들어간 곳에 음식물이 담긴 항아리를 놓고 음식을 팔았다. 손님을 끌기 위해 가판대를 아름다운 색깔의 대리석으로 고급스럽게 장식해놓은 모습이 눈에 띄었다.

폼페이 사람들의 주식은 빵이었다. 그래서 거리 곳곳에 빵집이 많았는데, 헤르클라눔이라는 거리에는 빵집이 무려 서른 개나 있었다. 지금 여기에 가면 원래의 형태를 그대로 간직한 채 화석이 된 빵들을 볼 수 있다. 이

색색의 모자이크로 장식한 작은 분수

빵들은 모두 오븐에서 발견되었는데, 어떤 오븐에서는 빵이 무려 80개나 나왔다고 한다.

폼페이에는 식당 외에 술이나 패스트푸드를 파는 스낵바가 무려 100개나 있었다. 폼페이에서 가장 유명한 스낵바에서는 손님들에게 다과를 제공할 뿐만 아니라 말동무가 되어줄 여성도 제공했다. 폼페이는 항구도시이기 때문에 지중해 인근의 나라에서 온 손님들이 많았다. 그래서 주인은 이들을 상대할 외국인 여성을 고용했는데, 타향에 와서 고향말을 쓰는 여자를 만날 수 있기 때문에 외국인들에게 특히 인기가 있었다고 한다.

폼페이에서 목욕탕만큼이나 중요한 곳은 극장이다. 폼페이에는 크고 작은 극장이 여러 개 있다. 그중 기원전 80년에 지어진 원형극장은 현재 남아 있는 원형극장 가운데 가장 오래된 것이다. 이 극장은 날씨가 좋지 않을

크고 쾌적한 폼페이의 주택

때는 부분적으로 천막이나 차양을 칠 수 있도록 설계되었다. 좌석의 가장
아래쪽은 상류층을 위한 이른바 로열석이다. 수용 인원이 약 12000명 정
도 되지만 검투사의 시합이나 모의 해군 전투, 야생동물 쇼가 있는 날에는
수천 명이 더 모였다고 한다. 수용 인원이 5000명 정도 되는 또 다른 극장
에서는 희극이나 비극을 공연했다. 좌석을 밑에서부터 위까지 세 등급으로
구분해, 무대와 오케스트라 피트가 잘 보이는 자리는 더 비싼 값을 받았다.

폼페이를 둘러보면서 느낀 것은 예나 지금이나 사람 사는 모습은
다 비슷하다는 점이었다. 물론 질적인 면에서 차이가 있겠지만 여하튼
2000년 전 사람들도 지금 우리처럼 먹고, 마시고, 쉬고, 놀고, 그랬다. 그렇
다면 폼페이 사람들은 도대체 어떻게 생겼을까? 폼페이에는 이런 궁금증
을 풀어주는 집이 있다. 파쿠이우스 프로쿨루스의 집Casa di Paquius Proculus인

데, 이곳에 가면 폼페이의 전형적인 중산층 부부의 얼굴을 그린 프레스코화를 볼 수 있다.

그림 속 남자는 로마 시민의 전형적인 복장인 토가를 입고, 공식 문서로 추정되는 두루마리를 들고 있다. 한편 부인은 철필과 밀랍을 칠한 서자판을 들고 있는데, 여성의 신분인데도 상당한 학식과 교양을 갖춘 사람이라는 의미다. 하지만 이들도 비극을 피해 갈 수는 없었다. 집에 있는 방에서 어린이 시신이 일곱 구가 발견되어 충격을 주었다. 화산이 폭발하자 피신하려고 모두 한 방에 모여 있다가 변을 당한 것으로 보인다.

폼페이 유적을 둘러보면서 제일 놀란 점은 2천 년 전 사람들이 현재 우리보다 더 크고 쾌적한 집에서 살았다는 것이다. 집만 크고 좋은 것이 아니었다. 문화적으로도 풍요로운 삶을 누렸다. 이들은 중정의 연못에 우아한 조각상을 설치하고, 집 안을 정교한 모자이크와 아름다운 프레스코화로 장식했다. 황금 팔찌의 집The house of golden bracelet도 그런 집 중 하나인데, 여기에서 발견된 유골이 황금 팔찌를 끼고 있어서 '황금 팔찌의 집'이라고 한다.

이 집의 주인은 자신의 집을 낙원으로 꾸미고 싶었던 것 같다. 집 안의 벽이란 벽을 몽땅 프레스코화로 도배했는데, 그중에서 가장 아름다운 것은 온갖 종류의 꽃과 나무, 새가 어우러진 정원 풍경을 담은 그림이었다. 협죽도, 야자나무, 아이리스, 장미, 데이지, 양귀비 등 온갖 꽃이 피어 있는 정원에 비둘기, 참새, 제비. 황금 꾀꼬리, 어치가 날아드는 장면이 환상적이었다. 지상 낙원이 있다면 아마 이런 곳이 아닐까 싶었다.

하지만 이렇게 멋진 집에 살았던 사람도 베수비오의 저주를 피해 갈 수는 없었다. 이 집에서 네 개의 유골이 나왔는데, 학자들은 이들이 부모와 두 자녀로 이루어진 가족일 것이라고 생각했다. 그런데 최근에 유골에서 나

황금 팔찌의 집에 있는 프레스코화

온 DNA를 분석한 결과 반전이 일어났다. 네 명 중에서 세 명이 남성이며, 유전적으로 서로 전혀 연관이 없는 남이라는 사실이 밝혀진 것이다. 그렇다면 이들은 왜 여기 있었을까? 친구집에 놀러 갔다가 변을 당하기라도 한 것일까? 깨워서 물어볼 수도 없는 노릇이다.

벼락부자의 에로틱 하우스, 베티의 집

도시의 이곳저곳을 대충 둘러본 후, 우리는 그 유명한 베티의 집Casa del Vetti을 찾아 나섰다. 길 가는 사람에게 베티의 집이 어디냐고 물어보는데 한 이탈리아 아저씨가 다가왔다. 그는 서툰 영어로 안내를 해주겠다고 했다. 하지만 잠깐 망설였다. 안내한답시고 터무니없이 많은 돈을 요구하면 어떡하지? 이런 걱정을 하면서 "How much?"라고 물었더니 "One coffee"라고 한다. 커피 한 잔 값이면 뭐. 안심하고 그의 뒤를 따라갔다.

이 집의 주인인 베티 형제는 본래 노예 출신이었다. 술장사로 큰돈을 번 형제는 돈을 내고 자유민의 신분을 샀다. 그런데 자유민 정도로는 성이 차지 않았던 모양이다. 그 후 공공사업에 막대한 기부금을 내고 로마 황제 아우구스투스의 족보에까지 이름을 올렸다. 이렇게 막대한 재력을 바탕으로 신분세탁에 성공한 베티 형제는 재력을 과시하기 위해 폼페이에서 가장 화려한 집을 지었다. 돈을 벌었으니 허세를 부리고 싶었겠지. '노예 출신이라고 깔보지 마. 나 이런 집에 사는 사람이야!'라고 말이다.

노예 출신의 자유민 즉, 벼락부자들이 부상하면서 윤리의식도 무너졌다. 이는 폼페이의 건축물을 장식한 그림이나 모자이크, 조각상을 보면 알 수 있다. 아주 에로틱한, 지금 보아도 낯 뜨거운 것들이 많다. 베티의 집 역시 이런 벼락부자의 몰취미를 보여준다. 이 집에는 여자를 성적인 대상으로 취급한 그림, 심지어는 성폭행의 대상으로 묘사한 그림도 있다. 반면에 옷을 벗고 남근을 드러낸 남성을 풍요와 번영의 상징이자 집안의 수호자로 묘사한 것이 눈에 띈다.

우리를 안내한 이탈리아 아저씨가 집으로 들어서자마자 입구에 있는 벽화를 손으로 가리킨다. 그러곤 "에로틱, 에로틱"을 연발하며 장난스럽게 웃는다. 그림의 주인공은 로마 신화에 나오는 풍요의 신 프리아푸스다. 가축과 과일, 정원, 남자 생식능력의 보호자인 프리아푸스는 영원히 죽지 않는 생식기를 가진 것으로 유명하다. 이는 남자의 생산력을 상징하며, 밑에 놓인 과일 바구니 역시 같은 의미다. 그런데 베티 형제는 이렇게 낯 뜨거운 그림을 누구나 볼 수 있는 집 입구의 벽에 그려 넣었다. 굳이 숨기려 하지 않았을 뿐만 아니라 오히려 허세를 부린 듯한 느낌마저 든다. "어이, 폼페이의 난봉꾼들! 모두 우리 집에 다 모여!" 이렇게 말이다.

하지만 이 집에 이렇게 에로틱한 그림만 있는 것은 아니다. 문화와 예술을 사랑했던 로마의 여느 귀족들처럼 고상하고 우아한 그림도 있다. 이런 그림들은 그리스 로마 신화의 이야기를 묘사한 것이 대부분이다. 신분세탁으로 졸지에 귀족이 된 베티 형제는 아마 귀족 흉내를 내고 싶었을 것이다. 자신의 집을 찾은 손님들에게 '내가 음란한 그림만 좋아하는 게 아니야. 나도 귀족들처럼 고상한 취미를 갖고 있다고.' 이렇게 과시하고 싶었는지도 모른다. 미술관을 방불케 할 정도로 어마어마하게 많은 그림이 벽을 가득 채우고 있었다. 최근에 베티의 집이 복원을 마쳤다고 하니 그림이 더욱 볼 만해졌을 것 같다. 기회가 되면 다시 한번 가보고 싶다.

한창 집 구경을 하고 있는데 이탈리아 아저씨가 어떤 허름한 방으로 우리를 데려갔다. 방문이 자물쇠로 잠겨 있었는데, 우리에게만 특별히 보여주는 것이라고 으스대며 문을 열었다. 방은 아주 작고 허름했다. 가장 먼저 프리아푸스의 조각상이 눈에 들어왔다. 벽에는 남녀 간의 노골적인 성행위를 묘사한 춘화가 그려져 있었다.

그렇다면 이 방은 누가 사용했을까? 방은 부엌 옆에 위치해 있는데, 위치도 그렇고 좁고 허름한 모양새도 그렇고, 도저히 집주인인 베티 형제가 사용한 방 같지는 않았다. 그렇게 부자인 베티 형제가 호화스러운 자기 침실 놓아두고 이런 곳에서 일을 치렀을 리 만무하기 때문이다. 방의 모양이나 벽에 그려진 춘화들이 폼페이에서 흔히 볼 수 있는 사창가와 비슷한데, 이곳은 사창가가 아닌 개인의 집이다.

이 시점에서 집 입구에 그려진 프리아푸스의 그림을 참고할 필요가 있

베티의 집 입구에 있는 풍요의 신 프리아푸스

♪   베티의 집 벽에 그려진 춘화
♫   비너스의 집에 있는 프레스코화

다. 이 집의 주인인 베티 형제는 그들의 저급한 취향을 굳이 숨기려 하지 않았던 것 같다. 보통 사람보다는 난봉꾼들에게 이 집이 인기가 있었을지도 모른다. 난봉꾼들이 마음 놓고 바람을 피울 수 있도록 집 안에 사창굴을 만들어놓고 집주인과 개인적으로 친한 사람들만 손님으로 받았던 것이 아닐까. 실제로 이런 추측을 뒷받침하는 낙서가 이 집에서 발견되었다.

"에유티키스는 아주 똑똑하고 우아한 여자랍니다. 그런데도 비싸지 않아요. 2코리스(맥주 두 잔 값)면 됩니다."

베티의 집을 보면서도 느꼈지만 폼페이에서는 매춘이 아주 성행했던 듯하다. 거리에서 사창가를 의미하는 남근 모양의 표시를 심심치 않게 볼 수 있었기 때문이다. 사창가에는 남녀의 성행위를 노골적으로 묘사한 에로틱한 그림이 상당히 많았는데, 보고 있으면 그 생생한 표현력에 입을 다물 수 없을 정도다. 그 그림들은 손님들에게 어떤 '서비스'가 가능한지를 보여준다. 폼페이 발굴 초기에는 너무 음란하고 선정적이어서 일반 사람들에게 공개하지 않았다고 한다. 이렇게 에로틱한 벽화의 대부분은 지금 나폴리 고고학 박물관의 '비밀의 방'에서 전시되고 있다. 고대 성인 스포츠의 다양한 자세(?)를 학구적으로 연구하고 싶은 분들은 참고하시라.

아름다운 그 바다, 그리운 그 햇빛

나폴리, 소렌토

오스트리아의 작곡가 리하르트 슈트라우스의 오케스트라 작품 가운데 〈이탈리아에서〉라는 곡이 있다. 슈트라우스가 1886년 8월 이탈리아의 베로나, 볼로냐, 로마, 나폴리, 카프리, 피렌체 등을 여행하며 받은 인상을 표현한 음악으로, 1악장에는 〈캄파냐에서〉, 2악장에는 〈로마의 폐허에서〉, 3악장에는 〈소렌토 해변에서〉, 4악장에는 〈나폴리 사람들의 일상〉이라는 부제가 붙어 있다.

그런데 이 곡의 4악장 〈나폴리 사람들의 일상〉에는 어디선가 많이 들어본 듯한 멜로디가 나온다. 바로 〈푸니쿨리 푸니쿨라〉다. 루이지 덴차라는

하늘에서 내려다본 소렌토 전경

이탈리아 작곡가가 베수비오산을 오르는 등산 열차를 홍보하기 위해 작곡한 일종의 캠페인 송으로, 슈트라우스가 이탈리아를 여행할 당시 나폴리에서 크게 유행했다. 이 노래를 나폴리를 대표하는 민요라고 생각했던 슈트라우스는 그 선율을 4악장 〈나폴리 사람들의 일상〉에 사용했다.

그런데 이 작품이 이탈리아에서 초연되었을 때 문제가 터졌다. 〈푸니쿨리 푸니쿨라〉의 작곡가인 루이지 덴차가 4악장에 나오는 자기 노래를 듣고 크게 분노한 것이다. 슈트라우스가 자신의 노래를 무단으로 도용했다고 생각한 덴차는 그를 저작권 침해 혐의로 고소했다. 소송 결과는 덴차의 승리였다. 재판부는 슈트라우스에게 〈이탈리아에서〉를 연주할 때마다 원작자에게 저작권료를 지불하라는 판결을 내렸다.

그런데 슈트라우스만 그랬던 것은 아니다. 나를 포함해 나폴리 민요를 나폴리 지방에서 오래전부터 구전으로 내려온 민요라고 알고 있는 이들이 의외로 많다. 하지만 이는 사실이 아니다. 나폴리 민요에는 작곡가가 엄연히 존재한다. 그러니까 나폴리 민요는 엄밀한 의미에서 민요라고 할 수 없다. 작곡가가 대중의 취향에 맞추어 작곡한 일종의 창작 민요인 셈이다.

나폴리 민요의 고향

나폴리의 피에디그로타 지역에서는 오래전부터 마돈나 축제가 열렸다. 그런데 이 마돈나 축제에서 1830년부터 부대 행사로 노래 경연대회를 열기 시작했다. 이 대회에서 입상한 곡은 전국적으로 퍼져나가 널리 유행했는데, 우리가 잘 아는 〈오! 나의 태양〉, 〈산타 루치아〉, 〈돌아오라, 소렌토로〉, 〈날 잊지 말아요〉가 바로 이 대회를 통해 유명해진 노래다.

나폴리 민요는 나폴리 방언으로 불린다. 따라서 이탈리아 밖으로 퍼져 나가는 데에는 한계가 있었다. 이런 나폴리 민요를 클래식 무대에 끌어들여 전 세계에 알린 인물이 있다. 바로 나폴리 출신의 전설적인 테너 엔리코 카루소다. 카루소는 유럽에서 활동하다 무대를 미국으로 옮겼는데, 미국에서 공연할 때마다 앵콜 곡으로 나폴리 민요를 불렀다고 한다. 그 덕분에 이탈리아 한 지방의 민요에 불과하던 나폴리 민요가 세계에 널리 알려지게 되었다.

카루소가 불러 유명해진 나폴리 민요 중에 〈돌아오라, 소렌토로〉가 있다. 원제목은 〈Torna a Surriento〉인데, 수리엔토^{Surriento}는 소렌토^{Sorrento}의 나폴리 방언이다. 나폴리에 가서 현지 사람들에게 소렌토에 간다고 하면 "아, 수리엔토?"라고 한다. 여하튼 〈돌아오라. 소렌토〉는 소렌토를 이미

〈돌아오라, 소렌토로〉가 탄생한 트라몬타노 호텔의 테라스

아름다운 소렌토 거리의 벽화

다녀간 사람은 물론, 아직 가보지 못한 사람까지도 마치 고향처럼 소렌토를 그리워하게 만드는 노래다.

나폴리의 가리발디 역에서 나폴리만 외곽 도시를 연결하는 열차를 타고 지중해 연안을 따라 한 시간 정도 달리다 보면 아름다운 풍광을 자랑하는 소렌토가 나타난다. 소렌토는 이탈리아 남부 캄파니아에 있는 작은 항구 도시로, 나폴리만을 사이에 두고 나폴리와 마주 보고 있다. 이 나폴리만이 내려다보이는 바닷가 절벽 위에 임페리얼 호텔 트라몬타노Imperial Hotel Tramontanoo라는 아주 오래된 호텔이 있는데, 바로 이 호텔에서 〈돌아오라, 소렌토로〉가 탄생했다.

이야기는 1902년으로 거슬러 올라간다. 이탈리아 수상인 자나르델리가 가뭄으로 극심한 피해를 입고 있는 바질리카타 지역의 피해 상황을 점검하기 위해 남쪽으로 내려가던 중 소렌토에 있는 이 호텔에 묵게 되었다. 호텔 주인 굴리엘모 트라몬타노는 당시 소렌토 시장을 겸하고 있었다. 전부터 소렌토에 우체국 하나 없는 것이 아쉬웠던 그는, 자신의 호텔을 찾은 수상에게 소렌토의 발전을 위해 우체국을 하나 지어달라고 부탁했다. 수상은 그러겠노라고 약속했다. 그 뒤 시장은 민요 작곡가이자 작사가인 데 쿠르티스 형제를 불러 소렌토를 기억하는 노래를 지으라고 했다. 부탁을 받은 데 쿠르티스 형제는 바다가 보이는 임페리얼 트라몬타노 호텔의 발코니에 앉아 불과 몇 시간 만에 〈돌아오라, 소렌토로〉를 작곡했다. 그러고는 수상 앞에서 이 노래를 부르게 했다는 전설 같은 이야기가 전해 내려온다.

내가 전설이라고 한 까닭은 실제로 데 쿠르티스 형제가 이 노래를 만든 시기가 1894년이기 때문이다. 소렌토 시장의 부탁을 받고 트라몬타노 호텔 발코니에서 몇 시간 만에 만든 것이 아니라 그전에 이미 만들어놓은 노래를 조금 손봐서 내놓았다는 얘기다.

〈돌아오라, 소렌토로〉는 가사만 읽어봐도 소렌토라는 곳이 어떤 곳인지 알려주는 노래다.

여기 이 작은 정원을 봐.
그리고 오렌지 향기를 맡아봐.
그 달콤한 향기가
너의 마음에 그대로 전해질 거야.

가사에서처럼 소렌토에는 오렌지 나무가 많다. 과수원이 아니라 길거리에 그냥 오렌지 나무가 열매를 주렁주렁 매단 채 서 있다. 언젠가 소렌토 거리를 찍은 사진을 보고 '와, 저 오렌지 그냥 따 먹어도 될까? 길 가는 사람 누구도 거들떠보지 않을 정도로 소렌토에는 오렌지가 흔한가?'라고 놀랐던 기억이 난다. 소렌토에서는 오렌지뿐만 아니라 레몬도 많이 난다. 두 과일나무 모두 기후가 따뜻한 곳에서만 자란다. 따라서 오렌지와 레몬이 많이 난다는 것은 그 지역의 기온이 그만큼 따뜻하다는 뜻이다.

예부터 독일이나 오스트리아, 영국같이 날씨가 좋지 않은 나라에 사는 사람들은 늘 오렌지와 레몬이 자라는 '따뜻한 남쪽 나라'를 그리워했다. 독일의 문호 괴테를 비롯한 유럽의 저명인사들이 앞다투어 이탈리아를 찾은 것도 이 때문이다. 괴테는 이탈리아를 여행하고 나서 〈빌헬름 마이스터의 수업 시대〉라는 소설을 썼다. 이 소설에는 미뇽이라는 여자아이가 부르는 노래가 나온다. 소설에 나오는 '미뇽의 노래'는 모두 네 편인데, 가곡 전문 작곡가인 슈베르트가 여기에 모두 곡을 붙였다. 〈미뇽의 노래〉 네 편 가운데 유명한 곡은 〈그곳을 아시나요?Kennst du das Land?〉인데, 여기서 미뇽이 말하는 그곳이 바로 이탈리아다. 그곳에서 '레몬Zitronen'과 '오렌지Orangen'가 자란다고 했으니 어쩌면 그곳이 소렌토일 수도 있겠다는 생각도 든다.

〈돌아오라, 소렌토로〉의 2절은 '소렌토'라는 이름이 어디에서 왔는지 암시하고 있다. 옛사람들은 소렌토를 '수렌툼Surrentum'이라고 했다. '수렌툼'은 '시레나의 땅'이라는 뜻인데, 이는 그리스어 '세이렌Seiren'을 이탈리아식으로 표기한 것이다.

저기 저 세이렌들을 봐.

너를 바라보며 즐거워하고 있어.

그들은 너를 너무 사랑해.

너에게 키스하고 싶어해.

그리스 신화에 나오는 세이렌은 아름다운 노래로 뱃사람들을 유혹해서 바다에 빠져 죽게 하는 인어이다. 그러니까 소렌토라는 이름은 '사람들을 유혹하는 인어들이 사는 곳'에서 유래되었다는 것이다. 참으로 어울리는 이름이 아닐까 싶다. 비록 지금 세이렌은 없지만 모든 사람을 끊임없이 끌어당기는 '유혹'의 에너지만큼은 여전히 강력한 곳이니 말이다.

소렌토는 바닷가에 있다. 우리는 바닷가 하면 넓은 모래사장을 생각하지만 소렌토에는 모래사장이 없다. 바닷가에 깎아지른 듯한 절벽이 서 있는 매우 특이한 지형을 하고 있기 때문이다. 소렌토의 호텔들은 모두 이곳 절벽 위에서 나폴리만을 내려다보는 위치에 지어졌다. 그 절벽 위 호텔 중에 〈돌아오라, 소렌토로〉의 산실로 알려진 임페리얼 호텔 트라몬타노가 있다.

이 호텔은 역사가 아주 오래되었다. 원래는 개인 주택이었다가 1812년부터 호텔로 사용했는데, 이곳에서 묵었던 사람들의 이름을 보면 이 호텔이야말로 문학적 영감의 산실이 아니었나 하는 생각이 든다. 〈실낙원〉의 저자 존 밀턴을 비롯해서 이탈리아의 철학자이자 시인인 레오파르디, 독일의 문호 괴테, 영국의 시인 바이런, 셸리, 키츠, 스콧, 프랑스 작가 라마르틴, 뮈세, 미국 시인 롱펠로우 등 걸출한 문학의 거장들이 모두 이곳에 머물렀다. 미국의 소설가 제임스 페니모어 쿠퍼는 이 호텔에 머물며 소설 〈물의 마녀〉를 완성했고, 스토 부인은 〈소렌토의 아그네스〉의 영감을 얻었으며, 노르웨이의 극작가 입센은 이곳에 6개월간 머물며 〈유령〉을 썼다.

그리고 또 한 사람. 이들이 다녀가기 훨씬 전, 그러니까 이 집이 호텔로

엑첼시오르 호텔 정원에 있는 레몬 나무

해안과 연결되는 절벽 도로

절벽 도로 위에서 바라다본 바다 풍경

저기 저 세이렌들을 봐.
너를 바라보며 즐거워하고 있어.
그들은 너를 너무 사랑해.
너에게 키스하고 싶어해.

바뀌기 훨씬 전인 1544년, 이곳에서 이탈리아 서사문학의 별로 꼽히는 토르콰토 타소가 태어났다. 타소는 17살 때 〈리날도〉라는 서사시를 발표하는 등 어려서부터 문학에 천재적인 재능을 보인 인물이다. 1575년에는 십자군과 무슬림의 전쟁 이야기를 그린 서사시 〈해방된 예루살렘〉을 발표했는데, 이 작품을 바탕으로 헨델이 〈리날도〉라는 오페라를 작곡한 것은 잘 알려진 사실이다.

소렌토 사람들은 토르콰토 타소를 소렌토를 대표하는 인물로 꼽는다. 소렌토 시내 중심가에 있는 광장을 '타소 광장'이라고 이름 지은 것만 보아도 알 수 있다. 이 타소 광장에 토르콰토 타소의 동상이 서 있고, 그 주변으로 식당과 카페, 상점들이 즐비하게 늘어서 있다. 소렌토의 중심지로 소렌토 관광을 하게 되면 적어도 하루 한 번 이상은 타소의 동상이 서 있는 이 광장을 지나가게 된다.

타소 광장은 도시 한가운데를 관통하는 깊은 골짜기 위에 위치해 있다. 광장에는 우측 해안으로 갈 수 있는 절벽 도로가 있는데, 수풀이 우거진 가파른 절벽 사이로 바다가 보이는 풍경이 일품이다. 밤이 되면 타소 광장의 차량 통행이 전면 금지된다. 따라서 밤에 타소 광장에 가면 느긋하게 저녁 산책을 즐기며 지중해의 야경을 바라볼 수 있다.

카루소의 추억을 간직한 방

소렌토 해안의 절벽에는 그랜드 호텔 엑첼시오르 비토리아Grand Hotel Excelsior Vittoria라는 호텔이 있다. 나폴리만의 푸른 바다가 내려다보이는 이 호텔에는 20세기 최고의 테너 엔리코 카루소가 말년을 보낸 방이 있다. 카루소가 사용한 피아노와 집기들을 그대로 둔 채 손님을 받고 있는데, 숙박비가 엄청 비싼데도 몇 년째 예약이 밀려 있다고 한다.

이 이야기를 듣고 나도 언젠가는 소렌토에 가서 이 방에 묵고 싶다는 생각을 했다. 그날이 언제일까? 언제쯤 그곳을 찾을 수 있을까 하다가 문득 오래전에 여고 동창생으로부터 들은 얘기가 생각났다. 내가 졸업한 고등학교에 수령이 아주 오래된 회화나무가 있었다. 그냥 나무가 아니라 학교의 상징과도 같은 나무로, 교정 한가운데 서서 여름이면 시원한 그늘을 만들어주곤 했다.

그런데 졸업식 날, 옆 반 친구들과 담임선생님이 약속을 했다는 얘기를 들었다. 졸업한 지 25년째가 되는 해 1월 1일, 그 회화나무 밑에서 만나자는 약속이었다. 25년 후에 만난다고? 그때는 그 말이 그렇게 비현실적으로 느껴질 수가 없었다. 그런데 그로부터 25년이 지난 해의 1월 1일, 상당히 많은 친구들이 그 회화나무 밑에서 만났다는 얘기를 들었다.

25년 후의 어느 날.

미래의 시간은 인간의 통제 밖에 있지만 때로는 이런 무모한 약속이나 계획을 통해 미래의 나를, 나의 상황을 미리 설정할 수도 있다. 25년 후는 무리겠지만 가령 2년 후, 3년 후, 5년 후, 10년 후는 가능하지 않을까?

나는 미래의 어느 시점에 소렌토에 가서 카루소가 묵었던 그 방에 묵으리라 마음먹었다. 그때까지 내가 살아 있을지, 살아 있더라도 내가 정해

♪ 엑첼시오르 그랜드 호텔 비토리아의 테라스
♫ 카루소 룸에 있는 피아노

놓은 그 날짜에 그곳에 정말로 갈 수 있으리라는 보장도 없지만, 그렇다 해도 시간 앞에 무모해지고 싶었다. 그렇게 미래의 어느 한 시점을 나의 통제와 의지 아래 두고 싶었던 것이다. 몇 년 몇 월 몇 일, 나는 카루소가 묵었던 바로 그 방에 있을 거야. 살면서 한번쯤 이런 불확실한 계획을 세워보는 것도 괜찮지 않을까?

엔리코 카루소는 이탈리아의 항구 도시인 나폴리에서 태어나 유럽과 미국을 무대로 활약한 테너 가수다. 1895년부터 본격적으로 가수 활동을 시작한 그는 1903년 뉴욕의 메트로폴리탄 오페라에 처음 출연한 이래, 1920년까지 거의 매년 메트로폴리탄 오페라의 시즌 개막작에 주연을 맡았다. 카루소가 특히 세계적인 명성을 얻게 된 것은 20세기 초반에 등장한 축음기 덕분이었다. 축음기가 보급되면서 공연장을 찾지 못한 사람들이 집에서도 그의 목소리를 들을 수 있게 되었기 때문이다. 이를 통해 카루소는 20세기 초반 클래식과 대중음악 분야를 통틀어 가장 인기 있는 슈퍼스타가 되었다.

1921년 카루소는 늑막염으로 세상을 떠났다. 그때 그의 나이 마흔여덟, 유명을 달리하기에는 너무나 젊은 나이였다. 중병을 앓던 카루소는 1921년 뉴욕에서 고향인 이탈리아로 돌아왔다. 생의 마지막을 고향에서 보내고 싶었기 때문이다. 아내와 어린 딸과 함께 나폴리에 도착한 카루소는 나폴리만의 남쪽에 위치한 또 다른 항구도시 소렌토로 건너갔다. 그리고 소렌토의 유서 깊은 그랜드 호텔 엑첼시오르 비토리아에서 생의 마지막 몇 개월을 보낸 뒤 세상을 떠났다.

카루소가 세상을 떠난 지 수십 년이 흐른 1980년대 초의 어느 날, 이탈리아의 작곡가이자 가수인 루치오 달라가 소렌토에 있는 이 호텔을 찾았다. 카루소가 묵었던 방을 둘러보던 그는 달빛이 은은하게 비치는 나폴리만의 바다를 바라보며 이 방에서 생의 마지막 시간을 보낸 카루소를 생각했다. 그리고 방에 있는 피아노에 앉아 거의 즉석에서 노래를 작곡했다. 바로 그 유명한 〈카루소〉다.

불빛 반짝이는 바다
바람이 세차게 불어오는 이곳,
소렌토만을 바라보는 테라스에서
슬픔에 젖어 울고 난 한 남자가
한 소녀를 껴안는다.
그러고는 부드러운 목소리로 노래를 시작한다.

너를 정말 사랑해.
정말 너무너무 사랑해.
이제 이 사랑은 내 혈관 속 피를 녹여내는
사슬이 되어버렸어.

바다 한가운데에서 반짝이는 빛을 보며
미국에서 보냈던 그 화려한 밤들을 떠올렸지
하지만 그건 한순간의 빛
지나가는 배가 남기는 하얀 물거품에 불과해.
음악에서 고통을 느낀 그는 피아노에서 일어났지.
구름 속에서 모습을 드러낸 달을 보는 순간

나폴리, 소렌토

죽음도 그에게는 달콤한 것으로 느껴졌어.

남자는 소녀의 눈동자를 들여다보았지.

바다처럼 푸른 그녀의 눈동자를 말이야.

그 눈동자에서 갑자기 눈물이 한 방울 떨어지자

그냥 그 눈물에 빠져 죽을 것 같았지.

너를 정말 사랑해.

정말 너무너무 사랑해.

이제 이 사랑은 혈관 속의 피를 녹여내는

사슬이 되어버렸어.

오페라는 인생의 모든 극적인 일들을

허구로 만들어버리는 힘이 있지.

분장을 조금만 하고 표정만 약간 바꾸어도

딴사람이 될 수 있어.

그러나 이토록 가까이서

너를 바라보는 두 눈은

허구로 가득 찬 그 노래들을 잊게 하고

내 생각도 혼란스럽게 만들어

그래서 모든 것들이 다 작아져버려.

미국에서의 그 화려했던 밤들도 말이야.

고개를 돌려 네 인생을 돌아다봐.

배가 지나간 뒤에 생겼다 없어지는

하얀 물거품처럼 보일거야.

하지만 그래.

그렇게 끝을 향해 가는 것이 인생이지.

이제는 별로 그것에 대해 생각하지 않아.

아니, 오히려 행복을 느껴.

그는 노래를 다시 시작했어.

너를 정말 사랑해.

정말 너무너무 사랑해.

이제 이 사랑은 혈관 속의 피를 녹여내는

사슬이 되어버렸어.

루치오 달라가 노래를 작곡한 후 많은 사람이 이 노래를 불렀다. 그중에서 특히 테너 루치아노 파바로티가 부르는 카루소가 많은 사람의 심금을 울렸다.

카루소가 묵었던 소렌토의 호텔에는 카루소 룸만 있는 것이 아니다. 〈카루소〉를 작곡했던 루치오 달라 룸도 있고, 마가렛 공주가 특히 사랑했다는 마가렛 룸도 있으며, 특히 루치오 달라가 작곡한 〈카루소〉를 세상 누구보다 잘 불렀던 파바로티 룸도 있다고 한다. 호텔이 아니라 말 그대로 노래의 전당인 셈이다.

소렌토에 가서 카루소가 마지막 시간을 보낸 방에 묵겠다고 마음먹은 지 10년이 훌쩍 지났다. 나는 아직 카루소가 묵었던 그 방에 가지 못하고 있다. 이제 카루소도 가고, 파바로티도 가고, 루치오 달라도 갔다. 언젠가는 나도 그들과 같이 존재의 무로 돌아가겠지. 삶이 아름다운 이유는 유한하기 때문이라고 하지 않던가. 오늘도 나는 파바로티가 부르는 〈카루소〉를 들으며, 그곳을 찾을 미래의 어느 날을 막연하게 꿈꾸고 있다.

피렌체는
꽃 피는 나무와 같이

피렌체

꿈에서 본 것을 말해줄까?

햇빛 반짝이는 고요한 언덕에

짙은 나무숲과 누런 바위 그리고 하얀 별장

골짜기에 놓인 도시.

하얀 대리석 성당들이 있는 도시 하나가

나를 향해 빛을 반짝이고 있네.

그곳은 피렌체.

지금 그 좁은 골목에 둘러싸인 오래된 뜰 안에서

두고 온 행복이 아직 나를 기다리고 있을까.

독일 시인 헤르만 헤세의 〈북쪽에서〉라는 시다. 그는 이 시에서 피렌체를 '두고 온 행복'이라고 했다. '꽃이 피는 마을'이라는 이름의 피렌체.

중세의 어둠을 뚫고 화려하게 번성한 이 도시에는 산타 마리아 델 피오레 대성당, 산타 크로체 성당, 산 로렌초 성당, 산타 마리아 노벨라 성당, 우피치 미술관, 바르젤로 미술관, 아카데미아 미술관, 베키오 궁전, 베키오 다리 등 예술의 성지聖地로서 피렌체의 위상을 보여주는 명소가 많다. 피렌체가 예술의 성지라는 영광을 누리게 된 데에는 예술 후원에 진심이었던 메디치 가문의 공이 컸다. 메디치 가문은 이탈리아의 내로라하는 예술가들을 이곳으로 불러들였다. 그리고 그렇게 흘러들어 온 예술의 천재들이 피렌체를 예술이 꽃 피는 도시로 만들었다.

푸치니의 오페라 〈잔니 스키키〉 중에 〈피렌체는 꽃 피는 나무와 같죠〉라는 아리아가 있다. 리누치오라는 피렌체의 젊은이가 타향 사람인 잔니 스키키를 배척하는 친척들에게 한 수 가르쳐주기 위해 부르는 노래다. 리누치오는 피렌체의 문화적 융성에 외지에서 온 사람들의 공이 크다면서 지역주의 편견을 버리라고 노래한다.

피렌체는 꽃피는 나무와 같죠.
줄기와 잎새는 시뇨리아 광장에 있지만
그 뿌리는 맑고 비옥한 계곡으로부터
새로운 생기를 빨아들이죠.
별들까지 닿을 듯한 장엄한 대저택과

미끈한 탑들과 더불어 피렌체는 꽃 피웁니다.

아르노강은 바다로 들어가기 전에

산타 크로체 광장에 입맞추며 노래하죠.

개울들도 모두 모여 함께 부르는 그 노래는

너무나도 달콤하고 부드럽죠.

그처럼 여기저기서 모여든 여러 예술가와 과학자들이

피렌체를 풍요롭고도 화려하게 만들죠.

멋진 탑을 세우기 위해 엘자 계곡의 성채에서 온

아르놀포를 환영합시다.

수풀이 우거진 무젤로에서 온 조토를 환영합시다.

통 큰 거상인 메디치를 환영합시다.

옹색한 심술과 미움은 이제 그만입니다.

새로 온 이주민들과 잔니 스키키여! 영원하라!

엘자 계곡의 성채에서 온 아르놀포는 산타 마리아 델 피오레 성당, 산타 크로체 성당, 베키오 궁전을 설계한 인물이다. 이 중 베키오 궁은 투박하고 견고한 느낌을 주는 건물이다. 중심이 되는 공간은 〈500인의 방〉인데, 2016년에 개봉된 톰 행크스 주연의 영화 〈인페르노〉를 촬영했던 곳으로 유명하다. 15세기에 시정을 이끌던 500명의 지도자가 이 방에 모여 회의를 했기 때문이 〈500인의 방〉이라는 이름이 붙었다고 한다. 천장과 벽에는 메디치 가문의 역사를 담은 바사리의 프레스코화가 그려져 있다. 투박한 외관처럼 실내 역시 어둡고 중후한 느낌을 준다. 반면에 마당은 밝고 화려하다. 미켈로초가 설계한 궁전의 첫 번째 마당은 베키오 궁전에서 가장

피렌체 전경. 붉은 돔의 피렌체 대성당, 죠토의 종탑, 베키오 궁전, 아르노강과 베키오 다리가 보인다

아름다운 공간이다. 마당 한가운데에 분수가 있고, 벽에는 오스트리아 여러 도시를 담은 프레스코화가 그려져 있는데, 포도나무 모양의 부조로 장식한 기둥이 특히 아름답다.

베키오 궁에서 나오면 시뇨리아 광장이 나타난다. 광장에는 다비드 상과 메디치 사자상, 코시모 1세의 승마 기념비 등 조각상이 여러 개 있는데, 그중 가장 아름다운 것은 뭐니 뭐니 해도 벤베누토 첼리니의 〈메두사의 머리를 들어 올리는 페르세우스〉이 아닐까 싶다.

벤베누토 첼리니는 르네상스 시대에 활동했던 금세공사이자 조각가, 화가, 음악가, 군인이었다. 다방면에 재주가 많은 만능 천재였지만 사생활은 그리 모범적이지 못했다. 남의 마누라 침실을 제 침실처럼 드나들 정도로 도덕관념이 희박했다. 그런데도 상당한 대우를 받았는데, 그만큼 실력이 뛰

베키오 궁전에서 가장 아름다운 공간인 첫 번째 마당

어났기 때문이다. 실물 크기의 세 배나 되는 거대한 조각상에서부터 교황의 옷에 다는 조그만 장식품에 이르기까지, 그의 작품들은 하나같이 예술적으로 높은 평가를 받았다.

시뇨리아 광장에 있는 〈메두사의 머리를 들어 올리는 페르세우스〉는 첼리니의 대표작으로, 메디치 가문의 의뢰를 받아 제작한 것이다. 당초 조각상을 의뢰한 메디치 가문에게는 정치적인 목적이 있었다. 첼리니는 이런 의도를 재빨리 알아차리고, 의뢰자의 마음에 쏙 드는 결과물을 선보였다. 안드로메다를 구한 페르세우스를 나라를 구한 메디치 가문의 상징으로 만들어버린 것이다.

"나는 이것이 조각상이 아니라 살과 영혼이 있는 사람임을 증명하기 위해 최선을 다했다."

베를리오즈가 작곡한 오페라
〈벤베누토 첼리니〉의 공연 장면

〈메두사의 머리를 들어 올리는 페르세우스〉를 보면서 나는 첼리니의 이 말을 떠올렸다. 그의 말대로 그가 창조한 페르세우스와 메두사는 살아 숨 쉬고 있는 듯했다. 목이 잘린 메두사는 정신이 혼미한 듯 몽롱한 표정을 하고 있었지만 오른손에는 보검을, 왼손에는 메두사의 머리를 들고 있는 페르세우스의 자태는 매우 우아하고 아름다웠다. 살생殺生의 잔악함은 그 어디에서도 찾아볼 수 없었다. 잘 단련된 근육과 황금 비율의 완벽한 몸매가 그야말로 예술이었다.

이 아름다운 청동상은 프랑스 작곡가 베를리오즈에게도 영감을 주었다. 그는 첼리니가 우여곡절 끝에 이 작품을 완성하기까지의 과정을 담은 〈벤베누토 첼리니〉라는 오페라를 작곡했다. 재료가 모자라 작품을 완성하

시뇨리아 광장에 있는 벤베누토 첼리니의 〈메두사의 머리를 들고 있는 페르세우스〉

지 못할 위기에 처한 첼리니는 제자들에게 자기 스튜디오에 있는 청동상들을 모조리 가져오라고 지시한다. 그런 다음 그것들을 모두 용광로에 때려넣는 식으로 부족한 쇠를 보충한다. 그렇게 해서 작품을 완성하게 되는데, 마지막 순간에 오케스트라의 굉음과 함께 〈메두사의 머리를 든 페르세우스〉가 '짠' 하고 나타나는 광경이 인상적이다.

오페라에서 첼리니에게 작품 제작을 의뢰한 인물은 교황 클레멘스 7세로 나온다. 클레멘스 7세의 본명은 줄리오 디 줄리아노 데 메디치로, 메디치 가문에서는 두 번째로 교황이 된 인물로 알려져 있다. 대단한 예술 애호가로 첼리니에게 메달과 동전, 보석 상자 같은 금세공품의 제작을 맡기기도 했다. 하지만 실제로 〈메두사의 머리를 든 페르세우스〉를 의뢰한 사람은 클레멘스 7세가 아니라 코시모 1세 데 메디치다. 코시모 1세 데 메디치는 1560년, 조르조 바사리에게 행정 업무를 위한 건물을 짓게 했는데, 오늘날 우피치 미술관이 된 바로 그 건물이다.

메디치 가문의 영광, 우피치 미술관

우피치 미술관은 메디치 가문의 예술품을 전시해놓은 곳이다. 이탈리아의 르네상스 하면 메디치 가문을 빼놓고는 얘기할 수 없다. 메디치 가문은 예술 역사상 가장 위대한 예술 후원 가문으로 꼽힌다. 물론 메디치 가 사람들이 처음부터 예술에 조예가 깊었던 건 아니다. 피렌체의 평범한 시민에 불과했던 이들은 돈을 벌자 '고상한 척 하려고' 예술품을 사들이기 시작했다.

하지만 같은 일도 오랜 세월 반복하다 보면 나름대로의 이력이 생기는 법이다. 대를 이어가며 예술품을 사들이다 보니 어느덧 이 가문 사람들에게 예술에 대한 '안목'이 생기게 되었다. 이런 높은 안목을 바탕으로 무려 3세기 동안 수많은 예술가를 후원하고 예술품을 사들였고, 그 결과물이 바로 우피치 미술관이다. 이곳에 가면 조토, 우첼로, 미켈란젤로, 라파엘로, 레오나르도 다빈치, 렘브란트, 보티첼리, 티치아노, 카라바조 등 이름만 들어도 후덜덜한 거장들의 작품을 원 없이 볼 수 있다.

우피치 미술관은 늘 붐빈다. 내가 갔을 때도 그랬다. 유명한 그림 앞에는 특히 인파가 더 많았다. 미켈란젤로의 〈성가족〉을 찾아 갔는데, 그림 앞에 사람들이 바글바글했다. 〈성가족〉은 계란 노른자와 무화과즙, 벌꿀, 안료를 섞어 만든 물감으로 그린 템페라화로, 미켈란젤로의 작품 중에서 유일하게 이동이 가능한 작품으로 알려져 있다.

그림 중앙에 성모 마리아와 요셉, 어린 아기 예수가 있고, 그림의 뒤편, 성가족과 멀리 떨어진 곳에 전라全裸의 젊은이들이 서로 장난을 치며 놀고 있다. 이들은 앞에 있는 성가족과는 전혀 다른 세계에 속하는 사람들 같다. 성가족과 대비되는 세속의 무리를 그린 것일까. 그 중간쯤 되는 곳에서 어린 세례요한이 성가족을 올려다보고 있다. 세속의 무리와 성가족의 완충지대에 어린 세례요한을 그려 넣은 의도가 궁금했다.

우피치 미술관에서 미켈란젤로의 〈성가족〉만큼이나 인기 있는 작품이 보티첼리의 〈봄〉, 〈비너스의 탄생〉이다. 〈성가족〉과 마찬가지로 이 그림들 역시 '가까이 하기에 너무 먼 당신'이었다. 가이드의 설명을 듣는 단체 관광객들이 앞자리를 차지하는 바람에 먼발치에서 볼 수밖에 없었다. 봄의 시작과 비너스의 탄생이라는 환상의 드라마가 '저쪽에서' 펼쳐지고 있었다. 그렇게 거리는 멀었지만 보티첼리 특유의 화려한 색감이 주는 즐거움은 충

우피치 미술관에서
보티첼리의
〈비너스의 탄생〉을
감상하고 있는 관람객들

분히 느낄 수 있었다.

오래전, 이탈리아의 작곡가 레스피기 역시 이곳에서 보티첼리의 그림을 보고 큰 감동을 받았다. 그래서 〈세 개의 보티첼리 그림〉이라는 관현악곡을 작곡했다. 보티첼리의 〈봄〉은 봄과 사랑에 대한 예찬이다. 바람의 신 제피로스가 입안 가득 바람을 물고 님프 클로리스의 뒤를 좇고 있다. 제피로스의 손이 클로리스의 몸에 닿는 순간 그녀의 입에서 수레국화, 장미, 데이지 같은 꽃들이 쏟아져 나온다. 그러면서 클로리스는 곧 봄과 꽃의 여신 플로라로 변한다. 플로라의 옷은 온통 아름다운 꽃으로 수놓아져 있다. 그녀는 장미를 드레스 춤에 움켜쥐고 정원에다 막 뿌리려는 참이다.

레스피기는 이 환상적인 그림을 그대로 음악으로 옮겼다. 반짝이는 현악기와 관악기의 현란한 트릴을 배경으로 펼쳐지는 혼의 팡파르, 약동하는 봄을 상징하는 경쾌한 춤곡, 금빛 광채를 발하는 트럼펫의 찬란한 음색 그리고 마지막을 장식하는 현악기의 섬세하고 현란한 트릴이 보티첼리의 그림만큼이나 화려하다.

보티첼리의 또 다른 그림 〈비너스의 탄생〉은 지중해의 깨끗한 물거품에서 태어난 아름다운 여신이 바람에 밀려 해안으로 오고 있는 장면을 그린 작품이다. 그래서인지 이를 음악으로 묘사한 레스피기의 〈비너스의 탄생〉은 시종일관 출렁인다. 현악기들이 출렁거리는 물결을 묘사하는 가운데, 플루트가 조가비에서 이제 막 비너스가 태어나는 순간의 경이로움을 노래한다. 그 후에 이어지는 음악들은 이 극적인 순간에 대한 찬가, 다시 말하면 미美의 찬가다.

우피치 미술관에는 보티첼리의 그림 외에도 유명한 작품이 많다. 레오나르드 다빈치의 〈수태고지〉, 티치아노의 〈우르비노의 비너스〉 라파엘로의 〈검은 방울새의 성모〉 등 책에서나 보았던 르네상스 시대의 걸작들이 모두 여기에 있다. 우피치 미술관이 좋은 점은 소장품을 외부로 내보내지 않는다는 것이다. 여행 중 유명한 작품을 보려고 미술관을 찾았다가 해외 전시를 위해 대여 중이라는 팻말만 보고 돌아오는 경우가 종종 있는데, 우피치 미술관에서는 그런 걱정을 할 필요가 없다. 보고 싶은 작품이 언제나 늘 그 자리를 지키고 있기 때문이다.

화려한 색상의 대리석이 아름다운 성당

피렌체의 성당이나 종탑에는 하나의 공통점이 있다. 외관을 여러 색의 대리석으로 장식한 것이다. 유럽의 오래된 성당의 외관은 대개 칙칙한 돌이나 벽돌로 마감한 것이 많은데, 피렌체에 있는 성당과 세례당의 외관은 색상이 밝고 발랄하다. 산타 크로체 성당도 그런 성당 중 하나다. 성당 건물

화려한 색상을 자랑하는 산타 마리아 델 피오레 성당의 외관

자체는 아르놀포의 설계로 14세기에 지어졌지만 현재 우리가 보고 있는 건물의 파사드는 19세기에 니콜로 마타스라는 건축가가 신고딕 양식으로 디자인한 것이다. 흰색과 푸른색을 주조로 한 디자인이 깔끔하고 단아한 느낌을 준다. 꼭대기에 있는 파란색 별은 유태인인 마타스가 '다윗의 별'에서 영감을 얻어 만들었다고 한다.

산타 크로체 성당은 세계에서 가장 규모가 큰 프란치스코 성당이다. 성당 안에 예배당이 자그만치 16개나 된다. 규모가 크니 볼 것도 많다. 죠토와 그의 제자들이 그린 프레스코화를 비롯해 벽화와 그림, 장식품이 곳곳에 즐비하다. 하도 많으니 나중에는 아예 무감각해지고 만다.

산타 크로체 성당을 '이탈리아 영광의 전당'이라고도 한다. 이곳에 이탈리아가 배출한 위대한 인물들의 무덤과 기념비가 있기 때문이다. 〈군주

산타 마리아 델 피오레 성당의 천장 프레스코화 〈최후의 심판〉

론〉의 저자 니콜로 마키아벨리에서부터 20세기 핵물리학자 엔리코 페르미에 이르기까지, 장장 500년에 이르는 세월 동안 이탈리아를 빛냈던 영혼들이 이곳으로 들어왔다. 그중에는 작곡가 로시니도 있었다. 전에 프랑스 파리의 페르 라세즈 공동묘지에서 로시니의 무덤을 본 기억이 있는데, 여기에 무덤이 있어서 이상하다는 생각이 들었다. 알아보니 로시니는 1868년에 사망한 뒤 파리의 공동묘지에 묻혔다가 1887년 피렌체시의 요청으로 이곳으로 왔다고 한다. 그러니까 파리에서 내가 본 무덤은 빈 무덤이었던 것이다.

피렌체 전경을 찍은 사진을 보면 붉은 지붕들 위로 거대한 둥근 천장이 솟아 올라와 있는 형체가 보인다. 바로 그 유명한 피렌체 대성당의 돔이다. 이 성당의 정식 명칭은 '꽃의 성모 마리아 성당Cattedrale di Santa Maria del Fiore'이다. 피렌체가 '꽃 피는 마을'이라는 뜻이니 이 성당은 '꽃 피는 마을에 핀 꽃'이라 할 수 있다. 이름 그대로 피렌체 대성당은 꽃처럼 아름다운 성당이다. 특히 흰색과 초록색, 분홍색 대리석으로 마감한 외관이 이루 말할 수 없이 아름답다. 이렇게 색깔이 아름답고 선명한 대리석을 어디서 구했을까 궁금했다. 그 옆에 있는 조토의 종탑도 그렇고, 돌을 가지고 이렇게 다채로운 문양과 색상을 연출할 수 있다는 사실이 놀라웠다.

이 성당의 하이라이트는 거대한 돔에 그려진 〈최후의 심판〉이다. 바사리와 추카리가 10년에 걸쳐서 그렸다는 이 프레스코화는 미켈란젤로의 〈천지창조〉나 〈최후의 심판〉 못지않은 감동을 준다. 요한계시록에 나오는 장로들을 정점으로 악기를 연주하는 천사들, 십자가를 메고 가는 예수, 권좌에 앉은 예수, 마리아와 성인들 그리고 사탄과 지옥에 떨어진 인간 군상들이 저 멀리 아득히 높은 천장에서 천상의 드라마를 펼치고 있다.

피렌체 대성당에서 또 하나 볼 만한 것은 기하학적 문양의 대리석 바

♪   착시 현상을 불러일으키는 대성당의 대리석 바닥

♬   미켈리노가 그린 단테의 〈신곡〉

닥이다. 16세기에 새로 깔았다는 이 대리석 바닥은 다양한 색상의 대리석을 모자이크 기법으로 박아 넣은 것이다. 문양이 무척 복잡한데, 이렇게 복잡한 문양의 대리석 바닥을 까는 데에 무려 150년이나 걸렸다고 한다. 이 중에는 묘한 착시 현상을 불러일으키는 것도 있다. 팔각형 위에 구현된 네모난 문양이 중앙으로 갈수록 점점 작아지면서, 평평한 바닥을 안으로 갈수록 점점 깊어지는 삼차원 공간처럼 보이게 만든다. 팔각형 모양의 제단 주변 대리석 바닥도 마찬가지다. 가운데 있는 제단이 착시 효과 때문에 밑으로 푹 꺼져 있는 것처럼 보인다. 예술에 기하학을 접목한 아이디어가 신기했다.

성당 안에는 피렌체 출신의 유명한 인물을 기리는 작품들이 있다. 그중 제일 유명한 것은 미켈리노가 그린 단테의 〈신곡〉이다. 붉은옷을 입고 월계관을 쓴 단테가 자신의 저서인 〈신곡〉을 들고 있고, 오른쪽에는 지옥에 떨어진 인간들이, 뒤쪽에는 연옥의 모습이 그려진 그림이다. 지옥에 떨어진 사람 중에 잔니 스키키라는 사람이 있다. 〈신곡〉에 따르면 그는 유언장을 위조한 죄로 지옥에 떨어졌다고 한다. 유언장을 위조했다고? 어떻게 했을까? 궁금한 사람은 푸치니의 오페라 〈잔니 스키키〉를 보기 바란다. 유언장을 위조하는 과정이 코믹 버전으로 자세히 나와 있다.

오페라 〈잔니 스키키〉에서 가장 유명한 아리아는 잔니 스키키의 딸 라우레타가 부르는 〈오! 사랑하는 나의 아버지〉다. 제목만 보면 아버지에 대한 딸의 사랑을 듬뿍 담은 노래 같지만 실제 내용은 이런 상상과는 거리가 멀다. 사랑이 이루어지지 않으면 죽겠다고 아버지를 살짝 협박하는 내용이기 때문이다.

"내 사랑이 이루어지지 않으면 베키오 다리로 가서 아르노강에 몸을 던질 거예요."

이런 딸의 협박에 못 이겨 결국 잔니 스키키는 유언장을 위조하는데 동의하게 된다.

여기에 나오는 베키오 다리와 아르노강은 피렌체의 심장 같은 곳이다. 피렌체 사람들은 물론이고, 이곳을 찾은 관광객들도 모두 여기서 '놀기를' 좋아한다. 아름다운 황혼을 배경으로 사진을 찍기도 하고, 사랑하는 사람과 영원한 사랑을 약속하기도 한다. 그렇게 아르노강과 베키오 다리는 낭만과 사랑을 담은 추억의 장소로 많은 사람의 사랑을 받아왔다.

베키오 다리는 역사가 700년이나 된 오래된 다리다. 다리 위에는 본래 푸줏간과 가죽 가공점이 있었는데, 페르디난도 디 메디치가 도축장에서 나는 고기 냄새와 가죽 냄새가 싫다며 이들을 쫓아내고 금은세공 상점을 입주시켰다. 르네상스 시절, 피렌체에는 화가, 조각가, 보석 세공사, 금 세공사, 은 세공사, 주석 세공사, 동 세공사, 유리 제작자들이 넘쳐났다. 금은 세공사였던 벤베누토 첼리니도 그중 한 사람이었다. 지금 베키오 다리 위에는 그의 흉상이 서 있다. 금은 세공업이 번성했던 곳에 당대 최고의 금은 세공사의 흉상을 세워놓은 것이다.

피렌체가 낳은 천재 다빈치

이제까지 여러 도시를 여행했지만 피렌체만큼 예술적으로 풍성하고 찬란한 역사를 자랑하는 도시는 본 적이 없는 것 같다. 피렌체의 여러 명소를 둘러보면서 이 모든 것을 인간의 힘으로 이룩했다는 사실이 믿기지 않았다. 마침 시내의 한 전시장에서 '놀라운 플로렌스Incredible Florence'라는 비

미켈란젤로 언덕에 있는 다비드 상

주얼 아트 전시가 열리고 있었다. 영상물은 환상 그 자체였다. 3면으로 설치된 스크린에서 단테와 미켈란젤로가 걸어 나오고, 레오나르도 다빈치의 날개가 하늘을 날며, 그림 속 천사가 손짓을 하고 있었다. 유구한 세월 동안 피렌체가 이룩해놓은 놀라운 예술적 성취의 역사가 60분짜리 영상에 고스란히 담겨 있었다. 무엇보다 이야기를 영상으로 풀어내는 방식의 독창성이 놀라웠다. 제목 그대로 '믿을 수 없을' 정도로 예술적 완성도가 높았다.

전시장을 나와 레오나르도 다빈치 박물관으로 향했다. 이탈리아 출신 예술가 중에서 가장 독특한 인물이 누구냐고 묻는다면 나는 주저 없이 레오나르도 다빈치라고 답할 것이다. 그는 화가이자 건축가, 시인, 조각가, 육상선수, 물리학자, 수학자, 발명가, 음악가, 해부학자였다. 손을 대지 않은 분야가 없을 정도로 다방면에 재주가 많았다.

이 중에서 가장 흥미로운 캐릭터는 발명가로서의 다빈치다. 수학과 기하학 문제 풀이가 취미였던 다빈치는 과학, 수학, 기하학, 해부학에 해박한 지식을 가지고 있었다. 그렇기 때문인지 그의 머리에서는 늘 새로운 아이디어가 샘처럼 솟아났다. 그래서 한 가지 일에 진득하게 집중하지 못했다. 거대한 기마상을 제작하는 작업에 착수하자마자 갑자기 자동 대포발사기가 떠올라 하던 일을 멈추고 설계에 들어갔다가, 얼마 못 가 수직 이동이 가능한 헬리콥터에 갑자기 꽂혀 대포발사기를 제쳐두는 식이었다. 다빈치가 오래 살았는데도 완성작이 별로 없는 것도 바로 이 때문이었다.

피렌체의 레오나르도 다빈치 박물관에는 다빈치가 그린 설계도를 바탕으로 제작한 기계들을 전시하고 있었다. 온갖 기상천외한 기계들이 많았다. 가장 인상적인 것은 날개 모양의 비행 장치였다. 다빈치는 '하늘을 나는 것'에 관심이 많았다. 그래서 새의 날개가 어떤 방식으로 움직이는지 면밀히 관찰했다. 그리고 새의 날개를 모방한 비행 장치를 설계했다.

그밖에 전투 중에 군인들이 다치지 않고 효율적으로 싸울 수 있도록 고안한 장갑차, 잠수부가 호흡을 하면서 수중 작업을 할 수 있도록 고안한 잠수복과 연결 장치, 인쇄기, 회전 기중기, 착유기, 자동인형, 유압톱, 물갈퀴, 낙하산, 헬리콥터, 풍속계, 습도계, 장갑차, 풀 베는 기계, 주행거리 측정기 등이 있었다.

레오나르드 다빈치 박물관을 나와 피렌체 거리를 거닐며 이 가게 저 가게 구경하다가 재미있는 것을 발견했다. 어느 가게의 쇼윈도우에서 '챔피언처럼 재생'이라는 요상한 한국말이 쓰인 티셔츠를 발견한 것이다. 아무래도 'Play like the champion'을 구글 번역기로 돌린 모양이다. 'Play'를 '재생'으로 번역하다니. 구글 번역기는 늘 이 모양이다. 그로부터 몇 년이 흐른

피렌체 시내가 내려다보이는 카페

지금은 번역 실력이 좀 늘었을까. 구글 번역기의 현재가 몹시 궁금하다.

베키오 다리를 본 다음 미켈란젤로 언덕으로 올라갔다. 언덕 위의 광장에 미켈란젤로의 다비드 상이 외롭게 서 있었다. 위에서 피렌체 시내가 한눈에 내려다보였다. 세월의 무게를 고스란히 간직한 고색창연한 건물의 붉은 지붕들이 어스름한 하늘과 조화를 이룬 모습이 아름다웠다. 멀리 서쪽 산 너머로 해가 뉘엿뉘엿 지고 있었다. 말로만 듣던 피렌체의 황혼을 직접 영접하는 순간이었다. 그 황혼을 바라보며 맥주를 마셨다. 붉게 물든 피렌체의 황혼이 꿈같이 느껴졌다. 헤르만 헤세의 시를 패러디하자면 피렌체는 나에게 '두고 온 황혼'이다. 언제 '두고 온 황혼'을 다시 찾을 수 있으려나. 그날이 아득하기만 하다.

단테가 잠들어 있는 아름다운 중세 마을

라벤나

이탈리아의 북부에 있는 라벤나는 〈신곡〉의 작가 단테가 생의 마지막을 보낸 곳이다. 그래서 단테 박물관, 단테 극장, 단테의 무덤, 단테의 거리 등 단테와 관련된 곳이 많다. 그중 대표적인 곳이 단테 박물관이다. 단테 박물관 회랑의 안뜰에 들어서면 단테와 베아트리체의 동상이 보인다. 단테는 아홉 살 때 한 잔치에서 베아트리체를 보고 사랑에 빠졌다. 이때의 심정을 그는 〈새로운 삶新生〉이라는 시에서 "그때부터 내 사랑이 내 영혼을 완전히 압도했다"라고 표현했다. 하지만 단테와 베아트리체는 현실에서는 맺어질 수 없는 사이였다. 각자 신분이 달랐기 때문이다. 그 간극을 보여주고 싶었던 것일까. 박물관 안

단테의 벽화가 그려진 라벤나 거리 풍경

뜰의 단테와 베아트리체는 서로 멀찌감치 떨어져 있다.

단테는 원래 피렌체 사람이었다. 피렌체에서 태어나 피렌체에서 시인으로 활동했다. 그러다 무슨 바람이 들었는지 정치에 발을 들여놓았다. 처음에는 잘나갔다. 젊은 나이에 피렌체 최고위직까지 올라갈 정도였으니까. 하지만 그가 로마로 교황을 만나러 간 사이 정적政敵들이 권력을 잡았다. 정적들은 단테가 피렌체로 도착하기도 전에 그에게 추방령을 내렸다.

고향에서 추방당한 단테는 토스카나 지방을 전전하며 살았다. 간절히 피렌체로 돌아가기 원했고, 이를 위해 어떤 일도 마다하지 않았지만 다 소용이 없었다. 빈곤과 몸에 배지 않은 노동이 그를 괴롭혔다. 타향살이가 오죽했을까. 무척 힘들고 외로웠을 것이다. 그런데 이때 단테에게 구원의 손길을 내민 사람이 있었다. 라벤나의 영주 귀도 다 노벨로 폴렌타였다. 귀도

다 노벨로 폴렌타는 예술과 인문학에 남다른 소양을 지닌 사람이었다. 평소에 단테를 존경하고 있던 그는 단테가 로마냐에 머물고 있다는 소식을 듣고 사람을 보내 자신의 성에 머물기를 간청했다. 단테는 이 제안을 받아들였다. 오랜 방랑 생활을 끝내고 라벤나에 정착한 것이다. 라벤나에서 심리적 안정을 찾은 그는 그 후 〈신곡〉의 집필에 매달렸다. 그리고 세상을 떠나기 직전인 1320년, 20년에 걸친 대장정을 마무리했다.

단테 박물관에는 단테가 묘사한 지옥도가 있다. 단테의 지옥은 여러 층으로 이루어져 있는데, 밑으로 갈수록 무거운 죄를 지은 사람이 가도록 설계되어 있다. 죄의 경중을 가장 가벼운 불륜에서부터 탐욕, 낭비, 분노, 이교異敎 숭배, 폭력, 사기, 배신의 순서로 매겼다. 이 중 밑에서 두 번째 층 즉, 사기를 친 사람이 가는 층에 푸치니 오페라의 주인공 잔니 스키키가 있다. 그는 유언장을 위조한 혐의로 이곳에 떨어졌다.

그런데 단테가 매긴 죄의 등급이 조금 이상하다는 생각이 들었다. 불륜이 가장 가벼운 죄라는 게 이해가 안 갔다. 그 바로 아래층이 탐욕인데, 여기에는 음식을 탐한 죄 즉, 식탐도 포함된다고 한다. 게다가 탐욕 바로 아래층은 낭비다. 그렇다면 불륜을 저지른 사람의 죄가 식탐을 부린 사람이나 물건을 낭비한 사람의 죄보다 가볍단 얘기가 된다. 불륜에 이렇게 너그럽다니. 사랑이 무슨 죄냐. 이런 뜻인가?

불륜이라는 가벼운(?) 죄를 지은 사람들이 가는 곳에서 단테는 프란체스카라는 여자를 만난다. 프란체스카는 시동생 파올로와 불륜을 저지르다 애인과 함께 남편에게 살해되는 비극을 겪은 실존 인물이다. 그런데 아무리 심한 죄를 지은 사람도 시간이 지나면 잊히게 마련이다. 하지만 프란체스카는 편히 잊히질 못했다. 단테의 〈신곡〉에 등장하는 바람에 세상을 떠난 지 수세기가 지난 지금까지도 예술 작품에 단골로 등장하는 운명에 처했기 때문이다.

리미니의 프란체스카

러시아의 작곡가 라흐마니노프는 프란체스카의 이야기를 소재로 〈리미니의 프란체스카Francesca da Rimini〉라는 오페라를 작곡했다. 이 오페라의 하이라이트는 프란체스카와 그녀의 정부 파올로가 처음으로 입을 맞추는 장면이다. 파올로가 아서왕의 전설에 나오는 랜슬롯과 귀네비어의 이야기를 읽어나가는 동안 첼로가 서정적인 선율을 연주하며 로맨틱한 분위기를 조성한다. 그러다가 장엄한 심벌즈 소리와 함께 음악이 절정에 이르렀을 때, 두 사람은 입을 맞춘다. 그리고 이렇게 노래한다.

당신과 함께라면 지옥이 천국보다 나아요.

당신이 있는 곳이 바로 끝없는 행복이 있는 곳

당신의 포옹 속에 기절할 수 있다면

천국의 왕관이 내게 다 무슨 소용일까요?

연인과 함께라면 지옥이 천국보다 낫다고 했으니 지옥의 프란체스카

베르길리우스와 함께 지옥을 여행 중인 단테가 프란체스카와 파올로를 바라보고 있다.
(주세페 프라스케리, 1850년)

와 파올로는 행복했을까? 적어도 예술 작품 속의 프란체스카와 파올로는 행복해 보인다. 그들은 공중에 둥둥 떠서 몽환적인 목소리로 사랑의 황홀함을 노래한다. 라흐마니노프는 물론이고 이 이야기를 소재로 삼은 세상 모든 예술가들이 표현하고자 했던 것은 불륜의 음습한 그림자가 아니었다. 그것은 사랑의 황홀함, 사랑의 아름다움이었다.

이를 극대화한 작품이 단눈치오의 희곡을 바탕으로 쓴 잔도나이의 오페라 〈리미니의 프란체스카〉다. 이 작품은 모두 20세기 초에 쓰였다. 하지만 그 정신에 있어서 이 두 작품은 스러져가는 세기말적 징후를 보여준다. 두 예술가는 프란체스카와 파올로의 사랑은 물론 그로 인해 겪게 되는 두 사람의 심적 고통과 비극적인 죽음마저도 탐닉한다. 그리하여 프란체스카를 지옥에 보낼 수밖에 없었던 단테의 고뇌를 무색하게 만든다. 프란체스카는 불륜의 사랑을 저지른 죄로 지옥에 갔지만, 예술 작품 속의 프란체스카는 바로 그 이유 때문에 빈사의 백조처럼 아름답게 꺼져가는 데카당스의 화신이 되었다.

단테 역시 사랑 때문에 고통받는 프란체스카와 파올로를 연민의 눈으로 바라보았다. 지옥에서 울고 있는 프란체스카가 너무나 가여워 그 자리에서 쓰러지기까지 했으니 말이다. 그런데 그가 이들에게 이토록 우호적인 감정을 품은 데에는 다 나름대로의 이유가 있었다. 단테는 사실 프란체스카와 불륜을 저지른 파올로와 직접 만난 적이 있었다. 파올로가 피렌체의 장관 노릇을 하고 있을 때였다. 그런데 그로부터 얼마 후 파올로는 친형 지오반니에 의해 잔인하게 살해당했다. 단테는 자기 고향 피렌체에서 장관 노릇까지 한 사람을 차마 파렴치한 불륜범으로 몰 수 없었을 것이다.

단테는 추방당하기 전에 〈신곡〉에 프란체스카 이야기를 썼다. 그런데 프란체스카는 단테를 라벤나로 초대한 귀도 다 노벨로 폴렌타의 고모뻘 되는 사람이다. 단테를 존경했던 귀도 다 노벨로 폴렌타는 자신의 고모뻘인 프란체스카가 시인의 역작에 등장한다는 사실을 알았을 것이다. 자기 가문 출신의 프란체스카를 비난하지 않고, 사랑에 희생된 가여운 여인으로 묘사한 데 고마움을 느꼈을지도 모른다.

예술가들이 상상한 단테의 얼굴

단테 박물관에서는 여러 화가들이 그린 단테의 초상화를 볼 수 있다. 사실 단테가 어떻게 생겼는지 아는 사람은 아무도 없다. 중세와 르네상스 시대에 그린 단테의 초상화는 대부분 피렌체 출신의 작가 보카치오가 묘사한 단테의 얼굴을 참고로 한 것이다. 보카치오에 의하면 단테는 얼굴이 길고, 코는 독수리 부리같이 생겼으며, 눈은 다소 큰 편이고, 턱은 무겁고, 윗입술이 돌출되어 있고, 안색이 어둡고, 머리카락과 수염은 선명한 검은색이며, 늘 슬프고 사려 깊은 표정을 짓고 있다고 했다. 이 말을 참고로 해서 많은 화가들이 단테의 초상화를 그렸다. 그런데 초상화마다 얼굴이 다 다르다. 말에 의존해 그렸으니 그럴 수밖에.

단테는 어떻게 생겼을까? 단테 박물관에 가면 역대 화가들이 그린 단테의 초상화들을 볼 수 있다. 하지만 이건 어디까지나 보카치오의 말에 의존해서 그린 상상화에 불과하다. 단테의 유골을 참고해서 복원한 '진짜' 얼굴은 이와는 사뭇 다르다. 단테가 죽은 지 640년 만에 자신의 얼굴을 드러내게 된 사연은 이렇다. 〈신곡〉을 완성한 이듬해인 1321년, 단테는 세상을 떠났다. 귀도 다 노벨로 폴렌타는 위대한 시인의 마지막을 최대한 예를 갖

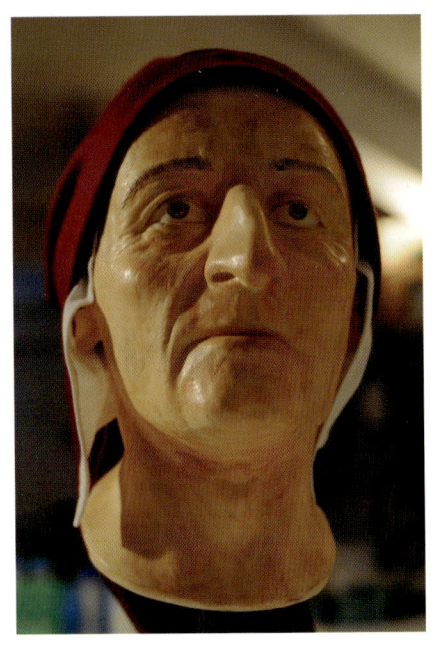

유골을 바탕으로 복원한 단테의 얼굴

추어 마무리했다. 단테의 시신을 시적인 헌사로 장식한 장례운구 위에 올려놓고, 라벤나의 유명 인사들로 하여금 묘지까지 운반하도록 했다. 그리고 그것을 미리 준비한 석관 안에 뉘였다. 그렇게 단테는 자기를 품어준 라벤나에서 영면에 들어갔다.

그런데 그로부터 200년 후, 갑자기 피렌체에서 그의 시신에 대한 권리를 주장하고 나섰다. 단테가 피렌체 출신이니 그의 무덤은 당연히 피렌체에 있어야 한다는 것이 이유였다. 이에 라벤나가 발끈했다. 아니, 내쫓을 땐 언제고 이제 와서 돌려달라니 말이 되나? 이래서 라벤나와 피렌체 사이에 유골 쟁탈전이 벌어졌다. 이 싸움에서 메디치 가문 출신의 교황은 피렌체의 손을 들어주었다.

그런데 놀라운 일이 일어났다. 피렌체에서 보낸 사절단이 라벤나에 와서 석관을 열었을 때, 안이 텅 비어 있었던 것이다. 사전에 라벤나의 수도사들이 유골을 몰래 빼돌렸기 때문이다. 그 후 행방이 묘연했던 단테의 유골은 그로부터 백 년이 지난 1677년에 발견되었고, 1781년에 영묘에 안치되었다. 하지만 1810년 나폴레옹이 쳐들어오자 수도사들이 단테의 유골을 다시 숨겼다. 그리고 이 수도사들이 사망하면서 단테 유골의 행방은 비밀에 싸이게 되었다.

1865년, 산 프란치스코 성당을 리모델링하는 과정에서 단테의 유골이 발견되었다. 라벤나 시는 즉시 유골을 조사하기 위해 병리학자들로 구성된 위원회를 꾸렸다. 조사 결과 이것이 나이 든 남성의 유골이라는 사실이 밝혀졌다. 키는 168cm에서 174cm 사이로 추정되는데, 한 가지 특이한 것은 두개골이 보통 사람보다 크다는 것이었다. 이를 두고 한 병리학자는 "우월한 남성의 두개골은 평범한 남성의 두개골보다 더 크고 아름답다"라고 설명했다. 크다는 것까지는 이해하겠는데, 두개골이 아름답다니. 세상 살다 두개골이 아름답다는 얘기는 처음 듣는 것 같다.

지난 2007년, 라벤나 대학 인류학과는 단테의 두개골을 바탕으로 복원한 단테의 얼굴을 세상에 선보였다. 그런데 복원한 얼굴이 보카치오의 묘사를 바탕으로 그린 초상화와 달라도 너무 달랐다. 초상화의 얼굴은 깡마르고, 강단 있어 보이는 시인의 얼굴인데, 복원된 얼굴은 까칠함이라곤 전혀 찾아볼 수 없는 후덕한 할아버지의 얼굴이었다. 초상화를 그린 화가들은 아마 시인의 얼굴은 이래야 한다는 고정관념을 가지고 있었던 것 같다. 〈신곡〉이라는 위대한 작품을 쓴 사람의 얼굴을 평범하게 그릴 수는 없지 않은가.

단테의 장례식이 열렸던 성 프란체스코 성당의 지하실

단테 박물관은 한마디로 '단테의 모든 것'을 보여주는 곳이다. 단테와 관련된 사진이나 그림, 물건을 그냥 보여주는 것이 아니라 현대적인 감각으로 재해석한 비디오와 상호작용 멀티미디어를 통해 눈과 귀로 체험할 수 있게 해준다. 첨단 기술을 이용한 전시물이 환상적이고 독창적이다. 중세 사람인 단테가 현대의 발달된 멀티미디어 기술의 혜택을 톡톡히 누리고 있는 셈이다.

박물관에서 나오니 바로 단테의 무덤이 보였다. '이탈리아의 영광'이라 불리는 산타 크로체 성당에 단테의 무덤을 유치하려던 피렌체의 시도는 실패로 돌아가고 말았다. 지금 산타 크로체 성당에는 단테의 실제 무덤이 아닌 가묘가 있다. 피렌체로서는 속이 쓰린 일이지만 어쩌랴. 그 옛날 단테를

라벤나에서 가장 오래된 프란체스카의 집

쫓아낸 조상들을 탓할 수밖에.

　단테의 무덤 앞으로 쭉 이어진 길에는 '시인의 길'이라는 이름이 붙어 있다. 시인의 길을 따라 조금 걷다가 단테의 장례식이 열렸던 산 프란체스코 성당으로 갔다. 산 프란체스코 성당은 9세기에서 10세기 사이에 지어진 아주 오래된 성당이다. 그런데도 보존 상태가 아주 좋았다. 성당 안으로 들어가니 사람들이 제단 밑에 있는 지하실을 들여다보고 있는 광경이 보였다. 뭘 구경하는 걸까 궁금해서 가까이 가보고 깜짝 놀랐다. 지하실에 물이 가득 차 있었기 때문이다. 바닥에 정교한 문양의 모자이크 타일이 깔려 있는 것으로 미루어 처음부터 물이 찬 상태는 아닌 듯해 보였다.

　라벤나는 지반이 약한 습지 위에 세워진 도시다. 그래서 건물이 서서히 가라앉고 있다고 한다. 지은 지 1000년이 넘은 산 프란체스코 성당 역시 오랜 세월 동안 서서히 가라앉았고, 그러면서 지하실에 물이 차게 되었다. 그 바람에 '제단 밑의 연못'이라는 비현실적인 공간이 생겼다. 그 연못에서 금붕어들이 유유히 헤엄치고 있었다. 난생처음 보는 신기한 광경이었다. 나는 금붕어를 보았는데, 때로는 여기에 오리를 풀어놓기도 한다고 한다.

성당을 나와 프란체스카의 집으로 향했다. 이 집의 정식 명칭은 폴렌타 가문의 집Casa detta dei Polentani이다. 약 800년 전에 프란체스카의 아버지 귀도 마노레 디 폴렌타가 지은 집이다. 프란체스카의 아버지는 겔프당 출신의 유력 정치인으로 1275년, 리미니의 말라테스타 가문의 도움을 받아 기벨린당을 몰아내고 라벤나의 영주가 되었다. 이에 대한 보답으로 그는 딸 프란체스카를 말라테스타 가문의 절름발이 아들에게 시집보냈다. 그리하여 라벤나의 프란체스카는 '리미니의 프란체스카'가 되었다. 수많은 예술 작품에서 아름다운 사랑의 화신으로 등장하는 바로 그 '리미니의 프란체스카'다.

아름다운 모자이크 마을

라벤나는 서로마 제국과 동고트 제국의 수도, 비잔틴 제국의 총독 관할지를 두루 거친 유서 깊은 도시다. 그래서 곳곳에 초기 기독교 시대에 지어진 오래된 건물이 많다. 이 건물들의 특징을 한마디로 요약하자면 표리부동이다. 겉과 속이 완전히 다르다. 외관은 투박하지만 실내는 각양각색의 모자이크로 화려하게 장식되어 있다. 나도 고색창연한 외관을 보고 별 기대 없이 들어갔다가 벽과 천장을 가득 메운 현란한 모자이크를 보고 얼마나 놀랐는지 모른다.

그중에서 산 비탈레 성당Basilica di San Vitale은 정말 뭐라 표현할 수 없을 정도로 아름다웠다. 팔각형의 벽에 둥근 돔 지붕이 얹힌 형태를 하고 있는 외관은 그다지 감동적이지 않았다. 그런데 안으로 들어가니 완전히 다른 세계가 펼쳐졌다. 채광창으로 들어온 빛에 반사된 형형색색의 모자이크 장식이 휘황찬란했다. 그 현란한 빛의 향연에 눈이 부셨다.

제단 위의 정중앙, 가장 좋은 자리에 신의 어린 양 즉, 예수가 네 천사의 호위를 받고 있는 모습이 보인다. 주변으로 아브라함, 이삭, 예레미아, 이사야, 카인과 아벨 등 구약 성서에 나오는 인물들의 행적을 정교하게 묘사한 모자이크가 있고, 공간을 구분하는 아치의 천장에는 잎, 과일, 꽃 모양의 추상적인 문양들이 빼곡하게 박혀 있다.

건물이 완공될 당시 비잔틴 제국의 황제였던 유스티니아누스 황제와 그의 부인 테오도라 황후의 모습을 담은 모자이크도 보인다. 여기서 황제는 신처럼, 황후는 여신처럼 묘사되어 있다. 주교와 신하, 병사들을 거느리고 서 있는 유스티니아누스 황제의 머리 뒤에 금빛 후광이 반짝인다. 인물들의 표정이 한결같이 냉정하고, 자세는 지나치게 의례적이다. 근엄한 표정과 자세로 교회의 질서가 곧 왕국의 질서이며, 신의 권위가 곧 황제의 권위라고 말하는 듯하다. 산 비탈레 성당의 벽과 천장에서 찬란하게 빛나는 모자이크는 신의 영광을 빗댄 비잔틴 제국의 광명과 영화, 영광을 과시하고 있다는 생각이 들었다.

라벤나에서 산 비탈레 성당과 쌍벽을 이루는 곳이 산 아폴리나레 누오보 성당Basilica di Sant'Apollinare Nuovo이다. 창이 많아서인지 실내가 상당히 밝았다. 벽의 상단에 기적과 비유, 수난과 부활 등 예수의 일생을 담은 26개의 모자이크가 있고, 그 밑에 양쪽으로 22명의 성녀와 26명의 순교자들이

♪ 산 비탈레 성당 내부
♫ 산 아폴리나레 누오보 성당의 동방박사 모자이크

쭉 늘어선 광경이 보인다. 그런데 특이하게 성녀와 순교자들의 모습이 판화로 찍어낸 듯 모두 똑같다. 마치 연속하는 영화 필름을 펼쳐놓은 것 같다. 예수의 생애를 담은 장면도 개성 없기는 마찬가지다. 에피소드는 다 다르지만 표현 방식은 판에 박은 듯 천편일률이다.

그런데 이와는 대조적으로 비잔틴 성녀들을 이끄는 동방박사에 대한 묘사만큼은 생동감이 넘친다. 페르시아 모자를 쓴 동방박사가 아기 예수에게 예물을 바치는 순간을 포착한 것인데, 다채로운 색상과 발랄한 자세에서 역동성이 느껴진다. 동방박사의 발밑에는 꽃과 생명의 야자수가 있고, 위에는 친절하게도 가스팔, 멜키올, 발타사르라는 동방박사의 이름이 새겨져 있다. 예수와 순교자, 성녀들의 정형화된 이미지에서는 찾아볼 수 없는 인간다움이 느껴져 보는 것이 즐거웠다.

라벤나에서 가장 아름다운 모자이크를 볼 수 있는 곳이 어디냐고 묻는다면 나는 주저 없이 갈라 플라치디아 영묘Mausoleum of Galla Placidia라고 대답할 것이다. 갈라 플라치디아는 로마 황제 테오도시우스의 딸이다. 나중에 서로마 제국의 황후가 된 그녀는 남편 콘스탄티누스 황제가 죽자 자신과 가족들을 위해 이 묘당을 지었다. 묘당이니 당연히 규모가 작지만 아름다움에 있어서만큼은 타의 추종을 불허한다.

문 위에 있는 반원형의 부조 장식인 팀파눔에는 양들을 돌보는 선한 목자 예수가 있다. 그 위의 반원형 천장에는 푸른빛을 띤 원형의 꽃무늬가 있는데, 에덴동산을 상징한다고 한다. 이 외에 번개무늬, 당초무늬, 별무늬 등 동방의 상징주의적 경향을 보여주는 문양들이 아치형 천장을 가득 메운 광경이 보인다. 중앙의 천장에는 짙은 푸른빛의 하늘이 있다. 하늘 가득 황금빛 별들이 촘촘히 박혀 있고, 가운데에는 황금빛 십자가가, 네 귀퉁이에

♪ 세례를 받고 있는 예수를 묘사한 아리안 세례당의 모자이크
♫ 세례받는 예수를 둥글게 둘러싸고 있는 제자들

는 복음사가를 상징하는 날개 달린 동물들이 십자가를 지키고 있다. 전체적으로 푸른빛을 주조로 한, 여성적이고 낭만적이고 목가적인 느낌의 묘당이다.

라벤나에는 오래된 세례당도 있다. 그중에서 아리안 세례당Arian Baptistry은 다른 건물과는 달리 천장에만 모자이크가 있고 벽은 벽돌로 마감된 것이 특이하다. 세례당이니 모자이크의 주제는 당연히 '세례를 받는 예수'가 될 수밖에 없다. 둥근 원 안에 있는 세 사람이 보인다. 물속에 들어가 있는 예수와 바위 위에서 예수에게 세례를 주고 있는 세례요한 그리고 의인화한 강의 신이다. 그런데 세례를 받고 있는 예수가 어려도 너무 어려보인다. 예수는 서른 살에 세례를 받았다는데, 모자이크 속 예수는 잘해야 열 대여섯 살로 보인다.

또 하나 이상한 것은 예수 옆에 앉아 있는 강의 신이다. 강의 신은 그리스 로마 신화에 등장하는 존재다. 성경 어디에도 강의 신에 대한 얘기는 없다. 기독교는 하나님 이외에 그 어떤 신도 인정하지 않는 유일신 종교다. 그런데 강의 신이 버젓이 예수 옆에서 세례받는 광경을 지켜보고 있는 것이 이상하다. 초기 기독교 시대에는 아직 종교적 소재에 대한 개념이 명확하게 성립되지 않았던 것 같다. 그래서 신화와 성경의 이야기가 마구 뒤섞인 것이 아닐까.

세례받는 예수를 묘사한 원을 둘러싸고 고대 로마 남성들이 입었던 토가를 두른 열두 명의 제자들이 있다. 그런데 묘사기법이 다분히 도식적이다. 이 시기의 모자이크를 보면 열두 제자나 선지자, 순교자, 성녀들을 반복 패턴의 무늬처럼 개성 없는 존재로 묘사한 것들이 많다. 각 인물의 개별성을 무시하고 그냥 '기타 등등'의 존재로 취급한 것이다.

라벤나에는 이외에도 오래된 모자이크가 있는 성당과 예배당, 묘당, 세례당들이 몇 개 더 있다. 이곳에 오면 초기 기독교를 빛으로 물들였던 아름다운 모자이크를 마음껏 감상할 수 있다. 가히 '모자이크의 고장'이라 부를 만하다. 모자이크는 묘사의 세밀성, 노동의 강도와 시간이라는 측면에서 분명히 프레스코화보다 효율성이 떨어지는 기법이기는 하다. 하지만 보존의 측면에서 보자면 프레스코화는 모자이크에 명함도 못 내민다. 수세기가 지나도 여전히 애초의 빛과 색을 잃지 않고 있기 때문이다. 그렇게 세월을 초극해 살아남은 모자이크가 오늘 우리에게 그 시절의 빛과 영광을 생생히 보여주고 있다.

갈라 플라치디아 영묘의 아름다운 모자이크

모든 예술은
로마로 통한다

로마

이탈리아 로마에 가면 볼거리가 참 많다. 그중에서 관광객들이 가장 많이 찾는 곳은 바티칸 시국에 있는 성 베드로 성당과 바티칸 미술관 그리고 시스티나 예배당이다. 바티칸 시국은 넓이가 뉴욕 센트럴 파크의 8분의 1밖에 되지 않는 작은 나라다. 이탈리아와 국경을 맞대고 있는데, 바티칸 미술관의 입구가 이탈리아와 바티칸 시국의 국경이다. 그러니까 바티칸 미술관으로 들어가는 순간 이탈리아 국경을 넘어 바티칸 시국에 입국하는 셈이 된다. 국경을 넘어 다른 나라로 가지만 비자는 필요 없다.

내가 로마에 처음 간 때는 막 해외여행 붐이 시작되던 1990년대 초였

♪

♬

♪　　로마 거리에서 만난 아름다운 창문

♬　　바티칸 그레고리오 이집트 박물관에 있는 이집트 관

다. 로마에 도착한 다음 날 바티칸 미술관으로 향했다. 여행 안내책에는 지하철 A선을 타고 오타비아노 역에서 내려 5분 정도 걸어가면 된다고 나와 있었다. 그런데 바티칸 미술관에 다녀온 사람들의 얘기는 달랐다. 성수기에는 사람이 너무 많아, 입장을 기다리는 줄이 미술관 입구에서부터 전 정거장까지 이어진다는 것이다. 그러니 오타비아노 역에서 내리지 말고, 그 전 정거장에서 내리는 편이 낫다는 말을 들었다. 그 말대로 사람이 정말 많았다. 입장을 기다리는 사람들 줄이 끝도 없이 이어졌다. 얼마나 오래 기다렸는지 성수기에 이탈리아는 올 곳이 못 된다는 생각이 들 정도였다.

로마

오랜 기다림 끝에 간신히 미술관에 들어갈 수 있었다. 입구에서 티켓을 파는데, 카드는 안 되고 오로지 현금만 받는다고 했다. 상황을 보니 그럴 만도 했다. 사람이 너무 많아 일일이 카드 넣고 서명하고 할 시간조차 없는 것이다. 티켓 창구에 전 세계에서 몰려온 관광객들로부터 받은 현금이 산더미처럼 쌓여 있었다. 그냥 갈퀴로 돈을 쓸어 담는 수준이었다. 그걸 보고 이탈리아 사람들이 조상 하나는 참 잘 두었다는 생각을 했다.

바티칸 미술관은 단일 미술관이 아니라 바티칸 시국에 있는 여러 개의 미술관과 갤러리 그리고 시스티나 예배당을 통칭하는 말이다. 바티칸 미술관에는 가톨릭교회가 수세기 동안 수집해온 2만여 점의 귀중한 예술 작품이 전시되고 있다. 워낙 규모가 방대하다 보니 다 둘러보려면 상당한 수준의 근력과 지구력이 필요하다. 내가 갔을 때는 사람이 구름떼처럼 몰려오는 성수기여서 주마간산식으로 휙 둘러볼 수밖에 없었다. 나중에 여유가 되면 로마에 한 며칠 머물면서 찬찬히 미술관에 있는 모든 작품을 감상하고 싶다고 생각했다.

미켈란젤로가 펼쳐놓은 황홀한 색채의 향연

시스티나 예배당은 미켈란젤로의 〈천지창조〉와 〈최후의 심판〉을 보러 온 관광객들로 발 디딜 틈이 없었다. 사람들에게 밀려 예배당 안으로 들어선 순간 눈앞에 황홀한 색의 향연이 펼쳐졌다. 복원 작업을 마친 지 얼마 지나지 않아서인지 그림의 색상이 그렇게 선명하고 화려할 수가 없었다. 마치 방금 그린 듯 그림 전체에 생동감이 넘쳤다. 미켈란젤로의 그림들은 오랜 세월 양초 그을음과 끈적한 기름에 덮여 있었다. 복원 전에 찍은 사진을 보니 색깔이 그렇게 칙칙할 수가 없었다. 그런데 복원을 마친 그림은 환상 그 자체였다. 복원 작업이 끝난 후에 〈천지창조〉를 볼 수 있어서 다행이라는 생각이 들었다.

〈천지창조〉는 인간이 감히 범접할 수 없는 지극히 높은 곳에 있었다. 거리가 너무 멀어서 만화경처럼 펼쳐진 그림들이 딱 신용카드만 하게 보였다. 그래도 〈아담의 창조〉만큼은 눈에 확실하게 들어왔다. 사실 〈아담의 창조〉는 모르는 사람이 없을 정도로 유명한 그림이다. 흰 옷을 입은 신이 오른팔을 뻗어 자신의 손가락을 아담의 손가락에 가져다 대려고 하고 있다. 손가락을 통해 아담에게 생명의 온기를 불어넣으려는 것이다. 성경에서는 신이 진흙으로 사람의 형상을 빚은 다음 그의 코에 생기를 불어넣었다고 하는데, 그림 속의 신과 아담의 맞닿은 손가락은 이를 은유한 것이다.

그림에서 신과 아담의 몸은 서로 멀리 떨어져 있다. 둘을 연결해주는 것은 오로지 손가락뿐이다. 그런 의미에서 손가락은 아담의 생명줄과 같다. 미켈란젤로는 신의 손가락이 아담의 손가락에 닿을락 말락 하는 순간을 그렸다. 인간의 탄생이라는 역사적 사건이 일어나는 순간의 긴장감을 그렇게 아슬아슬하게 묘사한 것이다. 그런데 만약 미켈란젤로가 성경에 나온 대로 아담의 코에 생기를 불어넣는 장면을 그렸다면 어땠을까. 〈아담의 창조〉만큼 멋진 구도의 그림이 나오지는 못했을 것이다.

예배당의 벽에는 그 유명한 〈최후의 심판〉이 그려져 있다. 그림을 본 첫 느낌은 황홀함 그 자체였다. 오랜 시간 공들여 복원 작업을 했기 때문일까. 그림의 배경을 이루는 파란색이 정말 아름다웠다. 최후의 심판이라는 무거운 주제를 다루고 있는데도 전혀 끔찍하다거나 무섭다는 생각이 들지 않았다. 아름다운 빛깔의 하늘에 인간들이 무중력 상태로 둥둥 떠 있었다.

라파엘로의 걸작 〈천지창조〉 중 〈아담의 창조〉 부분

벽화가 처음 공개되었을 때, 사람들은 그림 속 인물들이 모두 알몸인 데 충격을 받았다고 한다. 곧 신성한 교회에서 있을 수 없는 일이라는 비난이 쏟아졌다. 그래서 어쩔 수 없이 미켈란젤로의 제자가 한 땀 한 땀 정성 들여 주요 부위를 가리는 작업을 해야 했다. 이 작업에 꼬박 1년이 걸렸다고 한다. 하기야 수백 명이나 되는 사람에게 일일이 팬티(?)를 입히는 일이 쉽지는 않았겠지.

　그림의 중앙에 산 자와 죽은 자를 심판하는 예수가 있다. 그런데 그 모습이 일반적인 성화聖畵의 예수와 사뭇 다르다. 인간의 죄를 대신 짊어지고 고통받는 깡마른 예수가 아니라 근육질을 자랑하는 당당한 풍채의 예수다. 예수를 이렇게 당당하게 묘사한 성화를 많이 보지는 못한 것 같다. 미켈란젤로가 창조한 독창적인 예수의 이미지다. 고뇌하는 예수가 아니라 불로써

시스티나 예배당 벽에 그려진 〈최후의 심판〉

산 자와 죽은 자를 심판하는, 권력자로서의 예수 말이다.

예수의 발밑에는 열 두 제자 중 한 사람인 바르톨로메오가 있다. 그는 복음을 전파하다가 이교도에게 잡혀 산 채로 살가죽이 벗겨지는 참극을 당했다. 그렇게 누구보다 비참하게 죽었으나 최후의 심판날에는 천국행을 보장받고 건장한 풍채로 되살아났다.

그런데 바르톨로메오의 손에 들려 있는, 흉물스럽게 축 늘어진 인간의 살가죽이 보인다. 바로 미켈란젤로의 살가죽이라 한다. 그의 살가죽은 천국과 지옥 어디에도 속하지 않는 애매한 위치에 놓여 있다. 왜 그는 많은 사람이 천국행의 기쁨을 누리는 현장에서 스스로를 소외시켰을까. 교회의 벽과 천장에 그림을 그리면서 보낸 고통스러운 세월에 대한 보상을 당당히 요구할 수도 있었을 텐데 말이다. "그렇다 해도 소인은 하찮은 존재입니다"라고 말하고 싶었던 것일까. 아니면 자신의 천재성을 알아보지 못하고 그림에 대해 이러쿵저러쿵 말이 많았던 사람들에 대한 반감의 표시였을까. 여하튼 미켈란젤로는 청명한 푸른빛을 배경으로 펼쳐지는 천상의 드라마에서 매우 기괴한 방식으로 자신의 존재를 드러내고 있었다.

시스티나 예배당을 둘러보면서 나는 아주 오랜 옛날, 미켈란젤로의 영혼이 살아 숨 쉬는 이 공간에 울려 퍼졌던 한 아름다운 음악을 생각했다. 르네상스 시대 교황청 악장으로 활동했던 그레고리오 알레그리가 작곡한 〈미제레레 메이〉다. 〈미제레레 메이〉는 시스티나 예배당에서 치러진 고난주간 의식 중 〈르송 드 테네브르〉에서 불렸던 노래다. 고난주간 의식은 제단 앞에 나뭇가지 모양의 촛대에 촛불 15개를 켜놓고 시편을 한 편씩 낭송할 때마다 촛불을 하나씩 꺼나가는 식으로 진행되었는데, 이것을 〈르송 드 테네브르〉, 즉 '어둠 속의 가르침'이라고 한다.

〈미제레레 메이〉는 시스티나 예배당에서 불렸던 〈르송 드 테네브르〉였다. 의식의 마지막에 촛불이 모두 꺼진 어둠 속에서 교황과 추기경이 무릎을 꿇으면, 성가대가 높은 하늘에서 울리는 천사의 노래처럼 높은음으로 장식음을 넣은 〈미제레레 메이〉를 불렀다. 어둠 속에서 울리는 합창 소리가 그렇게 신비로울 수가 없었다고 한다.

그 신비로운 경험을 독점하고 싶었기 때문일까. 교황은 〈미제레레 메이〉의 악보를 시스티나 예배당 밖으로 반출하지 못하도록 했다. 그래서 한동안 〈미제레레 메이〉는 로마 교황청에서만 독점적으로 연주되었다. 이 곡을 듣고 싶은 사람은 일부러 로마의 바티칸까지 찾아와야 했는데, 그중에는 독일의 문호 괴테와 작곡가 멘델스존도 있었다.

많은 사람이 로마에 와서 이 곡을 듣고 악보에 옮겨 적으려고 시도했다. 그중에 아버지와 연주 여행차 로마를 방문한 열네 살의 음악 천재 모차르트도 있었다. 모차르트는 복잡한 성부로 이루어진 이 곡을 단 두 번 듣고 단숨에 악보로 옮겨 적었다고 한다. 이로써 이 곡을 독점하려던 교황청의 의도는 무위로 돌아가고 말았다.

라파엘로가 그린 〈아테네 학당〉

프레스코화 하면 미켈란젤로의 〈천지창조〉와 〈최후의 심판〉이 가장 유명하지만, 사실 바티칸 미술관에는 이것 말고도 훌륭한 프레스코화가 많다. 그중 라파엘로 산치오의 프레스코화를 빼놓을 수 없다. 라파엘로는 1508년 교황 율리우스 2세의 의뢰로 바티칸 궁전에 프레스코화를 그리기 시작했다. 오늘날 그가 그린 프레스코화가 있는 방을 라파엘로의 방이라고 하는데, 〈콘스탄티누스의 방〉, 〈헬리오도루스의 방〉, 〈서명의 방〉, 〈보르고 화재의 방〉 이렇게 모두 네 개의 방이 있다.

라파엘로의 방에 그려진 프레스코화 중에서 가장 유명한 것은 〈서명의 방〉에 있는 〈아테네 학당〉이다. 〈서명의 방〉의 벽면에는 각각 철학, 신학, 법, 예술을 주제로 한 그림이 그려져 있는데, 〈아테네 학당〉은 이 중 철학을 주제로 한 그림에 해당된다.

그림의 한가운데에 그리스 철학의 두 거장 플라톤과 아리스토텔레스가 서 있다. 플라톤은 붉은옷을 입고, 저서인 〈티마이오스〉를 들고 있다. 아리스토텔레스는 푸른옷을 입고 역시 저서인 〈니코마코스 윤리학〉을 들고 있다. 그 아래 계단에서는 디오게네스가 푸른옷을 입고 퍼질러 앉아 무엇인가를 읽고 있다. 왼쪽 아래 제자들에 둘러싸여 책을 쓰고 있는 사람은

<서명의 방>에 있는 라파엘로의 <아테네 학당>

수학자 피타고라스이고, 그 뒤편에서 작은 책에 무엇인가를 기록하고 있는 사람은 에피쿠로스다. 쾌락주의의 신봉자답게 머리에 포도잎으로 만든 관을 쓰고 있는 모습이 인상적이다. 그 뒤 계단 위에서는 소크라테스가 알렉산드로스 대왕과 담소를 나누고 있다.

피타고라스 건너편에서는 기하학의 대가 유클리드가 컴퍼스로 삼각형을 그리고 있고, 그 뒤에 천문학자 프톨레마이오스가 지구의를 들고 있다. 그 맞은편에 천구의를 들고 있는 사람은 조로아스터교의 창시자 조로아스터다. 이렇게 <아테네 학당>에는 인류 역사에 기념비적인 업적을 남긴 철학자와 과학자, 수학자들이 한자리에 모여 있다. 그 수가 무려 58명이나 되는데, 그중에는 이름이 확인되지 않은 사람도 있다.

그런데 실제로 이렇게 내로라하는 학자들이 한자리에 모이기란 불가능하다. 활동한 시기나 지역이 다르기 때문이다. 소크라테스가 죽었을 때 아리스토텔레스는 아직 태어나지도 않았고, 조로아스터는 그리스 철학이 태동하기도 전에 페르시아에 살았던 사람이다. 라파엘로는 이렇게 서로 만날 일이 없는 대학자들을 한데 모아 전무후무한 장면을 연출했다. 비록 상상화지만 세상에 이처럼 지적知的 에너지가 충만한 그림이 또 있을까 싶다.

라파엘로는 학자들을 그릴 때 동료 화가들의 얼굴을 모델로 삼았다. 플라톤의 얼굴은 레오나르도 다빈치이고, 헤라클레이토스의 얼굴은 미켈란젤로라고 한다. 동료 화가뿐만 아니라 자기 자신의 얼굴도 그려 넣었는데, 알렉산더 대왕의 궁정에서 일했던 전설적인 천재 화가 아펠레스의 얼굴이 바로 라파엘로의 얼굴이다. 오른쪽 아래 조로아스터 옆에 검은 모자를 쓰고 있는 젊은이다. 얼굴이 너무나 젊어서 놀랐다. 하기야 이 벽화를 그리기 시작할 무렵에 겨우 26살이었으니 그럴 만도 하다. 이토록 풋풋한 젊은이가 이토록 위대한 작업을 해내다니, 라파엘로야말로 천재가 아닌가. 천재 화가 아펠레스의 얼굴에 자신의 얼굴을 그려 넣은 것도 그런 자신감의 표현이리라.

작곡가에게 영감을 준 로마의 소나무

내가 이탈리아 로마에 처음 갔을 때 가장 놀란 점은 고대 로마 시대의 건물 잔해나 돌덩이들이 여기저기 무심하게 널브러져(?) 있는 광경이었다. 콜로세움 근처에 있는 포로 로마노Foro Romano가 바로 그랬다. 포로 로마노는 고대 로마제국의 심장부로, 로마 공화정 시기에는 황제의 즉위식, 개선식, 선거 유세 등 모든 중요한 공식 행사가 열렸던 곳이다.

포로 로마노의 야경

하지만 로마제국의 쇠락과 함께 한때 위용을 자랑하던 신전과 포룸의 건축물들이 파괴되거나 손상을 입었다. 그러자 사람들이 마구잡이로 그 잔해들을 가져다가 활용(?)하기 시작했다. 석재를 떼어다가 주택을 보수하기도 하고, 대리석 기둥이나 장식물을 떼어다가 교회를 짓기도 했다. 그렇게 오리지널과 이를 재활용한 건축물이 섞이면서 로마 시내에 있는 건물들의 족보가 뒤죽박죽이 되었을 것이다. 저 기둥은 유피테르 신전 기둥, 이쪽 벽은 막센티우스 회당 벽돌. 이런 식으로 말이다.

로마에 다녀온 지 한참 시간이 흐른 후 딸과 함께 다시 로마를 찾았다. 딸은 여행을 떠나기 전부터 〈세계를 간다〉라는 여행 안내서를 열심히 읽으며 공부했다. "로마의 테르미니 역에서 파는 스피치코 피자가 맛있다고 꼭 먹어보래요." 이런 식으로 책에서 읽은 정보를 나에게 알려줬다. 요즘은 국내에 여행안내서가 여러 종류 나와 있지만 당시만 해도 일본책을 번역한 〈세계를 간다〉가 거의 유일한 안내서였다. 이 책에서는 '어디에 있는 무슨 레스토랑에 가면 파스타가 무척 맛있다, 거기 가서 파스타를 한번 맛보도록 하자', 이런 식으로 맛집을 추천했는데, 그래서인지 그 집에 가면 〈세계를 간다〉를 옆구리에 낀 일본인과 한국인이 바글바글했다.

〈세계를 간다〉의 안내에 따라 로마 여행 둘째 날에는 아피아 가도에 있는 유적지를 돌아보기로 했다. 책에 따르면 이 지역을 돌아볼 수 있는 가장 편리한 방법은 아르케오 버스를 타는 것이라고 한다. 아르케오 버스는 테르미니 역에서 출발해 베네치아 광장, 콜로세움, 카라칼라 욕장, 성 세바스치아노 문, 성 칼리스토의 카타콤베, 막센티우스의 경기장, 체칠리아 메텔라의 묘, 쿠인틸라 벽장 박물관, 카살레 로톤도, 로마 수도교 등을 경유한다. 매일 8시 30분부터 30분 간격으로 운행된다. 이 버스를 타고 가다가 아무데나 내리고 싶은 곳에 내려 관광한 다음 다시 버스를 타고 가다가 원하는 곳에서 내리는, 이른바 hop-on, hop-off 방식으로 원하는 유적지들을 돌아볼 수 있다는 장점이 있다.

숙소에서 나와 아르케오 버스가 서는 베네치아 광장으로 향했다. 중간에 길을 잘못 찾아 헤매던 중 레스토랑 앞에서 호객 행위를 하고 있는 한 청년을 만났다. 그에게 베네치아 광장으로 가는 길을 물었다. 그랬더니 돌아온 대답이 가관이었다. 글쎄, 자기 가게에서 식사를 하면 알려주겠다는 것이다. 그 말을 듣고 얼마나 어이가 없던지. 그런데 사실 그다지 놀랍지는 않았다. 이탈리아에서 이와 비슷한 일을 겪은 게 어디 한두 번인가. 그러니 이탈리아를 여행할 때는 정신을 똑바로 차려야 한다. 큰 낭패를 볼 수 있다.

거리를 걷다 보니 어딜 가나 소나무가 많은 점이 눈에 띄었다. 이탈리

♪　우산 모양을 한 로마의 소나무
♫　아피아 가도의 소나무

아 작곡가 레스피기가 〈로마의 소나무〉라는 작품을 쓴 이유를 알 것 같았다. 볼로냐 태생의 레스피기는 34살 때 로마 산타 체칠리아 음악원 교수로 채용된 뒤 세상을 떠날 때까지 로마에서 살았다. 로마의 풍광과 유적, 역사, 문화를 사랑했던 그는 〈로마의 소나무〉, 〈로마의 분수〉, 〈로마의 축제〉를 썼는데, 이를 '로마 3부작'이라고 한다.

로마의 소나무는 무척 특이하게 생겼다. 우리가 흔히 알고 있는 그런 소나무가 아니다. 로마의 소나무는 기다란 줄기 꼭대기에 가지가 우산처럼 펼쳐진 모습을 하고 있다. 그래서 우산 소나무, 파라솔 소나무, 낙하산 소나무라고 하기도 한다. 이렇게 특이하게 생긴 소나무가 유적지, 공원, 거리, 산책길, 광장, 무덤, 경기장 등 어딜 가나 있다. 소나무가 없으면 로마가 아니라는 생각마저 들 정도다.

레스피기의 〈로마의 소나무〉에는 빌라 보르게세의 소나무, 카타콤베의 소나무, 자니콜로 언덕의 소나무, 아피아 가도의 소나무가 나온다. 그런데 이렇게 각기 다른 장소의 소나무를 그렸지만 각각의 소나무가 서로 다른 것은 아니다. 소나무는 로마에 있는 어느 장소에나 갖다 붙여도 되는 '상수'와 같다.

로마 남서부에 위치한 자니콜로 언덕은 밤풍경이 특히 신비로운 곳이다. 레스피기는 이렇게 신비로운 자니콜로 언덕의 분위기를 음악으로 그렸다. 피아노의 아르페지오로 시작된 음악이 시종일관 꿈같이 흘러가다가 마지막에 바이올린의 트레몰로와 하프의 하모닉스를 배경으로 나이팅게일의 울음소리가 울려 퍼지는 것이 인상적이다.

레스피기가 추천한(?) 소나무 중에서 아피아 가도와 카타콤베의 소나무를 보려고 베네치아 광장에서 버스를 탔다. 그런데 버스에 타자마자 나는

가리발디의 기마상이 서 있는 자니콜로 언덕

잘못된 선택이었음을 깨달았다. 이 초록색 버스에는 지붕이 없었다. 때는 6월 말. 구름 한 점 없는 하늘에서 태양이 이글이글 타오르고 있었다. 그 열기가 지상의 모든 것을 태워버릴 듯 강렬했다. 버스에는 우리를 뜨거운 태양으로부터 보호해줄 것이 아무것도 없었다. 썬캡을 썼는데도 마치 뜨거운 난로 앞에 있는 듯 얼굴이 화끈 달아올랐다. 그래서 여름에 로마에 간다는 사람이 있으면 아르케오 버스는 절대로 타지 말라고 말하곤 했다. 그런데 나중에 알아보니 지금은 이 버스가 없어지고 노선버스가 그 역할을 대신하고 있다고 한다.

버스를 타고 가다가 성 세바스티아노 카타콤에서 내렸다. 카타콤은 기독교인들이 박해를 피해 은신처로 삼았던 지하무덤이다. 성 세바스티아노의 무덤 위에 있는 성 세바스티아노 교회 안에는, 성 세바스티아노가 화살

성 세바스티아노의 석상

을 맞고 있는 조각상이 있었다. 그는 온몸을 화살로 찔리는 고문을 당하면서도 끝내 신앙을 버리지 않았다. 결국 매를 심하게 맞고 숨을 거두었는데, 바로 이곳의 지하무덤에 그의 시신이 안치되어 있다.

　이어서 찾아간 성 칼리스토 카타콤은 로마에 있는 카타콤 중 가장 규모가 큰 곳이다. 레스피기의 〈로마의 소나무〉 중 〈카타콤의 소나무〉가 바로 이 성 칼리스토 카타콤을 그린 것이라고 한다. 그레고리오 성가 스타일의 금욕적이고 장중한 곡으로 음악을 듣고 있으면 지하 무덤에서 올리는 기독교인들의 비통한 기도 소리가 들리는 듯하다.

　성 칼리스토 카타콤은 특히 음악가의 수호성인으로 알려진 성녀 체칠리아가 묻혀 있었던 곳으로 유명하다. 체칠리아는 2세기 무렵에 살았던 로마 귀족 가문의 딸이었다. 그런데도 기독교인이 되어 남편까지 기독교로 개종시켰다. 그렇게 초기 기독교 공동체를 위해 헌신하다가 기독교를 박해했던 마르쿠스 아우렐리우스 황제에 의해 남편과 함께 순교했다.

가이드의 안내를 받아 지하 무덤으로 들어가니, 누워 있는 성 체칠리아의 석상이 나타났다. 그 앞에서 가이드가 했던 말이 지금도 기억난다. 체칠리아의 손가락 세 개가 펴져 있는 것은 성부, 성자, 성신을 의미하는 것이라는 말이다. 그런데 기독교의 삼위일체 교리는 체칠리아가 세상을 떠난 후에 생긴 것이기 때문에 사실 이 이야기는 신빙성이 없는 것이었다. 하지만 종교에서는 팩트가 중요한 것이 아니다. 객관적인 사실, 실제로 있었던 일 그 너머에 존재하는 것이 믿음 아닌가.

더위에 지쳐 직접 가보지는 못했지만 성 세바스티아노 문에서 800미터쯤 떨어진 곳에는 도미네 쿠오바디스 성당이 있다고 한다. 예수의 열두 제자 중 한 명인 베드로가 로마의 기독교 박해를 피해 서둘러 도망을 치던 중 예수를 만났다. 깜짝 놀란 베드로가 "쿠오 바디스, 도미네?Quo Vadis, Domine" 즉, "주여 어디로 가시나이까?"라고 물었다. 그러자 예수가 "나는 네가 도망 나온 로마로, 십자가를 다시 지기 위해 간다"라고 대답했다. 도미네 쿠오바디스 교회는 바로 베드로가 예수를 만났던 그 자리에 세워졌다. 그때 베드로가 섰던 바로 그 자리에 그의 발자국이 남아 있다. 돌 위에 파인 사람의 발자국이 실제 베드로의 발자국일 가능성은 매우 낮다. 하지만 무슨 상관인가. 성 체칠리아의 손가락과 마찬가지로 베드로의 발자국 역시 믿음의 영역인 것을.

예술적 영감이 샘솟는 물의 도시

베니스

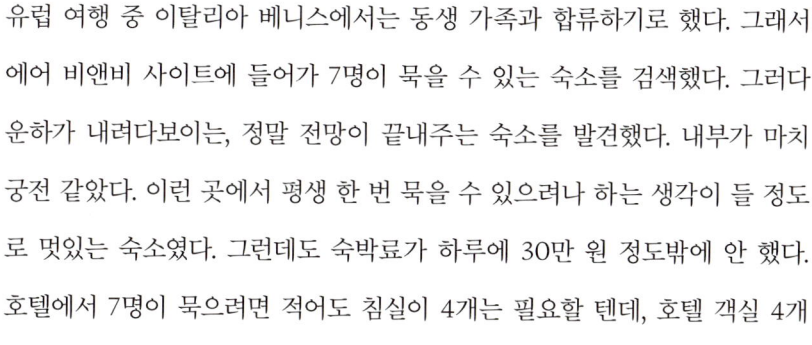

유럽 여행 중 이탈리아 베니스에서는 동생 가족과 합류하기로 했다. 그래서 에어 비앤비 사이트에 들어가 7명이 묵을 수 있는 숙소를 검색했다. 그러다 운하가 내려다보이는, 정말 전망이 끝내주는 숙소를 발견했다. 내부가 마치 궁전 같았다. 이런 곳에서 평생 한 번 묵을 수 있으려나 하는 생각이 들 정도로 멋있는 숙소였다. 그런데도 숙박료가 하루에 30만 원 정도밖에 안 했다. 호텔에서 7명이 묵으려면 적어도 침실이 4개는 필요할 텐데, 호텔 객실 4개를 빌리는 가격을 생각하니 숙박비가 싸도 너무 싸다는 생각이 들었다. 침실 4개에 엄청나게 큰 거실, 주방 그리고 화장실 4개가 있는 집을 이 가격에 빌

릴 수 있다니 이런 행운이 어디 있나 싶었다.

이렇게 좋은 곳이면 벌써 예약이 다 차지 않았을까 걱정하면서 예약 가능한 날짜를 살펴보았다. 다행히 우리가 묵고자 하는 날짜에 예약이 가능한 상태였다. 그래서 황급히 신용카드를 꺼내 예약을 진행했다. 그런데 마지막에 결제 완료 버튼을 누르고 결제 금액을 확인하는 순간, 내 눈을 의심하지 않을 수 없었다. 3일 숙박료가 무려 천만 원이나 되는 것이 아닌가. 그제야 내가 '0' 하나를 빼먹고 보았다는 것을 알게 되었다. 하루 숙박료가 30만 원이 아니라 300만 원이었던 것이다.

순간 등골이 오싹했다. 빛의 속도로 취소 버튼을 눌렀다. 다행히 이 숙소는 취소가 가능한 숙소였다. 하지만 에어 비앤비나 호텔 중에는 한 번 예약하면 환불이 불가능한 곳도 있다. 그렇기 때문에 예약하기 전에 환불정책에 대한 코멘트를 꼼꼼히 읽어봐야 한다. 에어 비앤비에서는 환불 정책을 '엄격'과 '유연'으로 구분하고 있다. '엄격'은 아예 환불이 되지 않는 것이다. 그래서 나는 엄격한 규정을 적용하는 숙소는 될 수 있는 대로 예약하지 않는다. 사람 일이라는 게 어떻게 될지 알 수 없기 때문이다.

취소 버튼을 누르고 나서 가슴을 쓸어내렸다. 어쩐지 너무 싸다 했다. 숙소 소개문에 파티를 하면 무료로 메이드 서비스를 해준다는 대목을 읽었을 때 눈치챘어야 했다. 도대체 궁전의 거실을 방불케 하는 이런 럭셔리한 숙소가 하룻밤에 30만 원밖에 안 된다는 게 말이 되나. 왜 그때 이런 합리적인 의심을 하지 못했는지 모르겠다. 하마터면 여행 한번 하고 파산할 뻔했다.

놀란 가슴을 진정시키고 다시 숙소를 검색했다. 이번에는 '0'을 하나도 빼놓지 않고 하나씩 세고 또 세면서 숙소를 찾았다. 다행히 마음에 드는

물의 도시 베니스

집과 집을 연결해주는 운하 위의 다리

숙소가 있었다. 이 숙소의 숙박비는 정말로 하룻밤에 30만원 정도였다. 그런데 사진을 보니 그럴듯했다. 침실 4개, 침대 7개, 아주 넓은 거실, 화장실 3개, 주방 그리고 넓은 베란다가 있는 집이었다.

예약한 숙소는 베니스 본섬이 아니라 본섬에서 기차역으로 한 정거장 떨어진 곳에 있었다. 베니스 본섬에 있는 산타 루치아 역(세상에! 역 이름이 산타 루치아라니!)이 아니라 그 전 정거장인 메스트레 역에서 내려야 했다. 메스트레 역에서 동생을 만났다. 숙소로 가는 길에 동생이 물었다.

"그런데 운하는 어디 있어?"

내가 베니스에 숙소를 잡았다고 하니까 운하가 내려다보이는 곳을 상상했던 모양이다. 하지만 예약한 숙소는 운하가 있는 베니스 본섬까지 버스를 타고 약 20분 정도 나가야 하는 곳에 있었다. 물 위로 곤돌라가 다니는 풍경을 상상했던 동생이 몹시 실망한 눈치였다.

"이 동네는 너무 로맨틱하지 않아."

이 말을 듣고 내심 미안했다. 나도 숙소가 운하에서 이렇게까지 떨어져 있는 줄은 몰랐다.

그런데 숙소로 들어가고 나서 실망스러운 마음이 완전히 사라지고 말았다. 집이 너무나 넓고 쾌적했기 때문이다. 넓이가 한 100평쯤 되어 보였다. 넓은 거실에는 소파와 앤티크한 테이블이 놓여 있고, 벽난로를 피울 수 있는 공간과 노트북을 놓고 일할 수 있는 서재 비슷한 공간 그리고 로맨틱한 인증샷을 찍기에 좋은 공간도 따로 있었다.

그리고 무엇보다 압권은 넓은 베란다였다. 베란다에서 운하가 보이지는 않지만 전망이 탁 트여 시원한 느낌이 들었다. 일정을 마치고 숙소로 돌아와 와인이나 차 한 잔을 마시며 하루를 정리하는 시간을 갖기에 더없이 좋은 공간이었다. 숙소를 둘러보면서 정말 탁월한 선택이라는 생각을 했다. 물론 운하가 있는 베니스 본섬까지 가려면 20분 정도 버스를 타고 나가야 하는 단점이 있지만 퀄리티가 이 정도 되는 숙소라면 그만한 불편은 충분히 감수할 수 있다는 생각이 들었다. 사실 운하가 바라다 보이는 곳은 어마어마하게 비싸다. 운하를 보고 싶으면 나가서 보면 되지 굳이 그 비싼 돈을 주고 숙소에서까지 운하를 볼 필요가 있을까.

숙소에 여정을 풀고 산 마르코 광장으로 갔다. 베니스 여행의 시작점은 산 마르코 광장이다. 베니스를 찾은 사람들은 누구나 가장 먼저 산 마르코 광장을 찾는다. 1990년대 초 처음 베니스에 갔을 때, 산 마르코 광장에 비둘기가 엄청 많았던 걸로 기억한다. 그야말로 사람 반 비둘기 반이었다. 얼마나 많은지 날아오르는 비둘기와 사람이 부딪칠 정도였다. 광장에 있는 가판대에서 비둘기 먹이를 팔고 있었는데, 관광객들이 그걸 사서 비둘기에게 주었다. 그래서인지 비둘기들이 하나같이 뚱뚱했다. 비둘기가 아니라 닭둘기라고 해도 될 정도였다. 먹이를 구하려고 열심히 노력하지 않아도 언제나 배불리 먹을 수 있으니 세상에 이런 상팔자가 또 있나 싶었다.

하지만 그 후 비둘기는 도시의 골칫거리로 전락하고 말았다. 적정 개체 수의 25배까지 늘어난 비둘기가 온갖 문제를 일으켰기 때문이다. 가장 심각한 건 배설물이었다. 비둘기들은 광장 주변에 있는 산 마르코 대성당, 두칼레 궁전 등 베니스가 자랑하는 귀중한 문화유산에 아낌없는 '새똥 세례'를 퍼부었다. 강한 산성을 띤 비둘기 배설물은 대리석 조각상과 건물에 치명적인 피해를 입혔고, 이것을 청소하고 보수하는 데에 해마다 천문학적인 비용이 들어갔다.

베니스 당국은 그동안 비둘기 수를 줄이기 위해 여러 가지 방안을 강구했다. 불임약 처방도 해보고, 그물로 잡아보기도 했지만 별 효과가 없었다. 급기야는 비둘기를 굶겨 죽이는 방안을 추진하기도 했다. 하지만 이 방법은 한 달 만에 심각한 부작용을 낳았다. 굶주린 비둘기가 공격적으로 변한 것이다. 칼슘을 섭취하기 위해 조각상을 쪼아 먹는가 하면, 먹을 것을 들고 가는 사람을 떼거지로 공격하는 일까지 벌어졌다.

지금도 비둘기 문제는 완전히 해결된 것 같지 않다. 두 번째로 찾은 산 마르코 광장에는 여전히 비둘기가 많았다. 처음 왔을 때와 다른 점은 모이를 파는 가판대가 보이지 않고, 모이를 주는 사람도 없다는 것이었다. 그도 그럴 것이 베니스에서 비둘기에게 모이를 주면 한화로 거의 8만 원에 달하는 벌금을 물어야 한다. 비둘기의 호시절이 끝난 셈이다. 그래서인지 먹이를 쟁취하려는 비둘기들의 전투력이 놀라운 수준으로 향상된 것을 볼 수 있었다. 야외 테이블이나 벤치에서 빵이나 과자를 먹고 일어날라치면 어디선가 비둘기 떼가 쏜살같이 날아왔다. 점프하고, 돌진하고, 활강하는 것이 거의 돌격대 수준이었다. 비둘기가 평화의 상징이라고? 천만의 말씀이다.

교회예술의 황금빛 광휘

산 마르코 대성당은 마가복음의 저자로 알려진 성 마르코의 유해를 안치하기 위해 세운 성당이다. 성 마르코는 이집트의 알렉산드리아에서 복음을 전파하다 순교했고, 그 후 그의 유해는 그 지역 성당에 안치되었다. 그런데 이슬람 세력이 알렉산드리아를 정복하면서 성 마르코의 유해가 훼손될 위기에 처했다. 그러자 이를 염려한 베니스의 상인들이 성 마르코의 유해를 몰래 베니스로 옮기기로 했다. 이때 이슬람 관리들을 속이려고 유해를

산 마르코 대성당의 외관

이슬람 금기 식품인 돼지고기 속에 숨겨 운반했다고 한다.

산 마르코 대성당은 9세기에 완공되었다. 그런데 이때는 외관이 비교적 수수했다고 한다. 하지만 그 후 여러 차례 건물을 개축, 보강하면서 모습이 달라졌다. 파사드Façade(건물의 출입구로 이용되는 정면의 외벽 부분)와 나르텍스Narthex(성당 정면 입구와 본당 사이에 있는 좁고 긴 현관)를 추가하고 기존에 있던 돔 위에 새로운 돔을 덧씌우면서 산 마르코 대성당은 화려한 위용을 자랑하는, 명실상부한 대성당으로서의 면모를 갖추게 되었다.

외관이 화려해지기는 했지만 사실 성당의 기본 구조는 크게 바뀐 것이 없었다. 하지만 내외부의 장식은 세월이 지나면서 점점 화려하고 정교해졌다. 이탈리아의 다른 성당과 달리 산 마르코 대성당에는 프레스코화가 거의 없다. 벽에 그림을 그려 넣는 대신 유리 타일을 이용한 모자이크 기법으

황금빛 유리 타일이 주조를 이루고 있는 성당 내부의 모자이크

로 성당을 장식했기 때문이다.

성당 정면의 파사드는 다섯 개의 아치로 이루어져 있는데, 각 아치의 뤼네트Lunette(반달 모양의 벽면 공간)에는 성 마르코의 유해를 알렉산드리아에서 베니스로 옮겨 오는 장면을 담은 모자이크가 있다. 또한 성당 현관인 나르텍스에 있는 돔들은 창세기와 출애굽기를 주제로 한 모자이크로 장식되어 있다. 이 중에서 가장 화려하고 컬러풀한 돔은 창조의 돔이고, 그 옆으로 아브라함, 요셉, 모세의 이야기를 담은 돔이 있다.

현재 약 8000m²에 달하는 성당의 내외부 공간에는 형형색색의 모자이크가 촘촘히 박혀 있다. 성당 내부 장식의 주조를 이루는 것은 황금빛 모자이크다. 그래서 산 마르코 대성당을 '황금의 교회'라 하기도 한다. 내부는 다소 어두운데, 그렇게 어두운 공간에서 황금빛 모자이크가 온화하고 은밀한 광채를 발산하는 광경을 보고 있으면 내적으로 충만한 기쁨을 느끼게 된다. 느낌이 프레스코화를 보는 것과 확연히 다르다.

산 마르코 대성당을 장식하고 있는 모자이크 작품들은 수세기에 걸쳐 조성된 것이다. 그중에는 콘스탄티노플의 모자이크 장인들을 초빙해 제작한 것도 있고, 베로네세, 틴토레토, 티치아노, 우첼로 등 르네상스 시대 거장들이 그린 밑그림을 바탕으로 만든 것도 있다. 이렇게 만든 사람과 양식은 달라도 모자이크 특유의 광휘는 시대를 초월해 언제나 보는 이의 눈을 황홀하게 한다. 만약 모자이크가 없었다면 이 어둡고 거대한 공간이 이처럼 환상적으로 빛날 수는 없었을 것이다.

유리 타일 한 개의 크기는 손톱만 하다. 이렇게 작은 조각들을 한 땀 한 땀 박아서 벽이나 천장을 장식하는 데에 도대체 얼마나 많은 시간과 노동력이 동원되었을까? 밑그림이야 예술가들이 그렸겠지만 타일 조각을 붙이는 단순 작업은 아마 노동자들이 했을 것이다. 성당의 천장과 벽을 빼곡히 메운 모자이크를 보면서 그렇게 많은 타일 조각을 일일이 손으로 붙여야 했던 사람들의 위대한 노동력에 고개가 절로 수그러졌다. 그 이름 없는 손들에 의해 먼 고대의 전설이 성당의 벽과 천장, 바닥에 알알이 박혀 후세 사람들에게 변치 않는 신앙의 표상이 된 것이다.

산 마르코 대성당의 장식품이나 구조물 중에는 그 출처가 은혜롭지 못한 것들도 꽤 있다. 말하자면 자체 제작이 아니라 다른 곳에서 약탈해 온 것이 있다는 얘기다. 13세기 초, 제4차 십자군 원정에 나선 십자군들은 콘스탄티노플에서 막대한 재화와 보물들을 약탈해 베니스로 가져왔다. 그중 상당수가 산 마르코 대성당에 유입되었는데, 바닥에 깔려 있는 대리석 판석과 성당 곳곳에 서 있는 조각상들이다. 산 마르코 대성당이 보물로 내세우

보석으로 장식한 팔라 도로의 이콘

고 있는 황금 제대화 팔라 도로Pala d'Oro의 일부도 이때 약탈해 온 것이다.

팔라 도로는 입이 딱 벌어질 정도로 휘황찬란한 물건이다. 가히 기독교 예술의 최고봉이라 할 만하다. 팔라 도로는 모두 250개의 패널로 이루어져 있는데, 각 패널에 있는 이콘에는 온갖 종류의 보석이 박혀 있다. 에메랄드, 자수정, 사파이어, 루비, 진주, 석류석 등 모두 2천여 개의 보석이 들어갔다고 하니 그 호사스러움이 어느 정도인지 짐작이 가고도 남을 것이다.

이렇게 귀한 보석들이 어떻게 오랜 세월 동안 도난이나 약탈의 위험으로부터 안전할 수 있었을까. 사실 팔라 도로가 약탈의 위험에 처한 적이 있기는 했다. 나폴레옹 군대가 베니스를 점령했을 때였다. 팔라 도로에 박힌 보석들을 보고 한 프랑스 장교가 이게 다 진짜냐고 물었는데, 그때 성당 관리자가 "에이, 이렇게 많은데 보석일 리가 있나요. 다 유리입니다"라고 해서 약탈을 면했다는 일화가 전해진다.

교회음악의 거장 몬테베르디

산 마르코 대성당이 수세기에 걸쳐 이룩해놓은 위대한 예술적 성취를 눈으로 확인하면서 나는 한때 이 공간을 아름다운 음악으로 채웠던 한 사람의 음악가를 떠올렸다. 바로 클라우디오 몬테베르디Claudio Monteverdi (1567~1643)다. 몬테베르디는 1613년 산 마르코 대성당의 악장으로 취임했다. 이전 직장에서 그리 좋은 대접을 받지 못했던 그는 산 마르코 대성당의 악장직에 매우 만족했다. 계약대로 정규적으로 보수를 받았고 인격적으로도 좋은 대접을 받았다.

몬테베르디가 악장으로 부임할 당시 산 마르코 대성당은 '황금의 교회'라는 이름에 어울리는 하드 웨어를 갖추고 있었다. 하지만 교회의 소프트 웨어라 할 수 있는 음악의 수준은 이에 미치지 못했다. 몬테베르디는 부임하자마자 기량이 떨어지는 성가대와 연주자의 실력을 향상하는 데 총력을 기울였다. 교회음악을 산 마르코 대성당의 위상에 어울리는 수준으로 끌어올리고자 각고의 노력을 기울인 것이다. 몬테베르디가 악장을 맡으면서 산 마르코 대성당의 음악은 이전과 비교할 수 없을 정도로 다채롭고 풍성해졌다. 이를 위해 그는 보조 작곡가를 고용했고 스스로도 수없이 많은 음악을 썼다.

작곡가로서 몬테베르디의 영향력은 산 마르코 대성당에만 국한되지 않았다. 그는 당시 영향력 있던 신도회의 행사나 이 단체를 후원하는 성직자들의 연중 축제를 위한 음악을 감독하기도 했다. 그렇게 다양한 음악행사에 참여함으로써 베니스 음악 문화의 활성화에 크게 기여했다. 베니스가 그 어느 시대보다 풍성한 음악의 르네상스를 구가할 수 있었던 데 몬테베르디의 공이 컸다.

흔히 교회음악 하면 조용하고 거룩한 분위기의 음악을 떠올리는 경우가 많다. 하지만 몬테베르디의 교회음악은 다르다. 그는 음악에 극적요소를 가미해, 차분하게 가라앉아 있던 교회음악에 생기와 화려함을 불어넣었다. 그전까지 교회음악에서는 악기 반주 없이 목소리로 화음을 맞춰 부르는 아카펠라가 대세였다. 그런데 몬테베르디는 교회음악에 과감하게 악기를 도입해 성악 못지않은 역할을 부여했다. 그렇게 함으로써 음악을 더 다채롭고 활력이 넘치게 만들었다.

양쪽에 발코니가 있는 산 마르코 대성당의 내부를 둘러보면서 나는 몬테베르디가 이 구조를 얼마나 효율적으로 사용했을지 상상해보았다. 그는 발코니 곳곳에 성가대와 연주자를 배치해 사방에서 음악 소리가 들리는 스테레오 효과를 구사했다. 그렇게 드라마틱한 발상과 색채적인 표현력으로 산 마르코 대성당을 아름답고 화려한 천상의 음악이 울려 퍼지는 공간으로 만들었다. 이쪽 발코니에서는 천사들의 찬양 소리가 울리고, 저쪽 발코니에서는 천군의 나팔 소리가 울리는 광경을 한번 상상해보자. 황금빛 모자이크에 반사되어 울리는 그 소리가 얼마나 환상적이었을지 충분히 짐작이 가고도 남을 것이다.

유럽의 오래된 성당을 방문할 때 대개는 건축물 자체, 즉 하드 웨어만 보고 오는 경우가 많다. 하지만 나는 될 수 있는 대로 그곳에서 열리는 예배 의식에 참여하려고 노력한다. 그래야 제대로 된 문화 체험을 할 수 있기 때문이다. 미사에 참여하면 성가대의 노래와 오르간 연주를 들을 수 있는데, 웅장하고 아름다운 공간에 울려 퍼지는 음악을 듣고 있노라면 건물만 보았을 때에는 느낄 수 없었던 내적 충만감을 느끼게 된다.

지난 1989년, 산 마르코 대성당에서 존 엘리어트 가디너의 지휘로 몬테베르디의 〈성모 마리아를 위한 저녁 기도Vespro della Beata Vergine〉가 연주되었다. 그 연주 영상을 보면 몬테베르디의 음악이 얼마나 활기차고 드라마틱한지, 그리고 산 마르코 대성당의 독특한 실내 구조가 음악을 생동감 있게 전달하는 데 얼마나 효율적인지 깨닫게 된다. 영상으로 보는 데도 이렇게 좋은데 직접 본다면 얼마나 황홀할까. 언젠가 기회가 되면 산 마르코 대성당에 울려 퍼지는 몬테베르디의 음악을 직접 듣고 싶다.

산 마르코 광장 근처에서 놀다 보니 어느덧 저녁때가 되었다. 숙소 주인에게 잘하는 레스토랑을 추천해달라고 했다. 구글 지도의 안내를 받아 레스토랑을 찾아갔다. 베니스에는 골목이 정말 많다. 두 사람이 겨우 지나다닐 정도로 좁은 골목을 걸어가다 막다른 골목이 아닐까 생각하는 순간 또 다른 골목이 나타나곤 한다. 우리는 이런 골목 구석구석까지 알아서 안내해주는 구글 지도의 섬세함과 총명함에 감탄하며, 끝없이 구불구불 이어지는 골목길을 걷고 또 걸었다.

레스토랑은 운하하고는 조금 떨어진 자리에 있었다. 위치는 아쉬웠지만 음식은 모두 맛있었다. 우리는 각자 다른 종류의 음식을 시켜 나누어 먹었다. 식사를 마치고 디저트를 시켰는데, 이름이 재미있었다. "나를 티라미슈라고 부르지 말아주세요"였다. 그래서 디저트에게 물었다. 그럼 대체 너를 뭐라고 불러줘야 할까?

베니스에서의 죽음

베니스 여행 이틀째 되는 날에는 리도섬에 갔다. 리도섬은 독일 작가 토마스 만의 소설 〈베니스에서의 죽음〉의 배경인 곳이다. 〈베니스에서의 죽음〉은 비스콘티 감독에 의해 영화로도 만들어졌는데, 대략적인 줄거리는 다음과 같다.

주인공 아셴바흐는 베니스의 리도섬으로 여행을 갔다가 우연히 그리스 조각처럼 완벽한 미모를 가진 소년을 보게 된다. 순식간에 소년의 젊음과 아름다움에 매료된 그는, 열아홉 소녀처럼 들뜬 마음으로 소년의 주변을 맴돈다. 그 후 섬에 전염병이 돈다는 소문이 퍼지면서 사람들이 차례로 섬을 빠져나간다. 소년과의 이별이 머지않았음을 깨달은 아셴바흐는 절망에 빠진 나머지 어리석은 짓을 한다. 늙은 모습을 감추기 위해 흰머리를 검은색으로 물들이고, 얼굴에 하얗게 분칠을 하고, 입술에 빨간 연지를 바른 것이다.

♪ 비스콘티 감독의 영화 〈베니스에서의 죽음〉의 한 장면
♬ 벤자민 브리튼의 오페라 〈베니스에서의 죽음〉 공연 장면

♪

♬

베니스

부자연스런 화장으로 늙은 얼굴을 가린 아셴바흐는 해변의 의자에 앉아 멀어져가는 소년의 모습을 절망에 가득 찬 눈으로 바라본다. 전율하는 그의 얼굴에서 땀이 흘러내린다. 머리와 눈썹, 얼굴과 입술을 물들인 염색약과 화장품이 땀으로 범벅이 된다. 다시는 소년을 볼 수 없다는 절망감이 온몸을 엄습하는 순간, 아셴바흐는 자리에서 일어난다. 그리고 그 자리에 쓰러져 숨을 거둔다.

영화 〈베니스에서의 죽음〉은 1971년, 리도섬의 해변 그리고 토마스 만과 소년의 가족이 묵었던 베인즈 호텔에서 촬영되었다. 그런데 비슷한 시기에 또 한 사람의 예술가가 리도섬을 찾았다. 영국 작곡가 벤자민 브리튼이었다. 당시 그는 토마스 만의 〈베니스에서의 죽음〉을 바탕으로 한 오페라를 구상하고 있었는데, 본격적인 작곡에 들어가기에 앞서 창작의 영감을 얻기 위해 리도섬을 찾은 것이다.

토마스 만의 소설과 비스콘티의 영화, 벤자민 브리튼의 오페라를 보면서 리도섬이 궁금했다. 미소년 타치오가 친구들과 뛰놀던 리도섬의 해변은 어떤 모습일까. 그리고 그들이 묵었던 베인즈 호텔은 또 어떤 곳일까. 이런 궁금증이 나를 리도섬으로 이끌었다.

리도섬은 베니스 본섬에서 그리 멀지 않은 곳에 있다. 한 20분 정도 걸렸을까. 배를 탄 지 얼마 지나지 않아 바로 섬에 도착했다. 관광 성수기인데도 섬은 한산했다. 버스에서 내려 조금 걸으니 바로 바다가 나왔다. 그리고 그 바다를 마주보고 호텔 베인즈가 있었다.

베인즈 호텔은 지금의 기준으로 보아도 상당히 규모가 큰 호텔 축에 든다. 1900년에 문을 열었는데, 당시 유럽의 부자나 유명 인사들이 즐겨 찾는 최고급 호텔로 유명했다고 한다. 베니스 영화제가 열리는 동안에는 클

리도 해변의 방갈로

라크 케이블에서부터 키이라 나이틀리에 이르기까지 내로라하는 헐리우드 스타들이 모두 이곳에 묵었다. 1911년, 유명한 작가 토마스 만이 이곳에서 소설의 영감을 얻었고, 1929년에는 러시아 발레단의 흥행사 디아길레프가 이곳에서 세상을 떠났다. 1971년, 비스콘티 감독이 바로 이 호텔에서 영화 〈베니스에서의 죽음〉을 촬영했고 1996년에 개봉된 영화 〈잉글리시 페이션트〉에 나오는 셰퍼드 호텔 장면도 바로 여기서 찍었다. 그래서인지 호텔 앞 해변에 있는 게시판에는 〈베니스에서의 죽음〉을 비롯한 영화와 관련된 사진들이 붙어 있었다.

리도섬에 가면 베인즈 호텔에 한번 들어가보려고 했다. 객실에는 못 들어가도 적어도 호텔 커피숍 정도는 갈 수 있지 않을까 기대했다. 사실은 그래서 일부러 리도섬을 찾은 것이다. 그런데 기대는 실망으로 돌아왔다. 호

황혼 무렵의 리도 해변

텔이 문을 닫은 것이다. 거대한 출입문에는 쇠사슬이 감겨 있었다. 나중에 알아보니 베인즈 호텔은 2010년에 문을 닫았다고 한다.

할 수 없이 해변으로 발길을 돌렸다. 베인즈 호텔 앞의 해변은 그저 평범했다. 소설이나 영화, 오페라와 연관 짓지 않는다면 그리 특별할 것 없는 보통의 해변이었다. 하지만 토마스 만과 비스콘티, 브리튼은 이 해변을 부질없는 소망이 스러져가는 죽음의 무대로 삼았다. 영화 〈베니스에서의 죽음〉에서 남자가 늙은 얼굴을 서글픈 화장으로 가린 채 죽어가는 동안, 무대에서는 말러의 교향곡 5번 아다지에토가 처연하게 흐르고 있었다.

피렌체는 꽃 피는 나무와 같죠.
줄기와 잎새는 시뇨리아 광장에 있지만
그 뿌리는 맑고 비옥한 계곡으로부터
새로운 생기를 빨아들이죠.

2

예술의 나라에서 만나는
사색의 길

France

프랑스

먼 과거로의
시간 여행

보르도, 생테밀리옹·라스코 동굴

여행할 때 언어 문제로 가장 힘든 나라는 프랑스다. 전철이나 기차, 버스를 타고 다니려면 우선 정거장 이름을 알아야 한다. 근데 프랑스어는 스펠링이 복잡한데다가 발음도 어려워서 아무리 읽고 외우려고 해도 잘 안 된다. 파리에서 샹젤리제라고 쓰인 표지판을 보고 놀란 기억이 난다. Champs Elysee였던가. 이걸 샹젤리제라고 읽으라니? '챔프스 엘리제'가 아니고?

영어나 독일어는 뜻을 몰라도 대충 읽을 수는 있는데, 프랑스어는 도대체 대충 읽는 것조차 불가능하다. 그래서 내려야 할 정거장 이름을 외웠다가도 금세 잊어버리는 사태가 발생하곤 한다. 길을 찾다가 지나가는 사람

포도밭이 있는 중세 마을 생테밀리옹

한테 물어보려고 해도 목적지 이름을 제대로 발음하지 못하니 물어봐도 못 알아듣는 경우가 태반이다.

프랑스어 중에 제일 발음하기 힘든 것이 'R' 발음이다. 프랑스 알파벳의 'R'은 가래침 뱉기 직전 소리와 맥주병 따는 소리를 합친 듯한 묘한 소리가 난다. 외국인이 도저히 따라할 수 없는 소리다. 프랑스의 도시 고속 전철을 RER이라고 하는데, 한번은 RER을 타기 위해 프랑스 사람에게 '알이알' 타는 곳이 어디냐고 물은 적이 있다. 전혀 못 알아들어서 종이에 RER이라고 써서 보여주었더니, "아하! 에흐에에흐"라고 외계인 소리를 냈다.

프랑스 여행 중 라르댕이라는 작은 시골역에서 있었던 일이 생각난다. 이 역에서는 20대로 보이는 젊은 청년이 기차표도 팔고, 기차의 도착과 출발도 관리하는 일인다역을 하고 있었다. 이 청년에게 근처에 묵을 수 있는 호텔을 알아봐달라고 부탁하려고 하는데, 문제는 이 청년이 영어를 단 한 마디도 못한다는 것이었다.

이럴 때 필요한 것은 만국공통어인 바디랭귀지. 나는 가지고 간 여행 책자에 나오는 호텔 사진을 손으로 가리킨 다음 전화 거는 시늉을 했다. 그랬더니 금세 알아듣고 그 자리에서 호텔로 전화를 해주었다. 다행히 빈 방이 있는 것 같았다. 그 이후로는 청년이 즉석에서 착안한 그림문자로 의사소통이 이루어졌다. 청년은 먼저 종이에 세로로 긴 직사각형을 그리고 그것을 삼등분한 다음, 각 칸에 1, 2, 3이라는 숫자를 썼다. 그리고 3이 쓰인 칸에 빗금을 쳤다. 내가 묵을 방이 3층에 있다는 뜻이렸다. 무슨 뜻인지 알아듣고 고개를 끄덕이자 이번에는 계단을 그린다. 아! 엘리베이터가 없으니 계단으로 올라가야 한다는 뜻이구나. 이 정도면 나의 그림문자 해석 실력도 보통 이상은 되는 것 아닐까 으쓱했다.

브리브라는 곳에서 숙소를 구할 때도 언어 때문에 작은 소동이 있었다. 역 바로 앞에 있는 호텔에 들어가니 종업원이 자기 호텔에는 방이 없지만 다른 곳을 알아봐줄 수 있다고 했다. 그리고 이리저리 전화를 걸더니 한 곳에 방이 있단다. 그런데 거기로 어떻게 찾아가느냐가 문제였다. 방이 있다 없다와 같은 간단한 말은 바디랭귀지로 어느 정도 해결이 되는데, 복잡한 길을 설명하는 것은 또 다른 문제였다.

호텔 종업원이 어느 정도 영어를 하기는 했다. 그런데 "First red fire, second red fire"하는데 도대체 무슨 소리인지 알아들을 수가 없었다. 첫 번째 빨간 불, 두 번째 빨간 불, 이게 도대체 뭐지? 이렇게 난감해하며 "빨간 불, 빨간 불"을 여러 번 되뇌다 마침내 깨닫게 되었다. 그녀가 말하는 red fire는 바로 신호등을 의미하는 것이었다. 그런데 red light라고 하지 않고

red fire라고 하니 못 알아들은 것이다. 하기야 우리나라에서도 빨간 등, 초록 등이라고 하지 않고 빨간 불, 초록 불이라고 하지 않는가. 내가 우리말로 빨간 불을 여러 번 되뇌지 않았으면 영원히 그 뜻을 알아차리지 못했을 것이다.

고색창연한 중세 마을 생테밀리옹

와인의 생산지로 유명한 프랑스 보르도 지방으로 가기 위해 아침 일찍 파리의 몽파르나스 역에서 TGV를 탔다. 프랑스의 고속열차 TGV는 우리나라 KTX와 비슷하지만 안은 훨씬 쾌적하다. 무엇보다 자리마다 테이블이 있어서 책을 읽거나 그림을 그리거나 음식을 먹을 수 있어서 좋았다. 아침 겸 점심으로 기차 안에 있는 레스토랑에서 샐러드와 파스타, 빵, 물을 사서, 가져간 밥, 김과 함께 먹었다. 그런 다음 창밖의 경치를 느긋하게 바라보며 기차여행의 묘미를 즐겼다.

생테밀리옹은 유네스코가 정한 세계 문화유산의 하나다. 마을 전체가 중세의 모습을 그대로 간직하고 있다. 생테밀리옹Saint-Emilion이라는 이름은 8세기에 이 마을에 살았던 에밀리옹이라는 수도사의 이름에서 따온 것이다. 에밀리옹은 18년 동안 이 마을에 은둔하면서 수많은 기적과 덕행을 행해 수도사들의 귀감이 된 인물이다. 에밀리옹은 죽은 후 성인으로 추대되었고 그의 이름을 딴 수도원이 생겼다. 이를 계기로 마을 이름이 성 에밀리옹, 즉 생테밀리옹이 되었다고 한다.

생테밀리옹에는 볼거리가 많다. 우선 중세의 옛 모습을 그대로 간직하고 있는 마을 자체가 볼거리다. 서양의 중세는 기독교의 시대였다. 요즘은

거대한 바위를 깎아서 만든 모놀리틱 교회

종교의 자유가 있어서 교회에 다니는 사람도 있고, 그렇지 않은 사람도 있지만 중세 시대에는 마을 사람 모두가 교인이었다. 그래서 유럽에는 중세 사람들의 신앙심을 엿볼 수 있는 유적들이 많이 있다. 생테밀리옹에 있는 모놀리틱 교회Monolithic Church도 그중 하나다. 고대 그리스 어에서 'mono'는 '하나'를, 'lithos'는 '돌'을 의미한다. 따라서 Monolithic Church는 '하나의 암석으로 이루어진 교회' 즉, '일석一石 교회'가 된다.

이름에서 알 수 있는 것처럼 이 교회는 길이 38m, 높이 12m의 거대한 석회암 덩어리를 깎아서 지었다. 12세기에 이 마을의 고지대에 거대한 석회암이 있었는데, 그것을 파서 교회를 만들었다고 한다. 그런데 규모가 상상을 초월한다. 본당의 높이가 20m나 된다. 두꺼운 벽과 육중한 기둥, 최소한의 빛만 투과되는 작은 창문을 지닌 교회 안은 어두우면서도 한없이 깊고,

중후하고, 신비로웠다.

에밀리옹의 영혼이 깃든 이 공간에서는 아마 그레고리오 성가가 울려 퍼졌을 것이다. 그레고리오 성가는 무미건조한 음악이다. 음악 자체의 아름다움이나 예술적 감동을 추구하지 않는다. 감각적인 것을 거부함으로써 이것이 인간의 음악이 아닌 신의 음악이라는 사실을 끊임없이 일깨운다. 이렇게 과도한 장식을 지양하고, 모든 것을 가능한 한 단순하게 표현하려고 하는 노력은 결과적으로 그 안에 깃든 정신적 내용이 더욱 풍부하게 드러나도록 하는 효과로 이어졌다.

모놀리틱 교회의 투박한 벽과 기둥, 조각들을 보면서도 그런 생각을 했다. 투박하기 때문에 더욱 정신적으로 깊어지는 느낌이랄까. 지하에 들어가면 그런 느낌이 더 강해진다. 지하에는 에밀리옹이 은둔했던 곳과 기도하던 곳, 에밀리옹의 무덤, 트리니티 예배당, 카타콤베가 있다. 이곳은 돈을 내고 가이드의 안내를 받아야만 볼 수 있다. 교회 위에는 53m 높이의 종탑이 있는데, 196개의 계단을 따라 꼭대기까지 올라가면 고풍스런 집과 포도밭이 있는 마을 풍경이 한눈에 내려다보인다.

생테밀리옹은 순례지로 가는 통로였다. 그래서 교회와 수도원이 많이 세워졌고 그중 대학 교회Collegiate Church가 유명하다. 이곳에는 길이가 28.5m에 이르는 회랑이 있는데, 이 회랑에는 프랑수아 펠티에가 그린 〈묵시록Apocalipse〉이라는 벽화가 있다. 흔히 요한계시록이라고도 하는 묵시록에는 상징과 은유가 많아 성경 중에서도 가장 해석하기 어렵기로 손꼽힌다. 그래서 화가가 몹시 애를 먹었다. 의뢰를 받고 벽화를 그렸는데, 처음에는 주임 신부로부터 퇴짜를 맞았다고 한다.

주임 신부는 펠티에가 요한계시록에 대해 너무 무지하다며 그림을 그

대학 교회 회랑에 있는 프랑수아 펠티에의 〈묵시록〉

에밀리옹의 영혼이 깃든 이 공간에서는
아마 그레고리오 성가가 울려 퍼졌을 것이다.
그레고리오 성가는 무미건조한 음악이다.
감각적인 것을 거부함으로써
이것이 인간의 음악이 아닌
신의 음악이라는 사실을 끊임없이 일깨운다.

리기 전에 먼저 요한계시록을 집중적으로 공부해야 한다고 말했다. 다른 작품은 그리지 말고 1년 동안 생테밀리옹에 머물며 오로지 이 작품에만 전념할 것을 요구했다. 펠티에는 6개월 동안 신학자, 사제들과 함께 요한계시록을 공부했다. 계시록에 나오는 온갖 예언과 수수께끼 같은 상징에 대해 토론하는 시간도 가졌다. 그렇게 요한계시록에 대해 집중적으로 공부한 다음에 다시 벽화를 그렸다.

벽화는 2018년에 완성되었고 결과는 놀라웠다. 천지창조에서부터 최후의 심판에 이르기까지 성경에 나오는 여러 장면이 마치 환상처럼 회랑 벽에 펼쳐졌다. 벽화의 색감이 특히 아름다웠다. 요한계시록의 현대적 재해석이라고나 할까. 현재 펠티에의 〈묵시록〉이 있는 대학 교회 회랑은 생테밀리옹에 온 사람이라면 누구나 찾는 관광 명소가 되었다.

대학 교회 안에는 이 마을의 수호성인인 성 에밀리옹의 석상도 있다. 석상은 근사한 가운을 걸치고 있지만 실제 에밀리옹은 매우 근검한 생활을 했다고 한다. 교회 북쪽 입구의 문 위에는 최후의 만찬을 묘사한 부조가 있는데, 예수와 제자들의 머리가 모두 잘려 있다는 게 특이했다. 프랑스 혁명 때 잘려나갔다고 한다. 단두대로 살아 있는 사람의 목만 자른 것이 아니라 무생물인 돌조각의 목도 댕강 댕강 잘랐다니, 그때는 단두가 일종의 취미가 아니었나 하는 생각마저 든다.

와인의 고향 생테밀리옹

생테밀리옹이 있는 보르도 지방은 와인 애호가들에게 꿈의 여행지로 꼽힌다. 6월 말에는 와인 축제도 열린다. 와인 축제에 가면 보르도 여러 지역에서 생산한 와인을 시음해볼 수 있고, 와인과 저녁 식사가 제공되는 포도원 투어와 배 위에서 와인을 곁들인 점심을 먹을 수 있는 선상 투어, 대형 범선 투어와 와인 골프 투어 등 다양한 투어를 즐길 수 있다. 축제 기간 동안 박물관에서는 와인 관련 전시를 하고, 와인 전문 교육기관에서는 세미나도 연다. 그밖에 불꽃놀이와 음악 공연, 생테밀리옹 명물 오크통 굴리기 대회, 어린이를 위한 와인 게임 등 다양한 행사가 펼쳐진다.

내가 생테밀리옹에 갔을 때는 와인 축제가 끝난 후였다. 그래도 보르도에 왔으니 포도원을 안 보고 갈 수가 없지. 이런 마음에 여행 안내소에 가서 투어를 신청했다. 영어로 안내하는 팀과 프랑스어로 안내하는 팀으로 나누어 신청을 받았는데, 나는 프랑스어보다는 만만한(?) 영어팀에 합류했다. 하지만 프랑스 억양이 심한 가이드 청년의 영어를 알아듣기 힘들었다. 투어는 와인 농가를 방문해 와인 제조과정을 살펴보고, 와인 저장고를 둘러보고, 마지막에 그곳에서 생산된 와인을 시식해보는 순서로 진행되었다. 와인에 대해 잘 몰라서인지 투어는 그리 재미가 없었다. 보는 재미도 마찬가지였다. 끝없이 펼쳐진 포도밭. 그리고 중간중간 서 있는 포도 농가 건물. 그뿐이었다. 6월이어서인지 포도알은 아직 크기가 작고 색이 파랬다.

생테밀리옹에 있는 건물들은 대부분 중세에 지어졌다. 그래서 하나같이 고색창연한 아름다움을 자랑한다. 그런데 지난 2014년, 이 마을의 포도밭 한가운데 현대식으로 지은 꽃분홍색 건물이 들어섰다. 장 누벨이라는 건축가가 설계한 도미니크 포도원의 와인 저장고다. 이 건물은 일단 꽃분

♪   유리 자갈이 깔려 있는 도미니크 와이너리 앞 마당

♬   장 누벨이 설계한 도미니크 와이너리의 저장고

보졸레 누보 축제의 와인 시음 행사

홍색이라는 '튀는' 색깔로 사람들의 눈길을 사로잡는다. 건물 외벽을 왜 꽃분홍색으로 했을까 궁금했는데, 알고 보니 와인 빛깔에서 영감을 얻었다고 한다. 비록 인공적이지만 여섯 종류의 꽃분홍색과 포도나무의 초록잎이 의외로 잘 어울린다는 평가를 받고 있다. 스테인레스로 제작된 꽃분홍빛 패널은 하늘빛이 반사되도록 각도를 살짝 틀었고, 마당에는 짙은 와인 빛깔의 유리 자갈을 깔아 영롱한 빛을 내도록 했다. 위층에 레스토랑이 있는데, 자연미와 인공미가 조화를 이룬 풍경을 바라보며 식사를 하는 맛이 남다를 것 같다.

샤토 호텔에 여장을 푼 뒤 주변의 포도밭을 산책했다. 오후였지만 주변에서는 아무 소리도 들리지 않았다. 완벽한 정적, 완벽한 평화가 보장된 공간이었다. 하늘에 구름이 많이 떠 있었다. 포도밭에 말없이 서서 아주 오랫동안, 해가 질 때까지 구름을 바라보았다. 낮게 드리운 구름들은 서서히 형태와 빛깔을 달리 하며 끊임없이 생성되었다가 사라졌다. 그 변화는 결과적으로는 극적이었지만 과정 자체는 조용했다. 구름들은 서서히, 쓸쓸하게, 그렇게 사라져갔다. 그 조용한 드라마를 바라보면서 드뷔시의 〈야상곡〉 중 〈구름〉을 떠올렸다. 그때 갑자기 감각적으로 이 곡의 구석구석을 모두 이해할 듯한 기분이 들었다. 특히 그 어두운 잉글리시 호른의 의미를. 보르도의 구름은 그렇게 잿빛 고뇌 속으로 서서히 빨려 들어가고 있었다.

석기시대 예술가를 만나다

SF 영화의 고전으로 꼽히는 스탠리 큐브릭 감독의 〈2001 스페이스 오디세이〉는 시작이 특이하다. 처음에 화면에 아무것도 없이 음악만 나온다.

보르도 와인 축제의 불꽃놀이

리게티가 작곡한 〈아트모스페르〉라는 곡인데, 몇 분 동안 어둠 속에서 음악만 듣다 보면 묘한 기분에 빠지게 된다. 마치 우주 공간을 유영하고 있는 기분이 드는 것이다. 스탠리 큐브릭은 이런 방식으로 관객들로 하여금 먼 우주공간으로 진입하는 통과의례를 치르게 했다.

그런 다음 저음 현악기의 웅얼거림을 배경으로 어디선가 트럼펫 팡파르가 들려온다. 곧이어 웅장한 오케스트라, 팀파니의 당당한 울림과 함께 화면에 거대한 행성이 서서히 모습을 드러낸다. 그 거대한 행성 위로 비추는 한 줄기 빛. 인류의 시작을 알리는 빛이다. 이때 울려 퍼지는 음악은 리하르트 슈트라우스의 교향시 〈차라투스트라는 이렇게 말했다〉의 〈서주〉다.

〈차라투스트라는 이렇게 말했다〉가 끝나고 나면 비로소 영화가 시작된다. 인간이 아직 원숭이의 형태를 하고 있던 먼 옛날. 동물과 비슷한 소리를 내며 돼지를 때려잡던 최초의 인류가 사냥도구로 쓰던 뼈다귀를 공중으로 던진다. 그러자 그 뼈다귀가 곧 우주선으로 바뀐다. 원시시대에서 20세기라는 인류 진화의 유구한 시간의 흐름을 압축한 놀라운 장면이다.

뼈다귀가 우주선이 되기까지 인류는 눈부신 기술 발전을 이룩해왔다. 하지만 하나의 생물로서 인간을 놓고 볼 때, 나는 우주선을 만든 현대의 인간과 돌을 사용하던 석기시대 인간 사이에 생물학적 차이가 크다고 생각하지 않는다. 다른 건 몰라도 적어도 예술적 기량이라는 측면에서 보면 그렇다. 이런 생각을 갖게 된 것은 프랑스에 있는 라스코 동굴벽화 때문이다.

라스코 동굴 벽화는 지금으로부터 약 2만 년 전에 크로마뇽인이 그린 것으로 추정되고 있다. 이 벽화는 초기 인류의 위대함을 보여준다. 그들이 생존과 풍요를 기원하며 그렸던 그림에는 강인한 정신력과 숭고한 아름다움이 담겨 있다. 그림이 보여주는 역동성과 사실성, 기량의 능숙함은 현대

크로마뇽인의 벽화를 재현한 라스코 제4 복제 동굴

미술에 비교해서 봐도 전혀 뒤떨어지지 않는다. 우리는 이 그림을 그린 크로마뇽인을 원시인이라고 한다. 역사 교과서에 나와 있는 크로마뇽인(물론 상상화지만)의 모습을 보면 정말 원시인이라는 말이 어울린다. 하지만 라스코 동굴벽화를 보고 생각이 달라졌다. 과연 우리가 이들을 '미개인'이나 '원시인'이라고 부를 수 있을까? 만약 이들이 현대 사회에 태어났다면 우리와 똑같은 사람으로 살지 않았을까? 그로부터 2만 년이 훨씬 지난 지금, 현대의 인류가 이들보다 생물학적으로 훨씬 진화된 존재라고 할 수 있을까.

라스코 동굴이 발견된 때는 1940년이었다. 1940년 9월 12일, 친구였던 10대 소년 마르셀, 자크, 조르주, 시몽은 마르셀의 애완견 로보와 함께 몽티냑 숲의 지하 비밀 통로 탐험에 나섰다. 며칠 전 마르셀이 야완견 로보와 함께 이곳을 지나다가 우연히 지하통로의 입구를 발견했기 때문이다. 마

보르도, 생테밀리옹 · 라스코 동굴

르셀은 친구들에게 날을 잡아 본격적으로 동굴 안으로 들어가보자고 했다. 이때까지만 해도 이들은 동굴이 몽티냐 저택의 정원으로 연결된 지하 비밀 통로라고 생각했다. 그래서 그 안에 있는 보물을 찾으려고 작은 오일 램프로 불을 밝히며 안으로 들어갔다.

하지만 동굴 안에는 이들이 기대한 것 이상의 보물이 있었다. 석기시대 사람들이 그린 엄청난 규모의 벽화였다. 소년들은 눈앞에 펼쳐진 화려한 광경에 입을 다물지 못했다. 마르셀과 친구들은 학교 선생님 레옹에게 이 사실을 알렸고, 레옹 선생은 곧 바로 고고학의 아버지로 불리는 앙리 브뢰에게 연락을 취했다. 연락을 받고 직접 동굴을 찾은 앙리 브뢰는 동굴 벽에 펼쳐진 화려한 색감의 수많은 그림들에 흥분을 감추지 못했다. 무려 2만 전에 그려진 동굴벽화 발견 소식은 프랑스를 넘어 세계를 놀라게 했다. 역사에 기록될 만한 대단한 사건이었다.

라스코 동굴은 발견 8년만인 1948년 일반에 공개되었다. 네 소년 중 마르셀과 자크는 동굴을 안내하는 가이드 역할을 했다. 해마다 수많은 사람들이 라스코 동굴을 보러 왔다. 그런데 동굴을 개방한 지 10년이 된 1958년, 벽화에 푸른곰팡이가 핀 것이 발견되었다. 2만 년 동안 잘 보존되었던 벽화가 사람들의 입김 때문에 훼손되기 시작한 것이다. 결국 프랑스 당국은 1963년 라스코 동굴을 폐쇄하기로 결정했다. 더 이상 사람들의 출입을 허용했다가는 벽화가 돌이킬 수 없을 정도로 훼손될 것이라 염려했기 때문이다. 그 후 라스코 동굴에는 정부의 허가를 받은 전문가만, 그것도 하루에 6명까지만 들어갈 수 있게 되었다.

1983년, 라스코 동굴과 똑같은 복제동굴이 만들어졌다. 처음 만들어진 이후에 라스코 복제동굴은 몇 번의 리노베이션을 거쳤다. 나는 2007년에

석기 시대 사람들이 주술적인 의미로 그린 동물

가서 봤는데, 당시 내가 본 것은 제2동굴이었다.

라스코 동굴은 파리에서 자동차로 5시간 떨어진 몽티냑이라는 작은 마을에 있다. 안내원의 인솔을 받으며 동굴 안으로 들어갔다. 동굴 안은 상당히 어두웠다. 안내원이 플래시로 동굴 벽을 비추며 설명을 해주었는데, 벽화의 규모가 너무 방대해서 입이 딱 벌어질 정도였다. 세계 최대의 규모라는 말이 헛말이 아니었다. 벽화의 대부분은 달리는 말, 소, 사슴, 창을 든 사람 등 사냥과 관련된 것이었다. 학자들의 말에 따르면 이 시대의 미술은 단순히 무엇을 모방하는 소일거리 이상의 의미를 지녔다고 한다. 그림을 그리는 것이 놀이가 아니라 생존을 위한 일종의 주술과 같은 성격을 가지고 있었다는 것이다. 인간의 모습은 지나치게 단순화하고 상징화한 것에 반해 사냥의 대상인 동물은 아주 크고 자세하게 묘사한 것만 보아도 알 수 있다.

그 가운데 영화 필름을 연상시키는 그림도 있었다. 그림에서 활동사진을 보는 듯한 역동성이 느껴졌다. 그 옛날에 어떻게 저런 그림을 그릴 생각을 했는지 놀라웠다. 동굴 바위의 울퉁불퉁한 면에 그려 마치 진짜 소의 피부처럼 보이게 한 그림도 있었다. 동굴 벽화는 대부분 아주 컸는데, 크기가 거의 5m에 가까운 그림도 있었다. 모두 단순한 선과 면으로 구성되었으면서도 동물들의 움직임을 고속사진처럼 생생히 묘사한, 순간 포착의 묘가 뛰어난 걸작들이었다. 그림을 그리는 기량이나 대상을 효과적으로 묘사하기 위한 아이디어라는 측면에서 요즘 사람들과 견주어도 결코 뒤지지 않는다는 생각이 들었다.

지난 2016년, 복제기술이나 동굴환경 조성이라는 측면에서 내가 본 것보다 훨씬 개선된 기술로 만들어진 라스코 제4동굴이 문을 열었다는 소식을 들었다. 이 복제동굴은 최첨단의 3D 레이저 스캐닝을 이용해 만들었기 때문에 오리지널 동굴과 1밀리의 오차도 나지 않는다고 한다. 길이가 900m에 이르는 복제 동굴은 합성수지로 만들었다. 2년 동안 25명의 예술가가 1900개에 이르는 그림과 판화를 일일이 손으로 그려 넣었는데, 오리지널 그림과 똑같이 보이기 위해 2만 년 전 예술가들이 사용한 것과 똑같은 물감을 사용했다고 한다.

동굴이나 그림만 복제한 것이 아니라 동굴의 공기와 분위기까지도 당시와 똑같이 재현했다. 동굴 안을 실제 동굴처럼 어둡고 축축하게 만들었다. 기온을 16도로 맞추고, 아무 소리도 들리지 않도록 했다. 그림을 비추는 조명도 석기시대 동물 기름 램프처럼 희미하게 조정했다. 그렇게 해서 관람객들이 2만 년 전 석기시대의 동굴을 그대로 느낄 수 있도록 했다.

라스코 제4동굴에는 동굴만 있는 것이 아니다. 동굴 벽화를 최첨단 기술을 이용해서 자세히 볼 수 있는 박물관, 동굴 벽화와 관련된 각종 교육 프로그램과 체험 학습을 진행하는 국제 동굴예술 센터도 있다. 업그레이드 된 기술로 오리지널과 똑같은 복제동굴은 물론 박물관까지 있다고 하니, 이미 다녀왔지만 한 번 더 가보고 싶다. 언제고 기회가 된다면 다시 한 번 들를 예정이다.

꽃과 나무와 물의 정원

지베르니, 베르농

지베르니Giverny에 있는 모네의 정원에 가려고 파리의 생 나자르 역에서 베르농Vernon으로 가는 기차를 탔다. 생 나자르 역에서 베르농까지는 기차로 약 한 시간 정도 걸린다. 베르농은 센강 언덕에 위치한 작은 도시다. 마을에 있는 집들이 상당히 오래되어 보였는데, 적어도 백 년은 넘은 듯했다. 유럽에는 이렇게 오래된 집들이 많다. 백 년은 기본이고 200년, 300년 된 집들도 있다. 이렇게 오래된 집에 지금도 여전히 사람들이 살고 있다. 그런데 나이가 들었기 때문일까. 이제는 이렇게 오래된 집이 새 집보다 더 예뻐 보인다. 세월의 무게를 고스란히 간직한 베르농의 집들은 낡았지만 잘 관리되고 있었다.

센강에 위치한 베르농 전경. 끊어진 돌다리 끝에 모네의 그림에 나오는 방앗간이 있다

각양각색의 아름다운 꽃으로 장식해놓은 창문과 골목이 인상적이었다. 꽃이 없으면 삭막했을 텐데 꽃 덕분에 건물이 더 운치 있게 보였다.

베르농은 모네의 정원이 있는 지베르니를 가려면 거쳐야 하는 곳이다. 그런데 여기에 미술애호가라면 꼭 가봐야 할 곳이 있다. 모네의 〈오래된 방앗간〉에 나오는 바로 그 방앗간이다. 과거에 이곳에는 돌다리가 있었다고 한다. 12세기에 영국 왕 필립 2세가 군대를 이동시키기 위해 건설했는데, 세월이 흐르면서 다리는 파괴되고 교각만 남았다. 그 교각 위에 백상 고원에서 수확한 옥수수를 처리하기 위해 방앗간을 지었다. 모네가 그린 방앗간이 바로 이 방앗간이다. 지금 베르농에 가면 교각 위에 모네의 그림에 등장하는 것과 똑같이 복원해놓은 방앗간을 볼 수 있다. 이 외에 베르농에서 볼

만한 곳으로는 관광 안내소가 있는 옛집, 베르농 박물관, 비지 성, 성모 마리아 성당, 문서 보관탑, 알퐁스 조르주 풀랭 미술관, 인형의 집 등이 있다.

베르농 역 앞에는 모네의 정원이 있는 지베르니까지 가는 셔틀 버스가 있다. 버스를 타면 지베르니까지 15분이 걸리고, 걸어서는 한 시간이 걸린다. 시간에 여유가 있다면 마을을 구경하면서 천천히 걸어가는 것도 좋은 방법이다. 그런가 하면 일명 '모네의 열차'라고 하는 꼬마 기차를 타고 가는 방법도 있다. 동화에 나오는 장난감 기차같이 생긴 이 꼬마 기차는 베르농 시내를 지나 지베르니까지 가는데, 베르농과 지베르니를 연결한다고 해서 '지베르농'이라고 한다.

나는 셔틀 버스를 타고 갔다. 지베르니는 작고 아름다운 마을이었다. 버스에서 내리자마자 마을의 평화롭고 목가적인 분위기에 반하고 말았다. 모네의 정원을 보러 갔지만 시간이 있다면 한 며칠 묵으며 마을의 분위기를 음미해보고 싶었다. 번잡한 도시를 떠나 은둔 생활을 하기에 딱 좋은 곳이었다. 그러니까 모네가 여기에 집을 지을 생각을 했나 보다.

꽃에 미친 남자 모네

모네의 집 앞에는 입장을 기다리는 사람들의 줄이 길게 늘어서 있었다. 입장하기 위해 한참을 기다려야 했다. 들어가자마자 제일 먼저 온갖 꽃이 피어 있는 거대한 꽃밭이 눈에 들어왔다. 모네의 정원은 정원이라기보다 꽃밭에 가까웠다. 수련이 피어 있는 연못과 일본식 다리 주변은 어느 정도 정원처럼 꾸며졌지만 나머지는 꽃밭과 같은 형태를 하고 있었다. 그 꽃밭에 각양각색의 꽃들이 심어져 있었다. 그렇게 다양한 종류의 꽃을 한꺼번에

각양각색의 꽃이 피어 있는 모네의 정원

본 것은 처음이었다. 살짝 현기증이 날 정도로 화려하고 현란한 꽃의 향연이 정원 가득 펼쳐지고 있었다.

모네가 지베르니에 있는 집에 처음 이사 왔을 때, 약 3천평에 이르는 부지에는 사과나무 과수원과 야채밭이 들어서 있었다. 대문에서 현관에 이르는 넓은 통로에는 사이프러스와 가문비나무가 있었고, 회양목 울타리를 한 꽃밭도 있었다. 그 광경을 보는 순간 모네는 온몸에 엔돌핀이 솟는 듯한 기분을 느꼈다. 타고난 정원사였던 그의 머릿속에 온갖 아이디어가 떠올랐다. '그래, 바로 여기에 나만의 정원을 만드는 거야.' 이렇게 결심한 그는 주저 없이 작업에 돌입했다.

먼저 과수원에 있는 사과나무를 베어내고 그 자리에 체리나무와 일본 살구나무를 심었다. 꽃밭 가장자리에 있던 회양목도 뽑아냈다. 그리고 가문

　　　　　　　　　　　　　　　　　　지베르니, 베르농

비나무를 베어낸 자리에 철제 아치를 세웠다. 아치 양쪽에 있는 꽃밭에 수선화, 튤립, 물망초, 아이리스, 양귀비, 작약을 심고 가운데 통로 가장자리에는 한련화와 장미를 심었다.

　정원 일에 열정적이었던 모네는 그림을 그리면서 터득한 색의 조화와 화면 구성에 대한 지식을 정원을 만드는 데 십분 활용했다. 한쪽 꽃밭에는 온갖 종류의 꽃들을 심은 반면 다른 쪽에는 같은 종류, 같은 색깔의 꽃을 심었다. 마치 한 사람의 화가가 한 가지 물감을 칠해놓은 듯 말이다. 이렇게 모네는 그림을 그리는 데에 발휘했던 창의력을 정원을 조성하는 데에도 발휘했다. 정원이 그가 원하는 모습을 갖출 때까지 쉬지 않고 일했다. 그 결과 마침내 꿈에 그리던 빛의 정원이 탄생했다. 꽃에 미친 남자 모네가 만든 정원에서는 지금도 그의 아이디어를 충실하게 따르는 정원사에 의해 매년 마법 같은 꽃의 향연이 펼쳐지고 있다.

　꽃밭을 구경한 다음, 일본식 다리가 있는 연못으로 갔다. 모네는 물을 좋아했다. 그래서 지베르니의 집으로 이사 온 지 10년 만인 1893년, 정원 끝에 인접한 땅을 사서 거기에 연못을 만들었다. 그리고 연못 위에 가운데가 살짝 올라간 일본식 다리를 놓았다. 일본에서는 다리를 붉은색으로 칠하는 것이 전통이지만 모네는 자신의 다리를 초록으로 칠했다. 그리고 그 주변에 대나무, 운행나무, 단풍나무, 일본 살구나무, 백합, 버드나무 등을 심어 동양적인 분위기를 연출했다. 그리고 연못에는 수련을 심었다.

　일본식 다리는 모네의 정원을 찾는 사람들이 인증샷을 찍는 장소로 유명하다. 그래서인지 다리에 사람이 많았다. 사진 한 장 찍으려면 한참을 기다려야 했다. 사진을 찍은 다음 벤치에 앉아 연못을 바라보았다. 연못에는 모네의 트레이드마크인 수련이 피어 있었다. 모네는 여기서 수없이 많은 수련을 그리고 또 그렸다. 그렇지만 똑같은 그림은 하나도 없었다. 모네는 시시각각 달라지는 빛의 변화를 그림으로 포착한 화가다. 빛은 늘 변화무쌍하게 움직인다. 따라서 그 빛을 받는 사물의 모습 역시 시시각각 달라진다. 같은 것을 그리더라도 그릴 때마다 다른 그림이 나올 수밖에 없다.

모네를 비롯한 인상파 화가들의 그림을 볼 때마다 떠오르는 사람이 있다. 프랑스 작곡가 클로드 드뷔시다. 드뷔시는 음악사상 유일한 인상주의 작곡가로 알려져 있다. 드뷔시가 활동하던 시절, 파리에는 예술가와 지식인의 사교 모임인 살롱이 널리 유행했다. 드뷔시는 상징주의 시인 말라르메의 살롱에 자주 드나들었다. 여기서 화가 마네와 모네, 시인 말라르메와 보들레르, 랭보를 만난 드뷔시는 이들의 그림과 시가 지닌 풍부한 암시성에 매료되었다.

암시는 대놓고 말하는 것이 아니라 빙 돌려서 말하는 것이다. 대상을 직설적으로 표현하지 않고, 느낌과 뉘앙스와 분위기로만 표현한다. 드뷔시의 음악이 그렇다. 인상주의 그림의 애매모호한 윤곽선처럼 드뷔시의 음악은 애매모호하고 몽환적이다. 멜로디는 손에 잡힐 듯 말듯 미묘하게 흐르고, 마디의 분절점이 베일에 싸인 듯 한 마디에서 다음 마디로 미끄러져 들어간다.

나는 드뷔시의 덧없는 화성과 파스텔 톤 음색. 베일에 싸인 듯 감지할 수 없는 어렴풋한 울림을 들을 때마다 강이나 호수를 그린 모네의 그림을 떠올리곤 한다. 마네가 그린 〈아르장퇴유의 배 위에서 그림을 그리는 모네〉라는 그림이 있다. 배 위에서 그림을 그리는 모네의 모습을 담은 작품인데, 이처럼 모네는 답답한 아틀리에를 벗어나 시시각각 빛의 변화를 볼 수 있는 물 위에서 그림 그리는 것을 좋아했다. 이를 위해 아예 선실이 딸린 배를

모네가 살았던 집. 봄이 되면 튤립과 물망초가 핀다

만들기도 했다. 모네의 그림 가운데 유독 물 위에 떠 있는 배를 그린 작품이 많은 것도 이 때문이다.

　일본식 다리 위에서 수련이 피어 있는 연못을 바라보았다. 연못에 작은 물결이 일었다. 그에 따라 물에 비친 하늘과 구름과 나무와 꽃이 흔들렸다. 눈앞에 보이는 연못의 풍경 위로 모네의 그림이 중첩되는 순간, 드뷔시의 〈아라베스크〉와 〈물에 비친 그림자〉라는 곡이 떠올랐다. 세상에 이렇게 절묘하게 서로 맞아떨어지는 그림과 음악이 또 있을까. 모네의 그림을 음악으로 옮기면 바로 드뷔시의 음악이 된다. 모네의 그림은 눈으로 듣는 음악이고, 드뷔시의 음악은 귀로 보는 그림이다. 그저 모네의 그림뿐만 아니라 인상주의 화가들의 그림이 다 그렇다. 드뷔시를 인상주의 작곡가라고 하는 까닭이다.

정원을 다 보고 모네가 살던 집으로 들어갔다. 모네의 집을 구경하려면 돈을 따로 내야 한다. 집 안으로 들어가자 푸른빛을 주조로 한 작은 다실이 나왔다. 간단히 독서를 하거나 차를 마시는 장소인데, 벽에는 각종 차와 올리브 유, 양념과 달걀들을 보관했던 선반이 있다. 그 옆에 있는 방은 모네가 1899년까지 작업실로 썼던 곳이다. 작업실을 다른 곳으로 옮긴 뒤에는 이곳을 차와 커피를 마시며 휴식을 취하는 거실로 사용했다. 방은 온통 모네의 그림과 사진들로 장식되어 있다. 한쪽에 놓인 영국풍 등받이 의자에 앉아 차를 마시며, 시원하게 뚫린 창을 통해 바깥의 정원을 감상하는 모네의 모습이 떠올랐다.

계단으로 올라가니 모네의 침실과 욕실이 나왔다. 여기에는 모네 자신의 작품뿐만 아니라 그의 친구였던 세잔, 르누아르, 시냐크의 그림도 있다. 이어서 부인 앨리스의 침실과 바느질 방, 모네의 수양딸이자 화가였던 블랑슈의 침실도 구경했다.

다시 아래층으로 내려오자 주방과 식당이 보인다. 주방의 주된 색상은 푸른색으로, 주방 전체에 아름다운 문양의 루앙 타일이 붙어 있다. 화려하지만 다소 차가운 느낌이 드는 곳이다. 반면에 옆에 있는 식당은 분위기가 밝고 따뜻하다. 벽과 가구들이 모두 밝은 노란색을 하고 있는 것이 특이한데, 노란색은 당시로서는 상당히 현대적인 색상이었다고 한다. 식당의 찬장에는 모네가 손님을 맞기 위해 특별히 장만한 푸른색과 노란색 그릇들이 들어 있다.

이곳에서 가장 눈에 띄는 것은 벽을 빼곡히 채운 일본 판화 우키요에

파란색 루앙 타일이 아름다운 주방

다. 모네는 우키요에의 광팬으로 우키요에를 수백 점이나 갖고 있었다. 모네를 비롯한 인상파 화가들은 모두 똑같은 돌림병을 앓고 있었다. 그 돌림병이란 다름 아닌 일본 열병, 아니 더 정확하게 말하면 우키요에 열병이었다. 우키요에는 에도 시대 초기부터 메이지 시대 초기까지 약 200년에 걸쳐 에도라는 특정한 도시에서 유행했던 풍속화의 일종이다. 신흥 도시 에도의 젊고 활기찬 분위기는 수준 높은 서민 문화가 성장할 수 있는 원동력을 제공했다. 우키요에는 가부키, 스모, 유곽과 같은 이 시대 서민들의 생활상을 담고 있는데, 간단명료한 선과 강렬하고 선명한 색채가 특징이다.

그런데 이 우키요에가 멀리 프랑스 파리로 건너가 인상파 화가들의 눈을 사로잡았다. 빛의 화가라 불린 고흐, 모네, 드가, 로트렉과 같은 인상파 화가들은 우키요에의 매력적이고도 강렬한 색채, 과감한 시점 처리, 빼어난

식당 벽에 걸려 있는 우키요에. 그 밑의 테이블에 모네가 사랑했던 하얀 고양이가 놓여 있다

소묘력, 현대적인 화면 구성에 매료되었다. 인상파 화가들은 누가 우키요에를 더 많이 차용하나 내기라도 하듯 너나없이 그림 속에 응용했다. 모네는 온 방을 우키요에로 가득 채울 정도로 열렬한 우키요에 수집광이었고, 드가는 빨래하는 여인을 그리면서 대상이 화면의 중심에서 벗어나는 우키요에 특유의 화면 구도를 활용했다. 마네는 〈부채와 여인〉이라는 그림에 일본풍의 장식을 가미했고, 〈에밀 졸라의 초상〉에서는 일본 병풍과 우키요에를 인물 못지않게 중요한 소도구로 사용했다. 음악가 중에서는 클로드 드뷔시가 가츠시카 호쿠사이의 〈가나가와 앞바다의 파도〉라는 우키요에에서 예술적 영감을 얻어 교향시 〈바다〉를 작곡했다.

우키요에가 잔뜩 걸린 벽 아래 웅크리고 있는, 하얀 고양이 도자기가 보인다. 생전에 모네가 소중하게 여기던 일본 물건 중 하나라고 한다. 이 고

지베르니, 베르농

양이는 메이지 시대에 제작되었고, 일본에 푹 빠져 있던 모네에게 지인이 선물한 것이다. 모네가 죽은 뒤 그의 손녀에게 상속되었다가 손녀가 죽은 뒤 경매시장에 나왔다. 역사적으로 의미 있는 고양이가 다른 사람에게 팔려 가는 것을 우려한 한 일본인 독지가가 사서 모네 재단에 기증했다. 이런 과정을 거쳐, 모네가 사랑하던 하얀 고양이가 90년 만에 지베르니의 집에 돌아오게 되었다.

모네의 집을 다 구경하고 기념품 가게로 갔다. 이곳은 원래 모네가 수련과 같은 대작을 그리기 위해 마련한 스튜디오였다. 지금은 모네의 작품이 들어간 각종 기념품을 파는 가게로 바뀌었는데, 나는 모네의 〈양귀비가 피어 있는 들판〉 그림이 들어간 우산을 샀다.

정원이 아름다운 지베르니 인상주의 미술관

모네의 집을 보기 위해 지베르니를 찾는 사람들은 여기에 모네의 집 말고도 다른 볼거리가 있다는 걸 잘 모르는 경우가 많다. 나도 그랬다. 두 번이나 지베르니에 갔었는데, 두 번 다 그냥 모네의 집만 보고 왔다. 그런데 두 번째 갔을 때 모네의 집으로 가는 길에서 아주 아름다운 정원을 발견했다. 정원이 너무 예뻐서 한참 사진을 찍다가 간판을 보니 아메리칸 아트 미술관이었다. 프랑스의 작은 마을에 웬 아메리칸 아트 미술관일까. 좀 뜬금없다는 생각을 했다. 그래서 미술관에는 들어가지 않고 정원에서 사진만 찍었다. 그런데 다른 건 몰라도 정원만큼은 정말 역대급이었다. 정원에 대해서 잘 모르는 내 눈에는 세상에 이렇게 세련되고 아름다운 정원이 또 있을까 하는 생각이 들 정도였다.

아메리카 아트 미술관의 정원은 모네의 정원과는 콘셉트 자체가 달랐다. 모네의 정원이 자연스러운 아름다움을 추구하는 곳이라면 이 정원은 자연을 아름답게 통제하려는 인간의 의지를 담고 있는 듯 보였다. 모네의 집으로 가는 길에 있기 때문에 누구나 볼 수 있는데, 안타깝게도 잘 모르고 그냥 지나치는 사람이 더 많은 것 같다.

내가 갔을 당시 아메리칸 아트 미술관이었던 그곳은 현재 지베르니 인상주의 미술관으로 바뀌었다. 미술관 건물은 파리에 있는 그랑 알레 드 라 빌레트 문화센터 디자인으로 유명한 건축가 필립 로베르가 맡았는데, 그는 센강 언덕의 자연 풍광과 조화를 이루는 디자인으로 주목을 받았다. 특히 건물 외벽 전체를 감싼 초록빛 담쟁이넝쿨이 인상적이다.

지베르니 인상주의 미술관은 인상주의의 역사는 물론 인상주의가 다른 예술에 끼친 영향을 보여주는 전시물로 채워져 있다. 인상주의의 선구자로 꼽히는 유명 화가들의 작품은 물론 제2차 세계대전부터 현대미술에 이르기까지, 인상주의의 영향을 받은 작품들이 전시되어 있다. 1년에 두세 번씩 인상주의 선구자와 그 영향을 받은 작가들의 작품을 특별 전시하는데, 그동안 했던 특별 전시를 살펴보니 유독 '정원'과 '자연'을 주제로 한 전시가 많았다.

지베르니 인상주의 미술관은 나비 운동의 시작과 미술계에서의 비중 그리고 예술사에 이 운동이 미친 영향을 알리기 위해 세워졌다. 나비파는 후기 인상주의 시대인 1890년대에 탄생한 일종의 전위 그룹으로, 다채로운 색채와 장식적인 그림을 특징으로 한다. 기존의 인상주의 기법에 염증을 느낀 젊은 작가들이 전통적인 기법에서 벗어나 그림에 일상과 예술을 합일하는 장식기법을 적용하는 것이 나비 운동의 요체다.

지베르니 인상주의 미술관은 지난 2019년, 개관 10주년을 맞아 피에르 보나르의 〈베르농의 센강〉이라는 작품을 구매하기 위한 모금 운동을 벌였다. 보나르는 나비 운동의 창시자 중 한 사람이다. 나비파 작품을 널리 알리기 위해 설립된 지베르니 인상주의 미술관으로서는 이 운동을 주도했던 화가의 작품을 소장하는 것이 당연했다. 그래서 모금운동을 벌인 결과, 45일 동안 작품구입 비용으로 3만 유로가 모였다. 덕분에 보나르의 〈베르농의 센강〉은 고향으로 돌아오게 되었다.

인상주의 미술관의 전시도 좋지만 정원을 즐기는 재미도 만만치 않다. 이 미술관의 정원은 무엇보다도 색채를 중시했던 인상주의 예술에 대한 오마주라 할 수 있다. 파리 팔레 로열 가든을 만든 마크 러드킨이 디자인을 맡았다. 정원에 들어서면 연못을 흐르는 경쾌한 물소리를 들으며 너도밤나무와 측백나무 울타리, 갖가지 화려한 빛깔의 꽃들과 향기 식물, 장미 덩쿨, 야생화와 야생식물 그리고 모네의 그림이 나오는 양귀비 꽃밭을 만날 수 있다.

또 한 가지 재미있는 건 현재 미술관이 있는 자리가 바로 모네의 그림 〈건초 더미〉에 등장하는 바로 그 건초 더미가 있던 자리라는 것이다. 모네는 1890년대에 수십 점의 건초 더미를 그렸는데, 지금도 그 자리에 건초 더미가 남아 있다. 원하는 사람은 이 건초 더미를 그리는 스케치 교실에 참여할 수 있다. 그밖에도 지베르니 인상주의 미술관에는 어른이나 어린이 모두 참여할 수 있는 다양한 프로그램이 마련되어 있다. 페인팅 워크샵과 게임 프로그램, 각종 컨퍼런스와 오디오 가이드, 가이드 투어 등 다양한 체험을 즐길 수 있다.

지베르니 인상주의 미술관의 정원

미술관 정원에 핀 봄꽃들

♪   담쟁이넝쿨에 덮인 인상주의 미술관 외벽
♫   미술관의 전시실. 인상주의 화가의 작품을 전시하고 있다

베르농에 있는 보나르의 카라반

모네의 집이 있는 지베르니에서 3킬로 떨어진 베르농에는 나비 운동의 창시자 보나르의 집이 있다. 보나르는 이 집을 '나의 카라반'이라고 했다. 1912년에 이사를 와서 1924년 남프랑스로 내려갈 때까지 살았는데, 그때 집과 정원, 주변 센강의 풍경을 많이 그렸다. 지베르니 인상주의 미술관이 구입한 〈베르농의 센강〉도 바로 이때 그린 것이다. 보나르는 센강 주변의 초록색과 푸른색, 오렌지색을 포착하기 위해 강변과 아주 가까운 곳, 풀이 우거지고 야생식물이 자라는 정원에서 이 그림을 그렸다. 황혼이 지는 하늘을 노란빛과 분홍빛을 표현한 것이 인상적이다.

정원을 많이 그렸어도 보나르는 식물 그 자체에는 그리 관심이 없었다. 그는 정원을 야생의 자연과 연장선상으로 취급했다. 인간과 자연의 조화를 추구하고 그림에 현대적인 의미의 목가적 이상향을 담으려 했다.

이 집에 살 때 보나르는 모네와 아주 친하게 지냈다. 틈날 때마다 서로의 집을 방문해 작품을 보여주며 의견을 나누었다. 그런데 정원에 대해서는 취향이 달랐던 것 같다. 보나르의 정원은 모네의 정원과는 완전히 다른 분위기다. 정원에 진심이었던 모네와 달리 보나르는 정원 디자인이나 식물 키우기에 큰 관심이 없어, 정원에 식물이 그냥 멋대로 자라도록 두는 Let it be 농업을 썼는데, 보나르는 이렇게 제멋대로 자라는 자신의 정원을 '내 야생의 정원'이라 불렀다고 한다.

주로 야외에서 그림을 그렸던 모네와 달리 보나르는 실내에서 그림을 그렸다. 현장에서 사물의 색채를 기록한 메모를 들고 집으로 돌아와 작업을 했다. 현장에서 직접 보는 빛이 아니라 기억 속에 존재하는 빛을 그린 것이다. 그는 자신의 집에서 내려다보이는 풍경을 좋아했다. 그의 집에 있는

보나르가 그린 베르농의 집. 제목은 〈여름 하늘〉이다

나무 발코니에서는 센강이 내려다 보인다. 그는 그렇게 높은 곳에 있는 자기 집 창문이나 나무 발코니에서 눈앞에 보이는 정원과 멀리 보이는 센강을 함께 그림 속에 담았다.

　파리에서 당일치기로 모네의 정원에 다녀오느라 보나르의 집을 보지 못한 것이 못내 아쉬웠다. 할 수 없다. 훗날을 기약하는 수밖에. 이런 마음으로 서둘러 파리로 돌아왔다. 그런데 생 나자르 역에 내린 순간 모네의 집에서 산 우산을 잃어버렸다는 걸 알게 되었다. 사자마자 빛의 속도로 잃어버리다니 스스로 생각해도 한심했다. 하기야 우산을 잃어버린 게 어디 한두 번인가. 그래서 우산은 웬만하면 사지 않는데, 안 하던 짓을 했다가 또 낭패를 당하고 말았다. 내 손을 스치듯 지나간 새 우산을 생각하며 다짐했다. 내가 다시는 우산을 사나 봐라.

마리 앙투아네트의
작은 놀이터

베르사유, 왕비의 영지

지난 2006년에 개봉된 소피아 코폴라 감독의 〈마리 앙투아네트〉는 마리 앙투아네트라는 한 개인의 삶에 초점을 맞춘 영화이다. 민중의 공분을 살 만한 사치스러운 장면이 엄청나게 많이 나오지만, 민중의 고통스런 삶과 마리 앙투아네트의 사치스러운 삶을 대비시키겠다는 의도가 있는 것은 아니다. 영화는 눈앞에 닥칠 비극을 전혀 예상하지 못한 채 그저 예쁘고 맛있고 재미있는 것을 좋아하는 철부지 소녀를 때론 바비 인형처럼, 때론 디스코텍의 플레이 걸처럼 그려낸다. 18세기 인물의 21세기식 버전이 다소 생경하기도 하지만, 매일매일 '재미있게 보내기'가 삶의 유일한 목표였다는 점에서 영화 속

베르사유 궁전의 거울의 방에서 열리는 로열 세레나데

인물과 실제 마리 앙투아네트 사이에 본질적인 차이는 없겠다. 화려한 드레스와 부채, 각종 장신구와 최신 유행의 구두, 방 안을 가득 채운 온갖 종류의 케이크와 사탕, 과자 등등. 영화는 관객의 눈에 엄청난 물량공세를 퍼붓는다. 그래서 보는 내내 눈이 즐겁다.

역사의 격랑에 내던져진 비운의 왕비

"인간은 불행에 처해야 비로소 자기 존재의 의미를 알게 되는 것 같습니다."

마리 앙투아네트가 처형을 당하기 직전에 쓴 편지의 한 구절이다. 프랑스 혁명이 일어나기 전까지만 해도 그녀는 자신의 존재가 역사적으로 어

베르사유, 왕비의 영지

떤 의미를 갖는지 잘 몰랐고, 사실 관심도 없었다. 오스트리아의 여황제 마리아 테레지아의 딸로 태어나 호화스러운 쇤브룬 궁에서 세상 물정 모르고 어린 시절을 보내다가 프랑스, 오스트리아 간의 동맹을 위한 정략결혼의 희생양으로 프랑스로 시집을 갔다.

그때 마리 앙투아네트의 나이는 15살. 이제 막 2차 성징이 나타나기 시작한 어린 소녀에 불과했다. 그 뒤 19살이라는 어린 나이로 프랑스 왕비가 된 그녀는 베르사유 궁이라는 폐쇄된 공간 속에서 여느 왕실 여자들과 마찬가지로 패션과 여흥, 사교를 즐기며 바깥세상과는 상관없는 삶을 살았다. 왕비를 비롯한 왕실 사람들의 최대 관심사는 어떻게 하면 오늘 하루를 재미있게 보낼까였다. 베르사유 궁 거울의 방에서는 툭하면 호화로운 파티가 열렸고, 마리 앙투아네트는 원없이 그 파티를 즐겼다.

물론 이런 철부지 왕비에게도 반드시 완수해야 할 역사적 의무가 있었다. 그것은 왕위를 계승할 왕자를 낳는 것이었다. 하지만 결혼 후 몇 년 동안, 마리 앙투아네트는 이 막중한 의무를 수행할 수 없었다. 남편인 루이 16세의 성기능에 문제가 있어 번번이 합궁에 실패했기 때문이다. 마리아 테레지아를 비롯한 주변 사람들이 그녀에게 끊임없이 '왕비로서의 의무'를 강조했지만 어쩌랴. 하늘을 보아야 별을 따는 법. 하늘을 보지 못한 그 세월이 무려 7년 반이었다고 한다.

동생 부부의 고충을 보다 못한 마리 앙투아네트의 오빠 요제프 2세가 프랑스로 와서 루이 16세에게 넌지시 남자가 되는 비결을 알려주었다. 이 말을 듣고 투혼(?)을 발휘한 루이 16세는 드디어 마리 앙투아네트를 임신시키는 데 성공했다. 그 후 두 사람은 네 아이를 낳으며 별다른 굴곡 없이 잘 살았다. 만약 프랑스 혁명이 일어나지 않았다면 마리 앙투아네트 역시 왕가

프티 트리아농 응접실에 있는 마리 앙투아네트의 하프와 하프시코드

의 다른 여자들처럼 천진난만하게 궁전 안을 세상의 전부로 여기며 살다가 죽었을 것이다.

그런데 이렇게 평범한 여자가 자기의 의지와는 상관없이 역사의 격랑 속에 내던져졌다. 다른 왕비에 비해 특별히 더 사치스럽게 생활한 것도 아닌데, 어느 날 졸지에 민중의 적이 되어버린 것이다.

'나라를 팔아먹은 여자', '오스트리아의 창녀', '빚투성이 왕비'. 민중들 사이에서 이런 말이 공공연하게 나돌았다. 빵을 달라고 외치는 사람들에게 "빵이 없으면 케이크를 먹으라고 해요"라고 했다는 말 역시 근거 없는 소문 이었지만 증오의 대상이 필요했던 민중에게 그녀는 좋은 먹잇감이었다.

사실 마리 앙투아네트에게는 잘못이 없다. 황제의 딸로 태어나 평생 궁 밖의 생활을 몰랐던 그녀에게 무엇을 기대하는가? 치열한 역사의식으로

베르사유, 왕비의 영지

무장하고 자기가 속한 계급에 대항해 대차게 투쟁하기를 바라는가? '존재가 의식을 규정한다'라는 말이 있듯이 그것은 원천적으로 불가능한 일이었다. 그녀에게 잘못이 있다면, 운나쁘게도 인류 역사의 기나긴 흐름 속에서 자신과 같은 계급의 사람들이 인간으로 취급하지도 않았던 '아랫것'들 사이에 인간 평등에 대한 인식이 싹트기 시작한 바로 그 시기에 태어났다는 것뿐이다. 그렇게 자기가 얼마나 위험한 시대에 태어났는지도 모르는 채 철부지로 살다가, 갑자기 역사의 격랑 속으로 내던져졌다. 그 속에서 밑바닥까지 떨어진 다음에야 비로소 자기 존재의 의미를 알게 된 것이다.

마리 앙투아네트는 처음에 프랑스 궁정 생활에 잘 적응하지 못했다. 궁정에서 일어나는 일 가운데 가장 적응이 안 되는 것은 사람들의 눈이었다. 프랑스 궁에서는 모든 일상이 공개되었다. 결혼식을 치르고 첫날밤 잠자리에 들 때에도 귀족과 사제들이 건네는 속옷을 입고 신랑과 한 침대에 눕는 의식을 치러야 했다. 그렇게 진정한 부부가 되었다는 사실까지도 공개적으로 입증해야 했다. 그뿐 아니라 아침에 일어나서 옷을 입는 것도, 식사를 하는 것도, 죽는 것도, 심지어는 아이를 낳는 것도 사람들이 보는 앞에서 해야 했다. 어떻게 그럴 수 있냐고 하겠지만 여하튼 그것이 프랑스 궁정의 법도였다.

이런 환경에서 어떻게 살 수 있었을까 사실 상상이 잘 안 된다. 마리 앙투아네트의 입장에서는 모든 것이 연기 같지 않았을까? 하루를 연기로 시작해서 연기로 끝내야 했으니 얼마나 스트레스가 쌓였을까 짐작이 가고도 남는다.

왕비는 이런 일상의 스트레스를 공연을 보는 것으로 풀었다. 특히 오페라 공연을 좋아했다. 하기야 음악의 본고장인 오스트리아 빈 궁전에서 태어나 어려서부터 훌륭한 음악교육을 받았으니 음악에 대한 소양이 남달랐을 것이다. '오페라의 개혁자'로 유명한 글룩에게 직접 레슨을 받기도 했다. 그래서인지 마리 앙투아네트는 오페라 중에서 특히 글룩의 작품을 좋아했다고 한다. 그녀는 요즘 젊은이들이 유행가를 따라 부르듯이 오페라 어리아를 흥얼거렸으며, 틈만 나면 베르사유에서 파리까지 마차를 타고 오페라 공연을 보러 가곤 했다.

영화 〈마리 앙투아네트〉에는 왕비가 왕실 사람들과 함께 오페라를 보는 장면이 나온다. 프랑스 작곡가 라모의 〈플라테〉라는 희극 오페라인데, 마리 앙투아네트는 이 희극 오페라를 재미있어 죽겠다는 표정으로 감상한다. 그리고 아리아가 끝나자, 박수를 치지 않는 왕실의 전통을 무시하고 혼자 열광적으로 박수를 친다. 그러자 극장 안에 있던 사람들이 따라서 박수를 친다. 이때만 해도 사람들은 왕비의 돌발 행동을 귀엽게 봐주었다. 그녀는 여전히 꿈속에 살고 있었고, 이런 천진난만한 소녀의 마음을 반영하듯 라모의 아리아도 경쾌하고 유려하게 흘러간다.

자연 속에 구현된 왕비의 에덴 동산

1774년 마리 앙투아네트는 남편으로부터 프티 트리아농Petit Trianon을 선물로 받았다. 프티 트리아농은 신고전주의 양식의 별궁으로, 본래 선왕인 루이 15세가 애첩 퐁바두르 부인을 위해 지은 것이다. 베르사유 본궁에서 꽤 떨어진 곳에 있었는데, 세간의 눈을 피해 신선놀음하기에 딱 좋은 곳이었다. 선물을 받은 마리 앙투아네트는 뛸 듯이 기뻐했다. 평소에 궁정 사람들의 시선을 불편해했던 그녀에게 이보다 더 좋은 선물이 없었기 때문이다.

♪　프랑스 정원에 있는 프랑스 파빌리온
♫　프랑스 파빌리온의 내부

프티 트리아농은 궁전치고는 규모가 작아서 방이 여덟 개뿐이다. 내부도 사치스럽다기보다는 편안하고 우아한 분위기를 지니고 있다. 여기서 가장 눈에 띄는 물건은 응접실에 있는 하프와 하프시코드다. 실제로 마리 앙투아네트는 하프와 하프시코드, 플루트를 연주할 줄 알았고 노래도 곧잘 불렀는데, 이 방에 가까운 친구들을 모아놓고 음악을 즐겼다고 한다.

프랑스 정원에 있는 프랑스 파빌리온Pavillon français도 마리 앙투아네트가 좋아하는 공간이었다. 이 건물은 루이 15세가 개인적으로 친한 사람들과 함께 여흥을 즐기기 위해 지은 곳이다. 여름이 되면 왕은 이곳에 와서 정원에서 재배한 채소와 과일을 먹으며 한가로운 시간을 보내곤 했다. 마리 앙투아네트도 틈날 때마다 이곳으로 지인들을 불러 만찬과 음악을 즐겼다. 1781년 8월, 그녀의 오빠인 오스트리아 황제 요제프 2세가 베르사유 궁을 방문했을 때, 여기서 음악회를 열었는데, 초대 손님이 많아 건물 바깥에 천막을 치고 임시 무대를 설치했다고 한다.

프랑스 파빌리온의 외관은 단아한 아름다움을 자랑한다. 파사드의 창문 위에 사계절을 묘사한 조각이 새겨져 있고, 지붕의 난간에는 사계절을 상징하는 여덟 명의 아이들과, 여덟 개의 상징물 그리고 여덟 개의 꽃병 조각이 있다. 위에서 내려다본 건물의 구조는 특이하다. 동그란 원에 네 개의 날개가 달려 있는 형태를 하고 있다. 원형의 응접실을 가운데 두고 사방으로 전실과 내실, 커피를 준비하는 작은 방과 연결된 화장실, 벽난로와 공간이 분리된 난방실을 배치해놓은 구조다. 응접실에는 여덟 개의 코린트 양식 기둥이 빙 둘러 서 있다. 벽은 화려한 황금빛 문양으로 장식했는데, 건축 당시에는 목가적인 분위기를 연출하기 위해 여기에 파스텔 톤의 물감을 칠했다고 한다.

베르사유 궁의 영국 정원에 있는 사랑의 신전

프티 트리아농을 통해 공간적 자유를 얻었으나 마리 앙투아네트는 이에 만족하지 않았다. 자신만의 에덴동산을 구현하기 위해 트리아농 일대를 리모델링하는 작업에 착수했다. 제일 먼저 손댄 곳이 정원이었다. 루소의 자연주의를 신봉했던 마리 앙투아네트는 정원을 디자인할 때 루소의 이상이 최대한 반영되도록 했다. 인공적인 것을 피하고 자연의 풍경을 구현한 영국식 정원을 지향한 것이다. 그래서 인공 구조물도 딱 두 개로 제한했는데, 바로 팔각정Belvédère과 사랑의 신전Temple de l'Amour이다.

팔각정은 순전히 마리 앙투아네트의 취향을 바탕으로, 그녀의 지시에 따라 지어진 건물이다. 영국 정원이 내려다보이는 언덕에 서 있는데, 멀리서 보면 외따로 떨어져 있는 듯한 느낌을 준다. 이 팔각정 옆에 거대한 인공 바위가 있다. 그래서 팔각정을 '바위의 파빌리온'이라고도 한다. 바위에는 인공 폭포도 있다. 저수지에서 흘러나온 물이 인공 바위를 거쳐 호수로 흘러

마리 앙투아네트의 개인 음악실로 지어진 팔각정

팔각정의 내부

들어간다. 특별한 손님이 오는 날에는 바위 주변에 모조 갈대를 심고, 그 뒤에 숨겨둔 조명을 켜서 환상적인 장면을 연출했다고 한다. 바위 근처에는 침엽수로 둘러싸인 높고 낮은 산이 있는데, 이 역시 인공적으로 조성된 것이다. 폭포에서 흘러나온 물은 작은 호수를 거쳐 영국 정원에 있는 사랑의 신전까지 흘러 들어간다.

팔각정은 마리 앙투아네트 개인을 위한 음악실로 지어졌다. 밖에서 보면 팔각형이지만 내부는 원형으로 이루어져 있는 점이 특이하다. 안으로 연결하는 네 개의 계단에는 사계절을 상징하는 스핑크스 상이 있는데, 이들을 '하모니의 안내자'라고 한다. 건물의 페디먼트와 외벽을 장식하고 있는 부조는 완전 여성 취향이다. 머리에 장미관을 쓴 꽃의 신 플로라, 밀이삭을 쓴 곡물의 신 세레스, 포도넝쿨을 쓴 술의 신 바쿠스, 불을 쬐고 있는 농업의 신 사트루누스 그리고 외벽을 빙 둘러싼 잎사귀와 꽃문양의 부조가 아름답고 우아하다.

음악실로 사용했던 실내 역시 우아한 아름다움을 자랑한다. 벽과 천장에는 꽃과 나무, 열매를 주제로 한 아라베스크 문양이 그려져 있는데, 회색과 갈색을 주조로 한 장식이 차분한 느낌을 준다. 바닥에는 터키 블루와 초록색, 흰색, 붉은색의 대리석 모자이크가 깔려 있다. 이 방에는 화려한 꽃무늬 천을 씌운 의자가 16개 있었다. 그중 8개는 팔걸이가 있는 안락의자, 나머지 8개는 팔걸이가 없는 보통 의자였다. 의자가 16개뿐이었다는 것은 이 음악실이 지극히 개인적인 용도로 사용되었다는 의미다. 이곳은 마리 앙투아네트가 여름에만 단독으로 사용했고, 다른 계절에는 문을 닫았다.

마리 앙투아네트의 작은 극장

영화 〈마리 앙투아네트〉에는 특이한 장면이 나온다. 마리 앙투아네트가 무대 위에서 하녀 복장을 하고 빗자루로 마당을 쓸면서 노래를 부르는 장면이다. 왕비가 하녀를 연기하다니 이게 도대체 무슨 상황인지 놀라는 사람들이 있을 것이다. 이 장면은 베르사유 궁에 있는 왕비의 극장에서 촬영했는데, 실제로 생전에 마리 앙투아네트가 이 극장에서 이런 식으로 놀았다고 한다.

마리 앙투아네트는 개인적인 음악 살롱에 만족하지 않았다. 오페라 공연이 가능한 자기만의 극장을 직접 짓고 싶어 했다. 그래서 전속 건축가인 리하르 미크에게 진짜 극장을 지을 것을 명령했다. 이렇게 해서 프티 트리아농 근처의 후미진 곳에 왕비의 극장Théâtre de la Reine이 지어졌다.

베르사유, 왕비의 영지

오페라와 연극 공연을 위해 지은 왕비의 작은 극장

마리 앙투아네트가 극장에 처음 모습을 드러낸 때는 1780년 6월 1일. 그때부터 그녀는 좋아하는 가족들과 친구들을 이곳으로 불러 오페라와 음악, 연극을 즐겼다. 마리 앙투아네트는 빈의 쇤부른 궁전에서 살 때부터 이런 식의 음악 놀이를 즐겼는데, 그전에는 원할 때마다 임시 무대를 만드는 불편을 감수해야 했지만 이제 자기만의 극장이 생기면서 더는 그럴 필요가 없었다. 언제라도 무대 공연을 즐길 수 있게 된 것이다.

극장이 완성된 후, 마리 앙투아네트는 왕립 음악 아카데미의 음악가들을 불러 연주를 시키거나 친구들과 무대에 올라가 직접 공연을 하기도 했다. 1780년부터 1785년까지 마리 앙투아네트는 이런 식으로 자신의 극장에서 놀았다. 자신의 취향에 맞는 최신 경향의 오페라나 음악의 공연을 왕립 아카데미 음악가들에게 부탁했는데, 선호하는 작곡가는 글룩과 그레트리, 사키니, 고섹, 파이지엘로 등이었다. 러시아 상트 페테르부르크에서 카테리나 2세를 앞에 두고 초연되었던 파이지엘로의 〈세빌리아의 이발사〉가 1784년 프랑스에서는 처음으로 바로 이 극장 무대에 올랐으며, 루이 16세와 마리 앙투아네트의 결혼 피로연에서 공연되었던 장 자크 루소의 오페라 〈마을의 점쟁이〉도 자주 이 극장 무대에 올랐다.

마리 앙투아네트는 객석에 앉아 구경하는 것보다 직접 무대에 서는 것을 좋아했다. 그녀뿐만 아니라 왕의 동생인 프로방스 백작도, 절친한 친구인 폴리냑 백작부인도 모두 배우나 가수가 되어 무대에 섰다. 전하는 말에 따르면 마리 앙투아네트는 목소리가 맑았고 노래도 곧잘 불렀다고 한다. 뛰어난 솜씨는 아니었지만 적어도 음정에 맞게 부를 줄 알았다는 것이다. 왕비는 무대에서는 주로 하녀나 시골 처녀 같은 미천한 역할을 했는데, 이런 배역에 편안함을 느꼈다고 한다. 왕비로서의 온갖 의무와 격식에 지쳐 있던 그녀에게 극장이 일종의 해방구였던 셈이다.

그런데 이렇게 왕비를 비롯한 귀족들이 모두 무대에 오르면 객석에는 누가 앉아 있었을까? 하인들이 앉아 있었다. 하인들이 객석에 앉아, 무대에서 자기들의 역할을 '연기하는' 높은 분들에게 박수갈채를 보내는 웃지못할 상황이 펼쳐졌던 것이다. 그렇게 마리 앙투아네트는 앞으로 자신에게 어떤 일이 닥칠지, 자신이 선호하던 그 미천한 배역들이 연극이 아닌 현실의 무대에서 자신을 철저하게 배반하리라는 사실을 전혀 모른 채 '하인 놀이'를 즐겼다.

왕비의 극장은 좌석이 250석 정도 되는 작은 극장이다. 푸른색과 흰색, 금색을 주조로 내부를 장식했는데, 이 장식물과 조각들은 얼핏 보면 대리석이나 금으로 만든 것 같지만 사실은 종이를 녹여 만들었다. 프랑스 혁명 당시 사람들은 마리 앙투아네트를 사치의 온상이라며 비난했지만, 이 극장만 본다면 이런 비난은 온당하지 못하다. 돈을 아끼기 위해 대리석 대신 종이를 썼기 때문이다. 이렇게 해서 완성된 장식물의 표면에 금칠을 했기 때문에 어느 누구도 이 우아한 장식물과 조각들을 종이로 만들었다는 사실을 눈치채지 못했다. 극장의 천장에는 삼미신과 뮤즈에 둘러싸인 아폴로의 그림이 그려져 있다.

이렇게 장식에는 돈을 아꼈지만 무대 장비는 이 분야 전문가를 기용해 제대로 설치했다. 무대는 상당히 넓어서, 미닫이문처럼 밀어 무대배경을 바꿀 수 있는 장치가 여덟 겹이나 있다. 무대 위에는 장치를 움직일 수 있는 복잡한 기계가 설치되어 있는데, 로열 오페라 하우스의 무대장치를 맡았던 사람이 만들었다. 무대 앞 아래쪽에는 약 20명의 연주자를 수용할 수 있는 오케스트라 피트가 있다.

마리 앙투아네트는 이 극장을 1780년부터 1785년까지 5년 동안 자신의 문화 향유 욕구를 충족하는 용도로 사용했다. 하지만 어찌된 일인지 1785년부터 연극과 음악에 대한 왕비의 열정이 시들해졌다. 그 후 극장은 그냥 방치되었다. 왕비의 작은 극장은 사람들의 시선을 피해 개인적인 여흥을 즐기기에는 더없이 좋은 곳이었으나 일반적인 공연장으로는 효용도가 떨어졌다. 규모도 작은데다가 궁전과의 거리도 멀었기 때문이다. 그래서 왕비의 열정이 식은 뒤로는 더는 사용되지 않았고, 덕분에 본래 상태를 비교적 잘 유지할 수 있었다. 워낙 극장에 대한 관심이 없었기 때문에 프랑스 혁명 기간에도 무사히 살아남을 수 있었다. 19세기와 20세기 초에 가끔 극장을 이용하는 경우가 있었으나 이는 매우 드문 일이었다.

1925년에서 1936년까지, 그리고 2001년에 극장에 대한 복원 작업이

왕비의 극장 천정화

이루어졌다. 그 결과 이 극장의 기계 장치는 지금 원한다면 언제라도 사용할 수 있는 상태가 되었다. 18세기에 지어진 프랑스 극장 중에서 실제 장치를 가동할 수 있는 유일한 극장인 셈이다. 1754년에 공연된 륄리의 오페라 〈테세〉의 제1막에서 사용된 미네르바 신전과 19세기에 무대미술가 시세리와 그의 워크숍에서 만든 시골집, 호화스러운 살롱, 숲, 공공 광장 등의 무대 장치도 잘 보존되어 있다.

베르사유, 왕비의 영지

현재 왕비의 극장은 베르사유 궁전을 찾는 관람객들에게 개방되어 있다. 하지만 베르사유 궁전을 다녀 간 사람 중에 이 극장을 보았다는 사람은 드물다. 대개는 이런 극장이 있다는 것도 모른 채 근처에 있는 프티 트리아농이나 그랑 트리아농만 보고 가기 때문이다. 사실 이 극장은 일부러 찾아가지 않으면 그냥 지나치기 십상인 후미진 곳에 있다. 관광객의 발길도 뜸하다. 그래서일까. 우리가 갔을 때 입구를 지키는 직원이 반갑다는 표정을 지었다. 하도 사람이 찾아오지 않으니 지루했던 모양이다.

극장의 입구에서 객석 안을 들여다볼 수 있지만 안으로 들어갈 수는 없다. 안내원을 따라가는 가이드 투어가 있는데, 여기에 참여하면 무대 장치들이 어떻게 작동되는지 직접 볼 수 있다고 한다. 가끔 가다 극장에서 특별 연주회가 열리기도 한다. 하지만 아주 가끔, 특별한 때에만 열리기 때문에 관광객이 이런 기회를 포착하기란 쉽지 않다. 만약 우연히 극장을 찾았는데 연주회가 열린다면 그 사람은 행운아 중의 행운아라 할 수 있겠다.

비극적 종말을 예고하는 비통한 아리아

트리아농 일대는 마리 앙투아네트의 해방구였다. 루이 16세는 왕으로서의 의무를 다해야 했지만 왕비는 그럴 필요가 없었다. 그래서 공식 행사가 있을 때를 제외하고는 주로 이곳에서 생활했다. 전원생활에 환상이 있었던 그녀는 근처에 시골집을 지어놓고 닭과 염소, 양, 소를 길렀고 온갖 채소를 재배했다. 물론 실제 농사를 짓느라 땀 흘린 사람들은 하인들이었다. 왕비는 그 수고스런 노동의 열매를 그저 '즐기기만' 했을 뿐이다. 가끔 재미로 소젖을 짜기도 했는데, 이때 세브르산 고급 도자기를 사용했다는 웃지 못할 얘기가 전해 내려온다.

하지만 궁정으로부터 도피하기 위해 선택한 전원에서의 삶은 그 자체가 허구이자 유희일 뿐이다. 마리 앙투아네트에게는 이런 생활에 싫증이 나면 언제든지 돌아갈 수 있는 궁전이 있었다. 그런 의미에서 그녀의 전원 놀이는 고기반찬에 싫증난 재벌의 시골밥상 같은 것이 아니었을까.

자신에게 어떤 일이 닥칠지 모른 채 시골집에서의 소박한 생활과 무대 위에서의 하인 놀이를 즐기던 마리 앙투아네트에게 어느 날 서서히 불행의 그림자가 다가왔다. 그 변화를 영화 〈마리 앙투아네트〉는 오페라의 분위기로 전달한다. 이때 나오는 오페라는 라모의 〈카스토르와 폴뤼〉. 2막에서 텔레르가 비통한 목소리로 부르는 〈준비된 슬픔이여. 창백한 불꽃이여〉를 왕비가 비통한 표정으로 듣고 있다. 노래가 진행되는 동안 화면이 어두운 색조로 바뀐다. 현기증이 날 정도로 달콤하고 현란했던 그 색들은 다 어디로 갔을까. 마리 앙투아네트가 검은 옷을 입고 베르사유의 텅 빈 홀을 홀로 걸어간다. 곧 폭도들이 베르사유 궁으로 쳐들어오고 있다는 소식이 들리고, 친구들이 하나둘씩 작별 인사를 하고 그녀 곁을 떠난다. 그렇게 친구들을 떠나보내고 왕비는 왕과 아이 곁에 남는다.

이제 그녀는 달콤한 케이크를 먹으며 깔깔거리던 철부지 소녀가 아니다. 역사의 격랑 속에 내던져진 순간에 갑자기 철이 들어버렸다. 자신의 말처럼 불행에 처해지고 나서 비로소 자신이 누군지 깨닫기 시작한 것이다. 막다른 골목에 다다른 그녀는 의연히 최후를 맞는 것이 자신이 해야 할 일이라고 생각한다. 폭도들 앞에 비굴한 모습을 보이지 않고 왕비로 품위 있게 죽는 것, 그리하여 왕족의 자존심을 끝까지 지키는 것, 아마 그녀가 자신이 속한 계급을 위해 마지막으로 할 수 있는 일이었을 것이다.

마리 앙투아네트가 전원생활을 즐겼던 오두막집

영화는 그녀의 비참한 말로를 보여주지 않는다. 마차를 타고 베르사유 궁을 떠나는 것으로 끝낸다. 마지막으로 마리 앙투아네트가 베르사유 궁을 바라본다. 어린 신부가 되어 쉰부른 궁을 떠날 때는 스카를라티의 소나타가 나왔다. 물 위에 조용히 퍼져나가는 파문처럼 영롱한 하프시코드 선율이 어떤 굴곡도 없이 편안히 흘러갔다. 그러나 이제 음악이 비통한 아리아로 바뀌었다. 불행에 처한 뒤에야 비로소 자신이 누군지, 앞으로 자신에게 어떤 비극이 일어날지 알게 된 마리 앙투아네트. 그 고통스런 깨달음의 절규를 그녀는 이제 성숙한 여인의 귀로 듣는다.

음악가를 꿈꾸었던 계몽주의자의 집

샹베리, 루소의 집 샤르메트

앞에서 마리 앙투아네트의 극장을 소개할 때, 루소의 오페라 〈마을의 점쟁이〉가 이 극장 무대에 자주 올랐다는 얘기를 했다. 그런데 이 말을 듣고 '루소라니? 〈사회계약론〉과 〈에밀〉을 쓴 계몽주의 사상가 장 자크 루소를 말하는 건가?' 하며 고개를 갸우뚱하는 사람이 있을 것이다. 그렇다. 바로 그 유명한 계몽주의자 장 자크 루소 말이다. 루소는 사상가로 유명하지만 정작 그가 오페라를 작곡했다는 사실을 아는 사람은 그다지 많지 않다.

믿기지 않겠지만 루소의 젊은 시절의 꿈은 음악가였다. 그는 특히 오페라 작곡에 열을 올렸다. 음악에 아마추어인 그가 감히 오페라를 작곡하겠다는 생각을 하게 된 것은 페르골레지의 〈마님이 된 하녀〉라는 이탈리아 오페라를 보고 난 후였다. 이 오페라의 아리아는 복잡하고 화려한 프랑스 오페라와 달리 물 흐르듯 자연스럽게 흘러가는 단순한 멜로디로 이루어져 있었다. 그것이 그의 눈에 좀 만만해 보였던 모양이다. '저 정도라면 나도 쓸 수 있겠는데!' 이러면서, 엄청난 음악적 역량이 요구되는 오페라라는 장르에 도전장을 던지는 만용을 부렸다.

멜로디 위주로 단순하게 흘러가는 이탈리아 오페라에 마음이 꽂히자 복잡하고 화려한 프랑스 오페라가 귀에 거슬리기 시작했다. 루소는 한때 자신이 그토록 존경하던 프랑스 최고의 작곡가 라모의 오페라를 맹비난했다. 〈우아한 인도의 나라들〉을 보고 "끊이지 않는 소음과 같다"라고 했으니 라모의 기분이 어땠을까. '내가 키워줬는데 이 친구가 이제 머리가 좀 컸다고 까부네.' 이런 기분이 아니었을까.

그런데 사실 이런 루소의 비판에는 약간의 사심이 들어가 있었다. 루소가 야심차게 작곡한 오페라 〈사랑의 시신들〉을 라모가 시큰둥하게 평가했기 때문이다. 루소는 자신의 첫 오페라를 당대 음악계 최고의 실세인 라모가 들어주기를 원했다. 라모는 마지못해 허락했지만 음악을 정식으로 배운 적이 없는 이가 좋은 작품을 썼을 리 없다는 말을 반복했다. 오페라를 보고 나서는, 중간에 더러 훌륭한 대목이 있기는 하지만 전체적으로 음악이 무엇인지 전혀 모르는 사람이 썼다고 평가 절하했을 뿐만 아니라, 더 나아가 루소를 재주도 없고 취향도 없고 보잘것없는 표절 작가라고까지 매도했다.

라모에 대한 루소의 맹렬한 비판 뒤에는 이런 사연이 숨어 있었다. 음악가로서의 야망이 좌절된 뒤 루소는 라모의 예술적, 사회적 성공을 시기

루소의 오페라 〈마을의 점쟁이〉가 초연되었던 퐁텐블로 궁전

했다. 그래서 그에게 더욱 가혹한 비판을 가했던 것이다. 프로 예술가에 대한 딜레탕트의 질투라고나 할까.

첫 오페라 〈사랑의 시신들〉이 참담한 실패로 끝난 뒤, 루소는 음악에 대한 열정을 음악에 관한 글을 쓰는 것으로 달랬다. 루소는 1749년 디드로와 달랑베르의 권유로 〈백과전서〉의 음악 항목을 집필했다. 그러면서도 오페라에 대한 미련을 버리지 못했다. 그러다가 1752년 봄, 아름다운 전원 마을 파시로 들어가 여름까지 오페라 〈마을의 점쟁이〉의 작곡에 몰두했다.

오페라를 작곡할 때 작곡가가 직접 대본까지 쓰는 것은 그리 흔한 일이 아니다. 하지만 루소는 〈마을의 점쟁이〉의 대본을 직접 썼다. 이 오페라의 등장인물은 양치기 청년 콜랑과 양치기 처녀 콜레트, 마을의 점쟁이 그리고 마을 사람들인데, 단출한 등장인물만큼이나 줄거리도 단순하다. 서로

샹베리, 루소의 집 샤르메트

에 대한 오해로 사이가 살짝 틀어진 콜랑과 콜레트가, 마을 점쟁이에게 도움을 받아 예전의 사랑을 다시 찾는다는 내용이다.

〈마을의 점쟁이〉는 1752년 10월 18일, 퐁텐블로 궁전에서 초연되었다. 루소는 덥수룩한 수염에 가발도 제대로 손질하지 않은 채 평상시 복장 그대로 공연장에 갔다. 〈사랑의 시신들〉로 이미 실패의 쓴잔을 맛본 그는 청중들의 야유를 받을 각오를 하고 있었다.

막이 오르고 드디어 공연이 시작되었다. 가수들의 연기력은 부족했지만 노래와 연주는 아주 훌륭했다. 공연이 진행되면서 그는 청중의 반응이 점점 호의적으로 바뀌고 있음을 감지했다. 객석 여기저기에서 놀라움과 감탄의 소리가 흘러나왔다. 그 호의적인 반응은 특히 콜레트와 콜랑이 화해하는 장면에서 절정에 달했다.

공연은 대성공이었다. 다음 날 아침 루소는 콜랑 역을 맡은 줄리요트로부터, 오페라를 본 루이 15세가 형편없는 음정으로 하루 종일 콜레트의 아리아를 흥얼거렸다는 편지를 받았다. 그 후 〈마을의 점쟁이〉는 프랑스에서 가장 인기 있는 오페라가 되었다. 마리 앙투아네트와 루이 16세의 결혼 피로연에서도 공연될 정도였으니 그 인기가 어느 정도였는지 짐작이 가고도 남을 것이다.

사실 이 오페라의 줄거리는 지금의 기준으로 보면 단순하기 그지없다. 하지만 당시에는 이 이야기가 꽤 인기를 끌었던 모양이다. 사람들 사이에 널리 퍼져나가면서 〈마을의 점쟁이〉가 초연된 지 불과 6개월 만에 '바스티앙과 바스티엔의 사랑'이라는 패러디가 만들어졌다. 이 패러디의 인기는 프랑스를 넘어 유럽의 다른 나라로까지 퍼져 나갔다. 독일어로 번역되어 오스트리아의 빈에 있는 부르크테아터에서 공연되기도 했다. 그 후 잘츠부르크의 트럼펫 주자 샤하트너가 이야기를 보완해 오페라 대본을 만들었고, 1768년, 12살의 모차르트가 이 대본에 곡을 붙였다. 이것이 바로 모차르트의 첫 번째 징슈필(독일어 오페라) 〈바스티안과 바스티엔〉이다.

프랑스 남부에 위치한 샹베리라는 곳에는 청년 시절 루소가 살면서 음악가의 꿈을 키웠던 집이 있다. 샹베리는 프랑스 땅이지만 지리적으로는 스위스 제네바와 가깝다. 이번 여행에서는 루소의 집과 함께 볼테르가 살았던 성도 보기로 했는데, 볼테르 성 역시 제네바와 가까운 곳에 있었다. 그래서 제네바에 숙소를 잡고 차로 프랑스까지 오갔다. 제네바에 며칠 묵는 동안 말로만 듣던 스위스의 살인적인 물가를 제대로 체험했다. 그래서 장도 물가가 상대적으로 싼 프랑스에서 봤다. 이런 고물가를 견디며 산다니 스위스 사람들은 어지간히 돈이 많은가 보다. 그래서인지 하나같이 신수가 훤해 보였다.

샹베리에 있는 루소의 집을 보러 가는 길에, 숙소 근처에 있는 루소의 생가에 잠깐 들렀다. 골목에 있는 한 건물의 2층에 그의 생가가 있었다. 건물 외벽에 '장 자크 루소, 1712년 6월 28일 이곳에서 태어나다'라는 글이 적혀 있었다. 많은 사람이 불원천리 루소의 자취를 찾아 제네바까지 오지만 정작 이 거리를 지나는 사람들이 모두 장 자크 루소를 아는 것은 아니다. 이곳에 들렀던 내 지인이 지나가는 사람에게 루소의 생가가 어디냐고 물었더니, "루소가 누군데?"라고 물었다고 한다.

나도 비슷한 경험을 했다. 영국 여행 중 버지니아 울프가 살던 마을에서 지나가던 사람에게 버지니아 울프의 집이 어디 있냐고 물었더니 그 사람이 오히려 나에게 "버지니아 울프가 누군데?"라고 되물었던 기억이 난다. 실러의 생가가 있는 독일의 슈투트가르트에서도 비슷한 경험을 했다. 그리

　　　　　　　　　　　샹베리, 루소의 집 샤르메트

하여 내가 내린 결론은 루소 동네 사람은 루소를 모르고, 버지니아 울프 동네 사람은 울프를 모르며, 프리드리히 실러 동네 사람은 실러를 모른다는 것이다.

이와 관련해 재미있는 에피소드가 있다. 영국 여행 중 도셋 지방에 있는 토마스 하디의 생가를 본 다음 날, 잉글랜드 중부 지방에 있는 숙소에 도착했을 때다. 톰인지 제임스인지 헨리인지 여하튼 무지하게 평범한 이름을 가진 주인 아저씨가 내게 그 전날 어디를 갔었냐고 물었다. 그래서 토마스 하디의 생가에 다녀왔다고 했다. 그런데 그 말을 듣는 주인 아저씨의 표정에 아무런 변화가 없었다. 토마스 하디를 모르는 눈치였다. 그래서 설마 〈테스〉를 모르지는 않겠지 싶어 〈테스〉의 작가라고 말했지만 역시 무표정. 그래서 하나만 걸려라 하는 심정으로 토마스 하디의 소설 제목을 줄줄이 읊어댔다. 그러다가 내 입에서 〈성난 군중으로부터 멀리〉라는 말이 나온 순간 주인 아저씨의 표정이 갑자기 밝아졌다. 그러면서 그가 하는 말.

"아, 나 그거 알아. 드라마에서 봤거든!"

그러니 외국을 여행할 때, 그 나라 사람들이 자기 나라 출신의 유명인을 모두 알 거라 생각하면 안 된다. 최소한 드라마에 나오지 않는다면 절대로, 죽어도 모르는 사람도 있다는 걸 명심하도록.

샹베리에 있는 루소의 집

장 자크 루소는 1712년 스위스의 제네바에서 시계공의 아들로 태어났다. 13살 때 기술을 익히기 위해 조각공인 아벨 뒤코맹의 견습생으로 들어갔지만 작업장의 억압적인 분위기를 견디지 못해 16살 때 여기서 도망쳤다.

샹베리에 있는 루소의 집 샤르메트

그 후 이곳저곳을 전전하며 밑바닥 생활을 하다가 17살 때 바랑 부인을 만나면서 인생 역전의 기회를 얻게 되었다. 바랑 부인은 문학과 예술에 조예가 깊은 젊은 미망인으로, 루소를 만날 당시 그녀의 나이는 28살이었다. 그녀는 소년 루소의 지적 잠재력을 단번에 알아보았다. 그래서 그 후 10여 년간 그를 물질적, 정신적으로 후원했다.

　루소와 바랑 부인은 프랑스 남부에 있는 아름다운 호반 도시 앙시에서 처음 만났다. 앙시는 유럽 사람들에게 매우 인기 있는 관광도시로 휴가철마다 사람들이 차고 넘친다. 아름다운 호수 저 너머로 알프스 산맥이 황홀하게 펼쳐지고, 중세의 구옥이 늘어선 거리 사이로 작은 운하가 흐르는 풍경이 그렇게 아름다울 수가 없다. 운하를 따라 상점과 식당이 늘어서 있는데,

♪ 루소와 바랑 부인이 처음 만났던 프랑스 남부의 아름다운 휴양 도시 앙시
♬ 루소와 바랑 부인의 만남을 기리는 기념비

거기서 안쪽으로 조금 들어가면 기념비가 나온다. 이 기념비는 루소와 바랑 부인의 만남 200주년을 기념하기 위해 1928년에 세워진 것이다. 루소의 흉상 밑에 새겨진 "꽃이 만발한 1728년 부활절 아침, 장 자크 루소 이 자리에서 바랑 부인을 만나다"라는 글귀를 볼 수 있다.

앙시에 살던 바랑 부인은 그 뒤 샹베리 근교의 한적한 곳으로 이사했다. 루소의 표현에 따르면 이곳은 샹베리에서 가깝기는 하지만 마치 천 리나 떨어져 있는 듯 조용하고 외진 곳이었다. 루소와 바랑 부인이 살던 이 집을 샤르메트Charmettes라고 한다. 차에서 내려 구불구불 언덕을 올라가자 샤르메트가 나타났다. 저 멀리 알프스 산이 보이는 전망 좋은 곳에 있는 집이었다. 루소는 이 집에서 바랑 부인의 후원 아래 책을 읽고, 연구하고, 사색하고, 토론하고, 음악을 듣고, 사람을 만나며 시간을 보냈다. 훗날 루소를 위대한 사상가로 만들었던 지적 토대가 바로 이 집에서 다져진 것이다.

언덕에서 바라다 보이는 시원하고 장엄한 풍광에 비해 집 자체는 작고 소박했다. 루소의 말대로 호화롭지는 않지만 단아함과 품위를 갖춘, 어떤 가식도 섞이지 않은 소박함이 풍성하게 깃든 집이었다. 2층에 있는 바랑 부인의 방에 들어가니 화사한 꽃무늬 벽지가 먼저 눈에 들어온다. 가구는 단촐했다. 소박한 화장대, 나지막한 책상, 장식장, 분홍 꽃무늬 천의 캐노피가 있는 침대가 전부였다. 전체적으로 소박하고 아담하고 화사한 느낌이었다.

루소의 방은 바랑 부인의 방 옆에 있다. 처음 이 방을 보았을 때, 루소는 창밖으로 보이는 아름다운 자연 풍광에 매료되었다. 사실 이 집에 오기 전까지 그는 창밖으로 온통 회색빛 지붕과 벽만 보이는 집에서 살았다. 그러다가 전망이 탁 트인 곳에 오니 그야말로 숨통이 트이는 듯했을 것이다. 방의 창문을 통해 전원을 바라볼 때마다 자기를 위해 이런 풍광을 마련해

샤르메트 2층에 있는 루소의 방

준 바랑 부인에게 고마움을 느꼈다.

　루소 방의 분위기는 바랑 부인의 방보다는 다소 어두웠다. 침대 위에 다락이 있고 그 옆에 다락으로 올라가는 계단이 있는 문이 있는데, 다락과 계단 때문에 침대가 매우 답답해 보였다. 하지만 루소는 거의 불편함을 느끼지 않았다. 집에 있는 대부분의 시간을 바랑 부인의 방에서 보냈기 때문이다.

　이 집에 살 때 루소가 가장 열정을 쏟았던 것은 음악이었다. 이에 대해 그는 회고록에서 이렇게 얘기했다.

　한 가지 취미가 점점 커져서 이윽고 나의 모든 취미를 흡수해버렸다. 그
　것은 바로 음악이었다.

정녕 나는 이 예술을 위해 세상에 태어난 것이다. 어릴 때부터 이 예술을 좋아했고, 변함없이 이 예술만을 사랑했다.

음악가가 되려면 천부적인 재능과 함께 어려서부터 음악적 감수성을 키우기 위한 체계적인 훈련을 받아야 한다. 특히 음에 대한 직관적 감수성은 마치 언어와 같아서 어린 시절에 형성되는 것이 보통이다. 하지만 루소는 시계공의 아들로 태어나 한창 감수성이 예민한 시기를 음악과 무관한 환경에서 보냈다. 청년이 되어 음악에 때늦은 열정을 불태우며 그 시간을 만회하려고 눈물겨운 노력을 기울였으나 한계가 있었다. 음악은 노력만으로 되는 것이 아니기 때문이다.

바랑 부인은 루소가 음악에 대한 열정을 펼칠 수 있도록 물심양면으로 후원을 아끼지 않았다. 루소는 음악에 푹 빠져 살던 이 시절을 인생에서 가장 행복한 시절로 기억한다. 샤르메트에는 음악에 대한 루소의 열정을 가늠할 수 있는 곳이 있다. 작은 건반악기가 놓인 음악방이다. 바랑 부인은 훌륭한 목소리의 소유자로 노래를 잘 불렀고 하프시코드도 연주할 줄 알았다. 루소는 그녀에게서 노래를 배웠다. 당시 그는 계명창은커녕 음표나 박자, 악상기호 같은 것도 잘 몰랐다. 그런데도 속수무책으로 음악에 끌렸다. 바랑 부인을 설득해 매달 한 번씩 가정음악회를 열도록 했고, 이를 위해 한 달 내내 오로지 음악회 준비에만 매달렸다. 연주자와 악기를 모으고 악보를 준비했으며, 각 악기를 위한 파트보를 만들었다.

루소는 바랑 부인과 함께 음악 공부하는 것을 정말 좋아했다. 당시 그는 바랑 부인을 '엄마'라고 불렀는데, 자신과 엄마를 이어주는 연결고리가 바로 음악이라고 생각했다. 처음에는 루소가 실력이 달렸지만 시간이 지나면서 두 사람의 음악 실력이 비슷해졌다. 처음 보는 곡이라도 두세 번만 연습하면 바로 할 수 있을 정도가 되었다.

작은 건반악기가 있는 방에서 두 사람은 음악을 매개로 재미있게 놀았다. 예를 들어 바랑 부인이 약을 달이고 있을 때 루소가 와서 "엄마, 여기 매력적인 이중창 한 곡이 있는데, 이걸 부르다가 엄마 약이 타는 냄새가 날 것 같은데요"라고 하면 바랑 부인이 "아, 내가 맹세하는데 그것 때문에 내 약이 타면 그걸 네 얼굴에 발라버릴 거야!" 이렇게 대꾸하는 식이었다. 건반악기가 있는 작은 방이 두 사람의 즐거운 놀이터였던 셈이다.

음악방에 있는 건반악기 위에 놓인 악보가 보였다. 자세히 보니 루소가 창안한 숫자 악보였다. 이 악보는 숫자 하나로 음표와 쉼표, 옥타브, 소절, 박자, 장단을 한 번에 표현하는 새로운 악보였다. 루소는 이 획기적인 기보법을 창안한 후 이를 출세의 발판으로 삼겠다는 야심찬 계획을 가지고 파리로 올라갔다. 그리고 그해 8월, 파리의 과학 아카데미에서 자신의 새로운 기보법을 발표했다.

그런데 심사를 맡은 과학 아카데미 학자들은 루소로선 전혀 납득할 수 없는 이유로 그의 숫자 악보를 새로운 발명품으로 인정할 수 없다고 했다. 루소는 그들의 어설픈 논리에 선뜻 동의할 수가 없었다. 심사위원 중에서 단 한 사람만 설득력 있는 비판을 했는데, 그는 바로 당대 프랑스 최고의 작곡가로 꼽히는 장 필립 라모였다. 라모는 루소의 숫자 악보가 매우 훌륭한 고안품이지만 머리를 써서 이해해야 하기 때문에 실제 연주에는 적합하지 않다고 했다. 전통적인 악보는 음의 높이와 길이를 시각적으로 보여주기 때문에 연주자들이 즉각 이를 연주로 옮길 수 있지만 루소의 숫자 악보는 머리로 '이해해야' 하기 때문에 연주 실행 속도가 상대적으로 느릴 수밖

음악방에 있는 건반악기. 루소가 창안한 숫자 악보가 놓여 있다

에 없다는 것이다. 라모의 타당한 비판을 듣고 루소는, 과학 아카데미 회원들처럼 다양한 분야에 학식을 쌓은 사람보다 어느 한 분야에 깊이 있는 지식을 쌓은 사람이 훨씬 설득력 있는 논리를 펼 수 있다는 사실을 깨달았다. 결국 숫자 악보로 성공하겠다는 그의 꿈은 좌절되었다. 지금 루소의 집 음악방의 건반악기 위에는 그의 '좌절된 꿈'이 외로이 놓여 있다.

숫자 악보 옆에 음악가로서 루소를 이해하는 데 도움이 되는 작품을 소개하는 팻말도 있었다. 루소로 하여금 감히 오페라 작곡을 꿈꾸게 했던 페르골레지의 오페라 〈마님이 된 하녀〉, 루소가 시끄럽다고 비난했던 라모의 오페라 〈우아한 인도의 나라들〉 그리고 루소의 첫 오페라 〈마을의 점쟁이〉와 이 작품의 영향을 받아 탄생한 모차르트의 오페라 〈바스티안과 바스티엔〉이었다.

소박한 자연주의자의 정원과 산책길

규모도 작고 찾는 사람도 별로 없지만 루소의 집에는 오디오 가이드도 있었다. 물론 한국어가 아닌 영어 가이드여서 조금 실망스럽기는 했지만 프랑스어가 아니어서 얼마나 다행인가. 하기야 이런 촌구석(?)에서 한국어 가이드를 원하는 것이야말로 과욕이겠다. 1년에 한국인이 몇 명이나 온다고. 그런데 오디오 가이드 외에는 모든 것이 다 프랑스어 일색이어서 무척 불편했다. 작은 가게에서 팔고 있는 루소의 집 안내 책자와 루소의 저서, DVD는 물론 심지어 영상실에서 틀어주는 다큐까지 모두 프랑스어였다. 영어는 그나마 가끔 가다 알아듣기라도 하는데 프랑스어는 뭐 도대체 알아들을 수가 없다. 들리는 건 코에서 울리는 '숑' '샹' 소리 그리고 가래침 뱉는 듯한 소리와 맥주병 따는 소리를 합친 듯한 'R' 발음뿐이니 대략 난감했다.

그런데도 나는 거기서 루소의 일대기를 담은 DVD를 한 장 샀다. 지금도 그때 내가 도대체 무슨 생각으로 그걸 샀는지 잘 모르겠다. 한국에 돌아가서 반드시 프랑스어를 공부하리라는 야심찬 계획이라도 세웠던 것일까. 여하튼 지금 그 DVD는 비닐 포장도 뜯기지 않은 채 내 방 책장 어딘가에 박혀 있다.

영상실에서 뜻 모를 프랑스어를 자장가 삼아 반쯤은 졸면서 루소의 다큐를 본 후 밖으로 나왔다. 밖에는 루소가 직접 설계했다는 정원과 과수원이 있었다. 루소는 식물에 관심이 많았고 키우는 데에도 일가견이 있었다. 샤르메트의 정원과 과수원을 직접 설계했다고 하니 아마추어 수준은 아니었던 것 같다. 정원은 모두 네 구획으로 나뉘어 있는데, 각 구획에는 약용 식물, 허브, 채소, 과일나무를 나누어 심었다. 루소는 라틴어 시를 암송하며 이 식물들을 가꾸었다고 한다. 살면서 식물에게 음악을 들려준다는 얘기는

루소가 직접 식물을 길렀던 정원

한 가지 취미가 점점 커져서
이윽고 나의 모든 취미를 흡수해버렸다.
그것은 바로 음악이었다.
정녕 나는 이 예술을 위해 세상에 태어난 것이다.
어릴 때부터 이 예술을 좋아했고,
변함없이 이 예술만을 사랑했다.

들었어도 라틴어 시를 들려준다는 얘기는 처음 들어보는 것 같다. 그나저나 라틴어 시를 듣고 자란 식물들은 다른 식물들에 비해 감성이 훨씬 고급스러우려나? 이런 실없는 생각을 하며 정원을 둘러보았다.

정원에 핀 빙카꽃이 특히 눈에 띄었다. 루소가 이 집으로 이사 올 때 길가에 바로 이 꽃이 피어 있었다고 한다. 세월이 한참 흐른 뒤에도 루소는 어디서 빙카꽃을 볼 때마다 샤르메트에서의 행복했던 추억을 떠올리곤 했다. 이런 루소의 추억을 되살리기 위해 샹베리 시 당국에서 루소의 집 정원은 물론 이곳으로 오는 길가에도 쭉 빙카꽃을 심어놓은 것이 인상적이었다.

정원 아래쪽에는 벚나무, 사과나무, 배나무가 있고, 위쪽 언덕에는 넓은 포도밭이 펼쳐져 있었다. 저 멀리 시원하게 펼쳐진 풍광을 바라보며 포도밭을 산책했다. 루소는 아침 일찍 산책하는 것으로 하루 일과를 시작했다. 회고록에서 "매일 아침 해뜨기 전에 일어나 근처에 있는 과수원을 지나 아주 아름다운 산책길로 올라간다. 이 길은 포도밭 위에 있으며 산등성이를 따라 샹베리까지 이어진다"라고 썼는데, 그때도 바로 이 길을 걸었을 것이다.

루소는 이 시기를 인생에서 가장 행복했던 시간으로 기억한다. 당시 그가 누렸던 전원에서의 소박한 삶은 의심할 여지없이 루소 자신이 진정으로 원하는 삶이었다. 계몽주의자들이 대부분 상류층이었던 것과 달리 루소는 그 자신이 민중이었다. 그러기에 더 이상 잃을 것도, 바랄 것도 없었다. 소박한 와인을 곁들인 식사와 자연만 있으면 그것으로 그만이었다. 일부러 그런 것이 아니라 그의 존재 자체가 그랬다. 말하자면 쾌적한 삶의 기준이 금수저 출신의 다른 계몽주의자들과 전혀 달랐던 것이다.

포도밭 근처에는 루소가 아침마다 걷던 산책길이 아직도 있는데, 지금

'장 자크의 길'로 이어지는 언덕의 과수원

은 이 길을 '장 자크 길'이라고 한다. 루소가 된 양 그 길을 걸어보았다. 그다지 특별한 것이 없는, 그냥 한적한 오솔길이었다. 길을 따라 걷다 보면 루소가 매일 물을 마시러 가던 샘물이 나온다는데 아무리 찾아봐도 없었다. 세월의 흐름과 함께 샘물도 말라버린 모양이다.

샹베리, 루소의 집 샤르메트

작은 마을에 세운 볼테르의 유토피아

페르네-볼테르, 볼테르 성

사람들은 루소가 오페라를 작곡했다는 사실을 모르는 것만큼이나 볼테르가 오페라 대본을 썼다는 사실을 모른다. 볼테르는 사상가인 동시에 수많은 희곡을 쓴 극작가이기도 했다. 프랑스 작곡가 라모의 음악을 좋아했던 그는 라모와 손잡고 오페라 〈나바르의 왕녀〉, 〈삼손〉, 〈영예의 전당〉을 만들었다. 직접 대본을 쓴 오페라 외에 볼테르가 쓴 작품을 원작으로 한 오페라도 많다. 많은 오페라 작곡가들이 볼테르의 희곡을 탐냈는데, 그중 〈자이레〉라는 작품은 무려 13편이나 오페라로 만들어질 정도로 인기가 좋았다. 볼테르 원작의 오페라 중에서 가장 유명한 것은 로시니의 〈세미라미데〉와 〈탄크레디〉 그

볼테르의 풍자 소설 〈캉디드〉를 바탕으로 만든 번스타인의 오페라 〈캉디드〉 공연 장면

리고 번스타인의 〈캉디드〉다.

계몽주의자로서 오페라 분야에도 손을 댔다는 점에서 루소와 볼테르는 공통점이 있다. 하지만 그 외에는 두 사람이 달라도 너무 달랐다. 볼테르보다 18년이나 연하인 루소는 젊은 시절 볼테르를 존경했다. 볼테르가 쓴책을 모두 읽고, 그에게서 표현의 명확성과 문체의 우아함을 배웠다. 33살때인 1745년에는 볼테르가 대본을 쓴 라모의 오페라 〈나바르의 왕녀〉의 개정 작업에 참여하기도 했다. 당시 루소는 볼테르에게 그의 대본을 수정해도 되겠냐고 정중하게 부탁하는 편지를 보냈고, 볼테르로부터 수락하는답장을 받았다.

두 사람의 관계가 나빠진 계기는 1754년, 루소가 〈인간 불평등 기원론〉을 발표하고 나서부터였다. 이를 통해 루소가 얘기하고자 한 것은 문명의 발전이 인간의 선량한 본성을 타락시켰고, 그 결과 인간 사이에 불평등이 생겼다는 것이었다. 하지만 볼테르는 이 말에 찬성할 수 없었다. 루소가 인류가 그동안 이룩해놓은 문명을 부정했다고 생각한 볼테르는 그에게 "당신 말을 들으니 네 발로 기어다니고 싶은 생각이 드네요"라는 조롱조의 편지를 보냈다. 그 후 두 사람 사이에 적의에 찬 말들이 오갔다. 루소는 볼테르가 자신의 고향 제네바에 극장을 건립한다는 소식을 듣자 거의 저주에 가까운 편지를 보내기도 했다.

그런데 볼테르와 루소, 이 두 사람 사이의 반목은 단순한 성격 차이에서 비롯된 것이 아니었다. 그것은 보다 근본적인 계급의 차이 그리고 그로 인한 사상의 차이에서 온 것이었다. 볼테르와 루소는 출신부터 달랐다. 볼테르는 비록 귀족은 아니지만 부유한 법률가의 아들로 태어났다. 어려서부터 상류층 생활에 익숙했으며, 자신이 상류층이라는 사실을 단 한 번도 잊은 적이 없었다. 루소를 제외한 대부분의 계몽주의자들도 마찬가지였다. 간혹 민중의 대변자 노릇을 하기도 했지만 그들 자신이 민중은 아니었다.

반면에 루소는 어려서부터 생계를 위해 밑바닥을 전전해야 했던 진정한 '민중'이었다. 평생 악보 필사와 글쓰기로 생계를 유지하는 평민으로 살았다. 볼테르와 루소의 이런 계급 차이 그리고 이로 인한 사상과 예술관의 차이는 그들이 만든 작품에도 그대로 드러난다. 루소의 오페라 〈마을의 점쟁이〉와 로시니가 오페라로 만든 볼테르의 비극 〈세미라미스〉 사이에는 프랑스어로 쓰였다는 것 말고는 공통점이 전혀 없다. 루소가 소박한 민중의 삶을 그린 새로운 오페라의 가능성을 모색하고 있을 때에도 볼테르는 귀족 취향의 고전 비극에 대한 미련을 버리지 못하고 있었다.

진보적인 사상가가 왜 그랬을까 궁금했는데, 페르네-볼테르에 있는 볼테르의 성을 보는 순간 모든 것이 이해되었다. 그는 세상 어떤 귀족 부럽지 않게 살았다. 존재가 의식을 규정한다는 말이 있는데, 볼테르의 경우는 존재가 무의식을 규정했던 것이 아닐까 싶다. 귀족이 아닌데도 평생 귀족처럼 살았던 그는, 이성적으로는 인간의 평등을 외치면서도 이성이 미치지 못하는 무의식의 저 끝자락에 있는 감성에서는 귀족 취향을 떨쳐버리지 못했던 것이다.

백과사전의 탄생지 프로코프

프랑스 파리에는 아주 오래된 카페가 있다. 프로코프Le Procope라는 카페다. 이 카페는 '백과사전의 탄생지'로 유명하다. 볼테르와 루소가 아직 사이가 좋을 때, 두 사람은 백과전서파로 불리는 디드로, 달랑베르, 몽테스키외, 케네와 함께 백과사전을 썼다. 그때 이들이 아지트로 삼은 곳이 바로 프로코프였다. 1686년에 문을 열었으니 역사가 300년이 훨씬 넘는 셈인데, 그렇게 오랫동안 망하지 않고 장사를 하고 있다는 것이 신기하기만 하다.

프로코프는 당대에 각 분야의 걸출한 인물들이 즐겨 찾던 곳으로 유명하다. 물론 프로코프가 처음부터 잘나갔던 것은 아니다. 이 카페에 유명인이 몰려들기 시작한 때는 1689년 길 건너편에 코메디 프랑세즈 극장이 문을 열면서부터였다. 극장이 연일 문전성시를 이루면서 카페에도 사람이 몰려들었다. 그리고 얼마 지나지 않아 프로코프는 배우, 작가, 음악가, 시인, 철학자, 진보적 사상가. 정치가, 과학자, 극작가, 비평가, 무대 예술가들이 모이는 파리의 명소가 되었다.

프로코프는 당대의 지적, 예술적 에너지가 집결되는 곳이었다. 파리에

크리스마스 시즌의 카페 프로코프

서 글줄깨나 쓰고, 생각깨나 하고, 예술깨나 하는 사람들이 모두 이곳의 단골이었다. 나폴레옹, 루소, 볼테르, 디드로, 달랑베르, 랭보, 위고, 발자크, 졸라, 라신느, 몰리에르, 상드, 프랭클린, 제퍼슨 등 이름을 열거하기도 벅찰 정도다. 카페 자체가 인물 박물관이었던 셈이다.

이 중에서 가장 빈번하게 카페를 드나들던 인물은 앞서 얘기한 백과전서파로 불리는 계몽주의자들이었다. 이들은 제 집 드나들 듯 이곳에 드나들면서 엄청난 양의 커피를 마셔댔다. 특히 볼테르가 커피를 광적으로 좋아했다. 그는 커피에 초콜렛을 타서 마셨는데, 그런 커피를 하루에 무려 40잔이나 마셨다고 한다. 의사가 그렇게 마셔대면 죽을 수도 있다고 경고했지만 막무가내였다. 하지만 이런 의사의 경고가 무색하게 볼테르는 84살까지 살았다.

볼테르가 좋아했던 곳이라니 안 가볼 수 없지! 그래서 파리 여행 중 날씨 좋은 때를 잡아 프로코프에 갔다. 유명한 곳이라 예약을 하지 않으면 자리 잡기 어려울 줄 알았는데 아니었다. 점심 때 갔는데, 자리가 너무 널널해서 놀랐다. 역사가 오래되었고 유명인들의 단골이었다는 점 말고는 특별한 것이 없었다. 가격도 보통, 맛도 보통, 인테리어도 보통. 그리하여 평균 점수 '보통'인 그런 식당이었다.

물론 특별한 것이 있기는 했다. 곳곳에 유명인들의 흔적을 보여주는 물건과 그림, 사진, 서명이 있었다. 볼테르의 책상도 있었고, 나폴레옹의 모자도 있었다. 모자는 나폴레옹이 군 장교 시절에 음식값 대신 놓고 갔다고 한다. 모자를 찾아 가지 않았다는 건 외상값을 갚지 않았다는 말이겠지? '먹튀'의 흔적이 훗날 가게의 자랑거리가 되다니, 재미있다.

안쪽에 있는 자리에 앉아 음식을 주문했다. 네 명이 각각 다른 요리를 시켜서 나눠 먹기로 했다. 나이가 지긋한 할아버지가 주문을 받으러 왔다. 프랑스 대표 요리인 코코뱅과 달팽이 요리를 포함해 네 가지를 시켰는데, 종이에 적지 않고 그냥 듣기만 하는 것이 이상했다. 걱정스런 표정으로 다 외울 수 있냐고 했더니 걱정 말란다. 아직 자기 기억력이 쓸 만하다고. 그런데 웬걸, 결국 네 가지 요리 중 하나가 잘못 나오고 말았다. 미안해하는 할아버지의 표정이 아직도 눈에 선하다.

볼테르의 유토피아

볼테르는 젊었을 때부터 매사에 거침이 없었다. 겁도 없이 귀족에게 대들다가 감옥에 갇히기도 했다. 이때 프랑스를 떠나는 조건으로 석방되었다.

페르네-볼테르, 볼테르 성

하지만 제 버릇 개 못 준다고, 영국에서 3년 만에 돌아온 후에도 민중을 선동하는 위험한 책을 써서 권력자의 심기를 건드렸다. 이 일로 결국 그는 이리저리 쫓겨 다니는 신세가 되었고, 그 후 10년간 후견인이자 연인인 뒤 샤틀레 부인의 영지에서 숨어 살았다. 나중에 상황이 호전되기는 했지만 볼테르는 프랑스에서 여전히 요주의 인물이었다. 입 잘못 놀리면 언제든지 잡혀갈 수 있는 처지였다.

1749년, 샤틀레 부인이 아이를 낳다가 죽었다. 그 후 볼테르는 파리로 올라와 백과전서 팀에 합류했다가 프러시아의 프리드리히 대왕의 초대를 받고 포츠담에 있는 상 수시에서 3년을 살았다. 그 후 볼테르는 새로운 정착지를 물색했다. 당시 주식과 채권, 사업 등으로 상당한 부를 축적한 볼테르는 스위스의 제네바로 이주했다. 제네바 시내에 집을 짓고, 연극을 공연할 수 있는 극장도 함께 지었다.

하지만 이 시기에 제네바 공화국에서는 엄격한 칼뱅주의 이념하에 연극 공연이 금지되어 있었다. 이 때문에 볼테르는 제네바 당국과 종종 마찰을 빚었다. 프랑스에서도 찬밥, 스위스에서도 찬밥 신세가 된 셈이다. 신변의 위협을 느낀 볼테르는 새로운 거주지를 찾아 나섰다. 그때 낙점된 곳이 제네바에서 가까운 프랑스 국경 마을 페르네였다. 볼테르는 스위스에서 문제가 생기면 재빨리 프랑스로 도망칠 수 있고, 프랑스에서 문제가 생기면 재빨리 스위스로 도망칠 수 있는 이곳이 아주 마음에 들었다.

페르네-볼테르 거리에 서 있는 볼테르 동상

볼테르가 땅을 사들일 당시 페르네는 인구가 50명밖에 되지 않는 척박한 곳이었다. 그런데 볼테르가 막강한 재력을 바탕으로 이곳에 직물 공장과 시계 공장, 도자기 공장을 짓고 제네바에서 온 노동자들에게 일자리를 주면서 인구가 늘기 시작했다. 제네바 공화국에서 정치적 압박과 경제적 궁핍에 시달리던 많은 사람이 페르네로 몰려왔다. 그래서 그로부터 20년 후 볼테르가 이곳을 떠날 때에는 인구가 1200명으로 불어나 있었다. 볼테르가 도시의 부흥에 결정적인 역할을 한 것이다. 이에 대한 보답으로 시 당국은 1799년, 도시 이름을 페르네-볼테르로 개명했다.

페르네-볼테르는 인구가 8000명 정도 되는 작은 도시다. 거주민 중 상당수가 외국인인데, 대개 제네바에 있는 NGO나 UN기관에서 일하는 사람들이다. 이들이 제네바가 아닌 페르네-볼테르에 사는 것은 이곳이 제네바에 비해 주택 가격이나 물가가 저렴하기 때문이다.

시내로 들어오니 거리 한가운데에 우뚝 서 있는 볼테르의 동상이 보였다. 동상 밑에 '페르네의 대부'라는 명패와 함께, 그가 페르네를 위해 교회와 학교, 병원을 세우고, 분수와 우물을 만들고, 숲을 조성하고, 늪지대를 메우고, 황무지를 개간하고, 도로와 저수지, 인공 수로를 건설하는 등의 일을 했다고 적혀 있었다. 그것을 보고 볼테르가 페르네라는 도시의 부흥에 절대적인 역할을 했음을 알 수 있었다.

볼테르가 살았던 성은 시내 중심가에서 떨어진 한적한 곳에 위치하고 있다. 그런데 가는 날이 장날이라고, 가보니 건물을 막아놓고 공사를 하고 있었다. 리모델링 공사 중이라고 했다. 공사 중이니 당연히 성 안에 들어가서 구경하는 것은 불가능했다. 언제 다시 오면 되냐고 물었더니 글쎄 2년 후란다. 2년 뒤에 다시 오라고? 한숨이 절로 나왔다. 그때까지 내가 살아 있

♪　볼테르 성
♬　볼테르 성의 거실

는다는 보장도 없는데. 할 수 없이 발걸음을 돌릴 수밖에 없었다. 아쉬운 대로 기념품 가게에서 볼테르 성에 대한 안내 책자와 성 내부를 찍은 그림엽서 몇 장을 샀다.

건물 안에는 들어갈 수 없지만 성 주변을 둘러보는 것은 가능했다. 정원과 과수원, 산책길이 조성된 숲이 얼마나 넓은지 감탄이 절로 나왔다. 정원 곳곳에는 아름다운 조각상이 서 있었고, 연못과 분수, 수영장, 물항아리, 정자, 오렌지 나무 온실, 인공 동굴 등이 있었다. 연못과 수영장의 물은 말라 있고, 분수도 더는 물을 내뿜지 않지만 이것들이 제 구실을 하던 시절에는 얼마나 볼 만했을지 짐작이 가고도 남았다.

살아 있는 나무로 만든 생울타리를 따라 조성된 긴 산책길을 따라 천천히 걸어보았다. 볼테르는 낮 시간의 대부분을 밖에서 농작물이나 정원을 가꾸고 산책을 하는 데 썼다고 한다. 작업복을 입고 정원을 가꾸는 볼테르의 모습을 머릿속으로 그려보았다. 몸을 구부리고 일을 하다가 잠시 허리를 펴고 주변을 둘러보았을 것이다. 그러다가 문득 먼 산을 바라보았겠지. 그런데 그 먼 산이 심지어 알프스의 몽블랑이라면 느낌이 어떨까?

볼테르가 그랬던 것처럼 나도 높은 지대에 조성된 정원의 테라스에 올라가 먼 산을 바라보았다. 눈 덮인 알프스의 몽블랑이 눈에 들어왔다. 이런 풍광을 언제라도 즐기기 위해 볼테르는 시야를 방해하는 나무를 모조리 잘라냈다고 한다. 그리고 20년 동안 매일 이런 풍광을 바라보며 일하고 산책하고 사색을 했다니, 세상에 이런 호사스런 인생이 또 있을까 싶다.

성 옆에는 작은 교회가 있었다. 성에 비해 형편없이 작고 초라한 교회였다. 1761년에 볼테르가 지었다고 한다. 원래는 그 자리에 교구 교회가 있었는데, 볼테르가 시야를 가린다는 이유로 교회 건물을 부숴버렸다. 그러자 교회의 높으신 분들이 빨리 교회를 다시 지으라고 난리를 쳤다. 이들의 성화를 견디다 못한 볼테르는 마지못해 교회를 다시 지었다. 그러고는 박공에 "신을 위해 볼테르가 세우다"라는 글귀를 새겨 넣었다. 그런데 재미있는 것은 '볼테르'라는 글자를 '신'이라는 글자보다 크게 썼다는 것이다. 자기가 신보다 높다고 생각한 것일까?

서양에서는 교회를 다 짓고 나면 대개 성인聖人의 이름으로 봉헌을 한다. 하지만 볼테르는 성인을 빼고 오로지 신에게만 단독으로 이 교회를 바쳤다. 그 이유에 대해 자기는 신의 종(성인)을 통하지 않고 신에게 직접 바치는 것을 선호한다고 말했다. 말하자면 중간에 다른 사람을 거치지 않고 신과 직접 소통하겠다는 얘기다. 하기야 그게 훨씬 효율적이기는 하지. 볼테르는 이 교회를 지을 때 자기가 들어갈 피라미드 모양의 무덤도 함께 지었다. 그러나 갑자기 파리에서 죽는 바람에 이 소망은 실현되지 못했다.

제네바에 있는 집과 마찬가지로 볼테르는 이 성에도 공연을 위한 공간을 마련하고, 직접 지은 작품을 올렸다. 볼테르의 극장은 꽤 인기가 있었다. 앞서 얘기했지만 당시 제네바 공화국에서는 연극과 같은 오락 행위를 엄격히 금하고 있었다. 그러나 막는다고 막아지는 게 아닌 법이다. 호모 루덴스라는 말도 있듯이 인간은 적당히 놀아야 하는 존재 아닌가. 그런데 놀지 못하게 하다니 숨이 막혔을 것이다. 즐길 것을 찾아 헤매던 목마른 영혼들이 볼테르의 극장으로 몰려들었다. 찾는 사람이 많아지면서 좌석도 점점 늘어나 나중에는 좌석이 200석에 이르게 되었다. 개인 극장치고는 꽤 규모가 있는 편이다. 그러나 볼테르가 죽은 뒤 여러 차례 용도가 바뀌면서 지금은 극장의 흔적을 찾을 수 없게 되었다.

에르미타주 박물관의 볼테르 도서관(1859년, 수채화)

볼테르의 죽음 이후

볼테르는 1778년에 죽었다. 그가 죽자 그의 정부였던 마담 드니가 이 성을 다른 사람에게 팔았다. 집뿐만 아니라 집에 있던 가구들도 다 싹 팔아 치웠다. 그렇게 볼테르의 손때가 묻은 물건들이 이리저리 뿔뿔이 흩어졌다. 서재를 가득 메웠던 7000여 권의 장서 역시 다른 사람에게 팔렸다. 당시 이 방대한 장서를 사 간 인물은 계몽주의 신봉자로, 볼테르를 존경했던 러시아의 에카테리나 여제였다. 수십 대의 마차에 책을 싣고 가는 장면이 장관이었다고 한다. 이렇게 프랑스에서 러시아로 건너간 볼테르의 장서들은 에르미타주 박물관에 있다가 지금은 러시아 국립 박물관의 볼테르 룸으로 옮겨진 상태다.

지난 1999년 앵Ain의 주정부가 볼테르의 성을 사들였다. 그리고 2007년 성의 관리를 프랑스 문화재청에게 맡겼다. 볼테르 성의 역사적 가치를 높이 평가한 프랑스 문화재청은 이 성을 볼테르가 살던 때와 똑같은 모습으로 복원하기로 결정했다. 그 결과 2015년부터 대대적인 복원 작업에 착수했는데, 내가 볼테르 성을 찾았을 때가 바로 이때였다.

볼테르 성 내부를 찍은 사진을 보다가 특이한 물건을 하나 발견했다. 자료를 찾아보니 피라미드 모양으로 생긴 이 물건은 볼테르의 심장을 보관했던 곳이라고 한다. 옛날 서양에서는 사람이 죽으면 몸에서 심장을 적출해 알콜에 넣고 끓여서 말린 다음 영구 보관하는 풍습이 있었다. 일반 평민이 아니라 이른바 명망이 있는 사람들은 모두 마찬가지였다. 볼테르의 심장 역시 이런 과정을 거쳤다.

볼테르가 죽은 후 성의 새 주인이 된 비예트 남작은 볼테르의 심장으로 그를 추모하는 공간을 꾸몄다. 피라미드 모양의 추모비에 쿠션을 놓고

볼테르의 심장이 놓여 있었던 곳

볼테르의 심장이 담긴 작은 상자를 올려놓았다. 추모비에는 "그의 심장은 여기 있으나 그의 정신은 세상 모든 곳에 있다"라는 글을 새겨 넣었다.

그런데 여기서 그친 것이 아니다. 볼테르의 심장이 심심할까 봐 걱정이 되었던 것일까? 비예트 남작은 벽에 볼테르와 평소에 알고 지내던 친구 40명의 초상화를 걸어 볼테르의 심장과 함께 지내도록 했다. "죽으니까 심심하지? 여기서 함께 이야기도 나누며 재미있게들 지내길." 이런 깊은 뜻이 있었으리라.

비예트 남작은 볼테르를 추모하러 온 손님들에게 그의 침실도 개방했다. 손님들이 오면 누구나 침실에 들어가 기념으로 침대보 조각을 잘라가도록 했다. 그때 무수히 많은 조각이 잘려 나갔다. 오늘날 유럽 각지에서 볼테

 ♪

 ♫

♪ 볼테르 친구 40명의 초상화가 걸려 있는 추모의 방
♫ 칼라스 가족의 그림이 걸려 있는 볼테르의 침실

르의 침대 조각이 발견되는 것도 이 때문이다.

하지만 비예트 남작이 신주단지 모시듯 귀하게 모시던 볼테르의 심장은 지금 여기에 없다. 1864년 비예트 남작의 아들이 죽고 나서 국가의 재산(?)으로 귀속되었기 때문이다. 현재 볼테르의 심장은 프랑스 국립 도서관에 있는 볼테르의 석상 밑에 조용히 잠들어 있다.

볼테르의 성에서 가장 중요한 공간은 아무래도 볼테르의 침실이 아닐까 싶다. 엄청난 일 중독자인 볼테르는 침실을 그저 잠만 자는 공간으로 쓰지 않고 거의 작업실처럼 사용했다고 한다. 일생 동안 2만 통에 가까운 편지를 썼는데, 이 편지를 쓴 곳도 서재가 아닌 침실이었다.

그런데 볼테르의 침실에서 눈여겨보아야 할 부분이 있다. 캐노피 밑에 걸려 있는 그림이다. 그림 속 사람들은 장 칼라스의 가족들이다. 장 칼라스가 아들을 살해했다는 누명을 쓰고 감옥에 갇히자 볼테르가 그의 결백을 입증하기 위해 발 벗고 나섰다. 벽에 걸린 칼라스 가족의 그림은 장 칼라스의 재판 비용을 마련하기 위해 제작한 것이다.

장 칼라스 사건의 전말은 이렇다. 장 칼라스 가족은 개신교도였다. 그런데 1762년, 장 칼라스의 아들이 스스로 목을 매달아 죽는 사건이 일어났다. 자살이 분명했지만 개신교도를 증오하는 가톨릭 광신도들이 이를 타살로 몰아갔다. 아들이 가톨릭으로 개종하는 것을 막기 위해 칼라스와 그의 가족들이 함께 아들을 살해했다는 것이다. 결국 칼라스 가족에게 유죄 판결이 내려져 장 칼라스는 사형을 당하고, 나머지 가족들은 추방과 유배, 재산을 몰수당하는 고통을 겪었다.

이때 볼테르는 부당한 재판으로 고통받는 칼라스 가족을 적극적으로 변호했다. 재판의 부당함을 조목조목 반박하는 전단을 만들어 유럽 전역의 지식인들에게 뿌렸고, 이런 볼테르의 노력으로 칼라스는 처형된 지 3년 만에 무죄 판결을 받을 수 있었다.

볼테르의 침실에 걸려 있는 칼라스 가족의 그림은 평생 이성과 문명을 옹호하고, 부당한 권력과 종교적 광신에 맞서 인간의 자유와 권리를 위해 싸운 지성의 투사로서 볼테르의 정체성을 상징한다. 그림 속 인물들의 행색은 다른 그림의 그것에 비해 더없이 초라하다. 그러나 부당한 권력에 의해 희생된 그림 속 사람들, 그 역사의 '졸卒'들이 오늘 우리에게 전하는 메시지는 세상 무엇보다 강렬하고 숭고하다.

2018년 5월 31일, 볼테르 성이 3년간의 리모델링 공사를 마치고 다시 문을 열었다. 2016년에 갔을 때 2년 뒤에 오라고 해서 까마득했는데, 어느덧 세월이 이렇게 흘러버렸다. 그때는 여기를 언제 다시 오나 싶었지만 다시 가야 할 이유가 생겼다. 볼테르의 침실에 걸린 장 칼라스의 초상화를 꼭 보고 싶기 때문이다. 종교적 신념이든 정치적 신념이든 그릇된 신념은 비극을 낳기 마련이다. 장 칼라스는 그 희생자였다. 그러나 어디 장 칼라스뿐이랴. 지금도 우리 곁에 수많은 장 칼라스가 살아 있지 않은가.

모네의 그림을 음악으로 옮기면
바로 드뷔시의 음악이 된다.
모네의 그림은 눈으로 듣는 음악이고,
드뷔시의 음악은 귀로 보는 그림이다.
비단 모네의 그림뿐만 아니라
인상주의 화가들의 그림이 다 그렇다.
드뷔시를 인상주의 작곡가라고 하는 것도 이 때문이다.

3

역사와 음악이 빚어낸 풍경 속 시간의 울림

Germany

독일

음악을 사랑했던 왕의
편안한 쉼터

포츠담, 상 수시 궁전

독일 베를린 근교의 포츠담에는 상 수시라는 궁전이 있다. 상 수시는 프로이센을 다스렸던 프리드리히 대왕의 여름 궁전인데, 여기에는 볼테르가 3년 동안 머물렀던 방이 있다. 이 말에 '볼테르가 왜 뜬금없이 거기서 나와?' 이렇게 생각하는 사람이 있을 것이다. 사실 프리드리히 대왕은 볼테르의 열렬한 추종자였다. 왕세자 시절부터 이미 볼테르의 책을 모두 읽고 계몽주의 사상에 심취해 있었다. 왕이 된 뒤로는 상 수시에 취향이 맞는 사람들을 불러 함께 놀았는데, 볼테르는 그중에서 왕이 가장 귀하게 여기는 인물이었다. 왕은 존경하는 볼테르에게 상 수시에서 가장 아름다운 방을 내주었다.

프리드리히 대왕의 여름 궁전 상 수시

프랑스 문화를 동경했던 왕자

궁전 이름 '상 수시Sans Souci'는 프랑스어인데, 우리말로 번역하자면 '근심이 없다'는 뜻이 된다. 그런데 왜 독일 궁전에 프랑스 이름을 붙였을까? 이는 프리드리히 대왕이 이른바 '프랑스 빠'였기 때문이다. 그는 어려서부터 프랑스 출신 가정교사의 교육을 받으며 프랑스 문화에 심취해 살았다. 문학과 예술과 학문을 사랑했고 특히 음악을 좋아했다. 하지만 그의 아버지 프리드리히 빌헬름 1세는 독일식 근검절약을 최고의 미덕으로 여겼다. 아들이 장래의 왕으로서 갖추어야 할 강인함을 갖는 대신 '쓸데없는 예술 나부랭이'에 몰두하는 것을 몹시 못마땅하게 여겼다. 그래서 아들이 이런 성향을 보일 때마다 사람들이 보는 앞에서도 폭행을 일삼았다고 한다.

이런 아버지의 억압을 견디다 못한 왕자는 어느 날 두 친구와 함께 영국으로 도망칠 계획을 세웠다. 하지만 곧 들통나고 말았다. 세 명 중 한 명은 외국으로 도망쳤으나 왕자와 또 다른 친구는 붙잡혔다. 화가 머리끝까지난 왕은 왕자와 그 친구에게 사형 선고를 내렸다. 아들에게 사형 선고를 내리다니, 참 대단한 아버지인 건 분명하다. 여하튼 나중에 왕자는 간신히 사형을 면했지만 친구는 참수형을 당해야 했다. 왕은 잔인하게도 그에게 친구의 참수 장면을 지켜보도록 했다. 이때 완전히 충격에 빠진 왕자는 친구의목이 날아가기 직전에 기절해버리고 말았다. 그 후 그는 왕의 명령에 따라정신과 육체를 새롭게 무장하기 위한 훈련을 받아야 했다. 왕자라고 해서봐주는 것이 절대로 없는 아주 혹독한 훈련이었다.

이렇게 타지에서 고생하던 왕자는 1733년 베를린으로 복귀했다. 오스트리아의 페르디난트 알버트 공작의 딸 엘리자베트 크리스티네와 결혼한다는 조건이었다. 왕자는 신부에게 아무 애정 없었지만 그에게 결혼이 꼭 나쁜 것만은 아니었다. 결혼으로 자유를 얻었기 때문이다. 결혼 후 그는 아버지 눈치 안 보고 마음껏 자신이 원하는 삶을 즐겼다. 자기가 좋아하는 음악가, 화가, 작가들을 궁으로 불러들여 문학과 예술에 대해 이야기를 나누고, 음악회를 열고, 책을 읽고, 책을 썼다. 특히 음악에 열정적이었던 그는 브란덴부르크 주에 있는 노이루핀이라는 곳에 가서 연주자를 17명이나 데려오기도 했다. 왕도 이것을 알았지만 그때는 이미 늙고 병든 몸이라 더 이상 아들을 어쩌지 못했다.

바로 이 무렵 왕자는 볼테르에게 직접 편지를 보냈다. 볼테르는 한 번도 본 적이 없는 프로이센의 왕세자가 자기에게 편지를 보내자 깜짝 놀랐다. 그런데 편지의 내용은 더 놀라웠다. "당신은 진정 철학자의 지혜와 역사가의 재능과 시인의 빛나는 상상력을 한 몸에 지닌 분입니다."

왕자에게 이런 칭찬을 받았으니 얼마나 황송했을까. 당연히 보답을 해야 했을 것이다. 볼테르는 답장에서 거의 아첨에 가까운 찬사를 쏟아냈다. "인간에게 행복을 가져다주는 왕족 철학자"로 시작한 편지는 그를 카이사르, 베르길리우스, 아폴로, 소크라테스로 비유한 문장으로 끝났다. 그렇게 두 사람은 수년간 편지를 주고받으며 돈독한 관계를 이어갔다.

1740년, 프리드리히 대왕이 28살의 나이로 왕위에 올랐다. 왕이 되었으니 이제는 하고 싶은 일을 마음껏 할 수 있게 되었다. 이때 그가 제일 먼저 한 일은 예술에 대한 욕구를 마음껏 충족시키는 일이었다. 궁정악단의 악사를 늘리고, 궁정악장 칼 하인리히 그룬을 이탈리아로 보내 오페라 가수들을 데려 오도록 했다. 그리고 베를린에 새로운 오페라 극장을 지었는데, 바로 오늘날까지 세계 굴지의 오페라 극장으로 손꼽히는 베를린 슈타츠오퍼다. 오페라 극장을 짓고 나서 왕은 근 15년 동안 오페라단 운영에 직접적으로 관여했다. 가수 선정부터 오페라 대본, 리허설 심지어는 의상에 관한 것까지도 직접 챙겼다. 이런 면면을 보면 오페라에 관해서는 거의 만기친람 수준이었던 같다.

왕의 근심 걱정 없는 피난처

프리드리히 대왕은 베를린 근교 포츠담에 여름 궁전을 지었다. 정사에 지친 왕이 조용히, 편안하게 쉬면서 자기만의 삶을 즐겼던 이 궁전이 바로 상 수시, 즉 '근심 걱정이 없는 궁'이다. 왕이 공적인 업무를 보는 베를린의 궁과는 달리 이곳은 왕이 마음에 맞는 친구들과 하고 싶은 일을 하면서 노는 사적인 공간이다. 그래서인지 건물의 규모도 작다. 단층짜리 건물에 방이 열 개밖에 되지 않으니 왕궁치고는 꽤 작은 편이다. 이렇게 규모는 작지만 외관이나 내부 장식은 매우 우아하고 여성적이다. 웅장한 바로크 양식과 대비되는 우아한 로코코 양식의 건물로, 프랑스 스타일을 좋아했던 왕의 취향을 그대로 반영한다.

상수시에 들어서면 여섯 개의 계단으로 이루어진 테라스 정원이 궁전보다 먼저 눈에 들어온다. 궁전 건물과 마찬가지로 이 정원 역시 프리드리히 대왕이 직접 한 스케치를 토대로 만들었다. 테라스에 설치된 169개의 격자 기둥에는 포르투갈, 이탈리아, 프랑스, 독일의 노이누펜 등 유럽 각지에서 온 포도나무를 심고, 테라스의 경계에는 무화과와 같은 과일나무를 심었다. 그런데 안타깝게도 테라스 정원에서는 포도 농사가 그리 잘되지는 않았다고 한다. 요즘 여기서 수확한 포도를 가지고 프리드리히 대왕 와인 축제를 연다는 얘기도 들었는데, 글쎄올시다. 수확량이 와인 축제를 열 정도가 될까 하는 의문이 든다.

프리드리히 대왕은 유럽의 유명한 학자, 시인, 예술가들을 자신의 아지트인 상수시로 불러들였다. 볼테르를 비롯해 독일의 계몽 철학자 크리스티안 볼프, 스위스의 수학자 레온하르트 오일러 등 당대 내로라하는 명사들이 왕의 초대를 받아 상수시로 왔다. 대리석 홀은 왕이 이들을 맞는 방이다. 궁에서 가장 개방적인 공간인데, 크기는 작지만 주인의 세련된 취향을 반영하고 있다. 황금빛으로 화려하게 장식된 돔 천장으로부터 샹들리에가 길게 내려와 있고, 바로 이 샹들리에 밑에 손님을 맞는 테이블이 있었다.

바닥에는 각기 다른 색깔의 대리석으로 꽃이나 새 모양을 정교하게 박아놓았는데, 돌을 가지고 어떻게 저렇게 섬세하게 표현할 수 있을까 놀라웠다. 마치 대리석으로 만든 카페트를 보는 느낌이었다. 대리석 기둥 옆에 있

상 수시 궁전의 포도나무 테라스

 ♪

 ♫

♪   프리드리히 대왕이 손님을 맞았던 대리석 홀

♫   대리석 홀에서 손님들과 이야기를 나누고 있는 프리드리히 대왕

는 자유로운 자연과 인생의 여신 비너스 우라니아와 예술의 신 아폴로의 석상이, 예술을 사랑했던 자유로운 영혼의 소유자 프리드리히 대왕을 대변하는 듯 보인다.

프리드리히 대왕이 샹들리에 밑에 놓인 테이블에서 당대의 명사들과 대화를 나누는 장면을 그린 그림이 있다. 왼쪽에서 세 번째 보라색 옷을 입고 열심히 이야기하고 있는 인물이 볼테르이고, 가운데에서 문을 등지고 앉아 있는 인물이 프리드리히 대왕이다. 그 사이에 붉은옷을 입고 있는 인물이 있는데, 이 사람이 누구냐 하면 희대의 난봉꾼으로 유명한 카사노바다. 명색이 작가, 시인, 소설가이지만 그는 도박, 사기, 신성모독 등의 혐의로 여러 차례 감옥을 들락거렸던 전과자였다. 간신히 탈옥에 성공해 유럽 여러 나라를 헤매고 다녔는데, 어찌하다 프로이센까지 와서 프리드리히 대왕의 눈에 들게 되었다. 볼테르와는 전부터 아는 사이였던 그는 왕의 초대를 받고 상 수시에 자주 들락거렸다.

어느 날 프리드리히 대왕이 카사노바와 상 수시의 포도원 정원을 산책하고 있었다. 7년 동안 계속된 전쟁에서 폭삭 늙어버린 왕이 촉촉한 눈빛으로 카사노바를 바라보며 말했다.

"자네처럼 잘생긴 남자를 몇 년 만에 보는지 모르겠네. 듣자하니 자네는 여자들에게도 인기가 많다던데…."

'잘생긴 '남자'라니. 이게 무슨 소리지?'라고 생각하는 순간 정신이 번쩍 들었다. 카사노바가 상 수시에 드나들면서 가장 이상하게 생각했던 점이, 궁에서 도대체 여자를 찾아볼 수 없다는 것이었다. 드나드는 사람들이라곤 죄다 남자 일색이었고, 여자라고는 왕이 기르는 암캐들, 엘리자베티, 마담 퐁파두르, 마리아 테레지아 등 우아한 여성의 이름을 가진 개들뿐이었다. 그 순간 그는 그동안 막연하게 떠올랐던 의심이 사실임을 깨달았다. '내 처지가 아무리 곤궁해도 왕의 정부가 될 수는 없지!' 이렇게 생각한 카사노바는 그 길로 줄행랑을 쳤다.

상 수시를 방문한 요한 제바스티안 바흐

상 수시에서 프리드리히 대왕이 가장 중요하게 생각했던 곳은 왕이 수시로 음악회를 열었던 음악방이 아닐까 싶다. 이 방 한가운데에는 건반악기가 있고 그 위에 놓인 유리관에 플루트 한 대가 들어 있다. 바로 프리드리히 대왕의 플루트다. 왕은 플루티스트였다. 어릴 적부터 당대 최고의 플루티스트인 요한 요아힘 크반츠에게 플루트를 배웠다. 하루에 몇 시간씩 연습을 했다고 하니 아마추어 이상의 실력을 가지고 있었으리라 짐작된다.

왕은 오페라 극장을 직접 짓고 공연의 모든 것을 관장했을 정도로 음악에 대한 열정이 남달랐다. 당대 최고의 음악가들을 자신의 궁전으로 불러들였는데, 그중에서 가장 유명한 사람은 요한 제바스티안 바흐의 아들 카를 필립 엠마누엘 바흐였다. 엠마누엘 바흐는 1738년 당시 왕세자이던 프리드리히의 초청을 받고 궁정으로 들어와 이후 30년 동안 궁정 음악가로 봉직했다. 상 수시에서 열린 왕의 플루트 연주회 장면을 그린 그림이 있는데, 건반악기 앞에 앉아 반주를 하는 사람이 바로 엠마누엘 바흐다.

어느 날, 왕은 엠마누엘 바흐에게 그의 아버지인 요한 제바스티안 바흐를 상 수시로 초대하고 싶다고 했다. 그리하여 1747년, 그 유명한 요한 제바스티안 바흐가 상 수시에 오게 되었다. 바흐가 상 수시에 도착해 음악방에 들어섰을 때 왕은 플루트를 연주하고 있었다고 한다. 여하튼 당대 최고의

음악방에 있는 건반악기와 프리드리히 대왕이 사용하던 플루트

음악가를 만난 왕은 그에게 자기가 수집한 악기를 자랑하고 싶어 안달이 났다. 왕은 소문난 악기 수집가로, 상 수시에 질버만이 만든 피아노를 14대 나 가지고 있었다. 하지만 당시는 건반악기 하면 하프시코드와 클라비코드 였고, 피아노는 거의 보급이 안 되었던 때였다.

왕은 바흐를 데리고 이 방 저 방 돌아다니며 자신이 수집한 피아노를 쳐보도록 했다. 그러나 바흐의 반응은 시큰둥했다. 고음이 빈약하다느니 건반이 무겁다느니 하며 불평을 늘어놓았다. 그전에 이미 피아노를 쳐본 적이 있던 바흐는 이 새로운 악기를 마음에 들어하지 않았다. 피아노라는 악기의 가능성을 과소평가했던 것이다.

왕은 바흐에게 자기가 만든 주제를 주고 3성 푸가를 만들어보라고 요청했다. 바흐는 그 자리에서 즉흥적으로 3성 푸가를 연주해 보였다. 그러자 왕은 같은 주제로 이번에는 6성 푸가를 만들라고 했다. 그러자 바흐는 왕이 제시한 주제로는 6성 푸가가 불가능하며, 모든 주제가 6성 푸가에 어울리는 건 아니라는 말로 왕을 무색하게 만들었다. 바흐는 나중에 왕이 제시한 주제로 푸가 작품을 만들어 왕에게 바쳤는데, 바로 그 유명한 〈음악의 헌정〉이다. 그런데 왕은 바흐가 자신에게 바친 이 곡을 생전에 한 번도 듣지 않았다고 한다.

작곡가로서 바흐의 능력에 질투심을 느꼈던 것일까. 사실 프리드리히 대왕은 생전에 무려 300여 곡이나 작곡한 작곡가이기도 했다. 그러나 그의 작품에 대한 음악적 평가는 꽤 박한 편이다. 스타일이 너무 구닥다리라는 것이다. 하기야 바로크 시대가 끝나가던 시절에 옛날에 유행하던 방식으로 작곡을 했으니 그럴 만도 하다. 왕이 작곡한 이 촌스러운 곡들을 듣고 당대 최고의 클라비어 연주자이자 작곡가인 엠마누엘 바흐가 무슨 생각을 했을

지 몹시 궁금하다.

앞서 얘기했듯이 상 수시에는 볼테르가 묵었던 방이 있다. 나는 이 방이 상 수시에서 가장 아름답고 밝고 화사하고 명랑한 방이라고 생각한다. 왕이 직접 그린 스케치를 바탕으로 디자인했다는데, 분위기가 환상 그 자체다. 노란색 광택제를 바른 벽과 천장을 장식한 원숭이, 앵무새, 학, 황새, 꽃, 과일, 화관이 지극히 자연친화적이다. 이 아름다운 방을 '꽃의 방'이라고 하기도 한다.

볼테르가 이렇게 아름다운 방에서 공짜로, 아니 심지어 돈을 받으며 살았다니. 왕이랑 같이 '놀아주면' 이런 호사도 누리는구나. 이렇게 왕과 수시로 상대하며 놀아주는 것 외에 볼테르에게 부과된 공식 업무는 왕이 프랑스어로 지은 시를 교정해주는 것이었다. 그렇게 하고 매년 2만 리브르(약 8만 달러)를 받았다고 한다. 세상에, 이렇게 꿀 빠는 직업이 또 있을까?

그런데 정작 볼테르는 이 일을 지겨워했다. 하기야 그 형편없는 시를 봐주는 것도 하루이틀이지. 그는 왕이 지은 시를 '더러운 리넨'이라 하고 자신의 교정을 '세탁'이라고 했는데, 나중에는 지겨운 나머지 "이제 그 더러운 리넨을 세탁해달라는 걸 그만둘 때도 되지 않았나?"라고 외쳤다고 한다.

상 수시에 갇혀 지내는 데 답답함을 느낀 볼테르는 왕에게 떠날 의사를 밝혔다. 왕도 그가 싫증났던 것 같다. "16년 동안 그에 대한 열정으로 몸살을 앓았는데, 그가 이 병을 낫게 해주었다"라고 말했으니 말이다. 볼테르는 상 수시에서 나온 후 프랑스의 국경 마을 페르네로 가서 자신의 성을 지었다.

볼테르가 묵었던 '꽃의 방'

방대한 규모를 자랑하는 상 수시 공원

군주로서의 명성을 크게 드높인 7년 전쟁 이후, 프리드리히 대왕은 보다 강력해진 왕권을 과시하기 위해 상 수시보다 규모가 어마어마하게 큰 신궁전을 짓는다. 이 궁에는 방이 200개나 되고 대형 연회실도 네 개나 된다. 로코코 양식의 여성미를 자랑하는 상 수시와는 달리 신궁전은 웅장한 바로크 양식으로 지어졌다. 왕은 가끔 이 궁전에 묵었지만 상주하지는 않았다. 큰 홀은 외국에서 온 손님들을 위한 환영 만찬이나 행사 등 왕으로서 공식 업무를 수행하는 공간으로 쓰였고, 나머지 방에는 왕실 가족들이 살았다.

신궁전의 방들은 정말 엄청나게 컸다. 그런데 나는 여기서 작고 예쁜 방 하나에 완전히 마음을 빼앗기고 말았다. '계란방Ovales Kabinett'이라는 곳인데, 분위기가 '꽃의 방'이라 불리는 볼테르 방과 비슷했다. 둥근 천장 위에서 아래로 황금빛 가지 수십 개가 내려오고 그 사이사이를 장미꽃이 장식하고 있었다. 이제까지 보았던 그 어떤 궁전의 방보다 아름다웠는데, 이곳은 왕실 사람들이 차를 마시는 공간으로 사용했다고 한다.

사실 상 수시를 제대로 보려면 하루 날을 잡아야 한다. 상 수시와 신궁전 일대가 방대한 공원으로 조성되어 있기 때문이다. 걸어서 궁전까지 가는 데도 시간이 한참 걸린다. 나무가 우거진 숲길 사이로 난 길을 따라 궁까지 가는 동안, 넓은 잔디밭과 온갖 종류의 아름다운 꽃이 피어 있는 정원, 과일나무가 자라는 과수원, 열대 과일나무를 키우는 온실, 아름다운 연못과 분수, 꽃의 여신 플로라와 과일의 여신 포모나의 석상을 비롯한 각종 석상들, 오벨리스크, 로마의 콜로세움을 본떠 만든 인공 폐허 등을 볼 수 있다.

그런가 하면 가다가 숲속에 살짝 숨어 있는 것처럼 보이는 중국 찻집

♪   상 수시에 새로 지은 신궁전

♫   신궁전에 있는 계란 모양의 작은 방

을 만날 수도 있다. 이 중국 찻집은 당시 유럽 왕족이나 귀족들의 중국 취향을 엿보게 해준다. 사실 유럽의 유명한 왕궁이나 귀족의 성에 가보면 어디에서나 중국 도자기를 발견할 수 있다. 예전에 유럽의 부유한 사람들 사이에서는 중국 도자기를 수집하고 중국식 문양의 벽지로 방을 꾸미고 중국차를 마시는 것이 유행이었다. 프리드리히 대왕 역시 이런 유행에 발맞추어 상 수시의 숲속에 중국 찻집을 지은 것 같다. 찻집 앞에 금박을 칠한 조각상들이 쭉 서 있는데, 자세히 보니 모두 중국 사람들이다. 중국옷을 입고, 중국 악기를 연주하고, 중국차를 마시고 있다.

프리드리히 대왕은 1786년에 세상을 떠났다. 개를 무척이나 사랑했던 왕은 기르던 그레이하운드와 같이 묻어달라는 유언을 남겼다. 현재 그는 자신의 쉼터였던 상 수시에 개와 함께 묻혀 있다. 생전에 프리드리히 대왕은 '감자왕'으로 불렸는데, 이는 감자를 통해 기근 문제를 해결했기 때문이다. 지금 상 수시에 있는 그의 무덤에 가면 참배객들이 놓고 간 감자를 볼 수 있다.

내가 처음 상 수시에 간 때는 여름이었다. 그 후 가을에 여러 사람과 함께 갔었는데, 분위기가 완전히 달랐다. 모든 것이 소멸해가는 상 수시의 가을. 계면의 그늘이 살짝 드리운 그 퇴영적인 분위기가 그렇게 운치 있을 수가 없었다. 버버리 코트의 깃을 세우고 소중한 사람과 함께 숲길을 걸으며 영화의 한 장면을 연출하고 싶다는 생각이 드는 그런 분위기였다. 같이 간 사람들이 모두 서로를 쳐다보며 여기를 이 사람이 아닌 다른 사람과 왔으면 얼마나 좋았을까 하는 생각을 했다. 그렇게 서로가 서로에게 민폐가 된 채로 숲길을 걸었다. 그런데 조금 걷다 보니 빨리 돌아가고 싶은 생각이 들었다. 분위기를 내며 걷기에는 날씨가 너무 추웠기 때문이다. 그러던 중

♪   유럽의 왕족들의 중국 취향을 보여주는 중국 찻집
♬   상 수시에 있는 프리드리히 대왕의 무덤

공원 끝자락에서 따뜻한 와인을 팔고 있는 사람을 만났다. 냉기가 돌던 몸에 따뜻한 와인이 들어가니 살아나는 기분이 들었다. 그때 생각했다. 이런 날씨에 버버리 코트는 무리야. 가을에 상 수시에 와서 영화 주인공처럼 숲길을 걷겠다는 계획은 그냥 없던 일로 하자.

우리는 이제 어디로 가야 하나?

베를린, 이스트 사이드 갤러리

내가 난생처음으로 해외여행이라는 것을 한 때는 1990년이었다. 인터넷을 통해 여행정보를 얻기가 쉽지 않은 시절이었지만 당시 독일 베를린에서 공부하고 있던 동생 하나 꽉 믿고, 유럽행 비행기에 과감히 몸을 실었다. 오스트리아 빈까지 오스트리아 국적기인 라우다 항공(자동차 경주 챔피언이 본인 이름을 따서 만든 항공사. 현재는 폐업했다)을 타고 가 빈에서 독일 베를린으로 가는 비행기로 갈아타는 코스였다. 최종 도착지인 베를린 공항의 이름은 쇠네펠트Schönefeld였다. '쇠네펠트'는 '아름다운 들'이라는 뜻이다. '아름다운 들'이라니. 공항 이름이 마치 독일 가곡 제목 같아서 친근했다.

베를린 시내 곳곳에 서 있는 장벽의 잔해들

베를린 공항의 추억

공항에는 동생이 마중 나오기로 되어 있었다. 내가 쇠네펠트 공항에 내린 시간은 이른 아침이었다. 비행기에서 내려 출국 수속을 받는데 뭔가 조금 이상했다. 공항 내부가 국제공항이라는 게 믿어지지 않을 정도로 초라했기 때문이다. 짐을 실을 수 있는 캐리어가 몇 개 있었는데, 군데군데 녹이 슬어 있었다. 그때 속으로 '독일 사람들이 검소하다더니 정말 그런가 보다.' 그저 이런 생각을 했던 것 같다. 그런데 캐리어를 양손으로 밀고 문을 통과하는데 문제가 생겼다. 대개 공항 문은 자동으로 열리게 되어 있지 않나? 그런데 여기는 자동문이 아니었다. 게다가 폭은 또 얼마나 좁은지 캐리어 하나가 겨우 들어갈 정도밖에 안 되었다. 한 손으로 문을 연 상태에서 다른 한 손으로 캐리어를 끌고 가려니 보통 불편한 게 아니었다.

여하튼 이렇게 간신히 문을 통과한 다음, 바로 앞에 있는 에스컬레이터를 타기 위해 캐리어를 밀면서 걸어갔다. 그런데 조금 전까지 움직이던 에스컬레이터가 내가 다가간 순간 멈추더니 다시 움직이지 않았다. 할 수 없이 짐을 들고 낑낑대며 계단을 올라갔다. 그런데 출국장에 당연히 기다리고 있을 줄 알았던 동생이 보이지 않았다. 순간 당황했다. 이러다 국제미아 될지도 모른다는 생각에 더럭 겁이 났다. 해외여행은 그때가 처음이라 더욱 그랬다.

우선 동생에게 전화를 걸어보기로 했다. 공중전화에 동전을 넣고 다이얼을 돌렸는데, 돌리자마자 통화 중을 알리는 "뚜 뚜 뚜" 하는 소리가 들렸다. 전화기가 고장 난 듯해 다른 전화기로 걸어봐도 마찬가지였다. 이상해서 안내원에게 전화기가 고장 난 것 같다고 했더니, 그녀는 세상 편한 얼굴로 통화가 될 때까지 계속 해보라고 하고는 가버렸다. 그래서 전화기를 바꿔가며 계속 전화를 걸었지만 아무 소용이 없었다.

뭔가 이상하다는 생각이 든 건 바로 그때였다. 혹시 내가 공항을 잘못 알려준 것 아닐까? 이런 생각이 들었다. 그래서 지나가는 승무원에게 베를린에 여기 말고 국제공항이 또 있느냐고 물었다. 그랬더니 "물론이지. 서베를린에 테겔 공항이 있어"라는 것 아닌가. 그러니까 내가 내린 곳은 서베를린 공항이 아니라 동베를린 공항이었던 것이다. 그 순간 내가 조금 전까지 경험한 모든 것, 즉 초라한 공항 시설, 멈춰선 에스컬레이터, 통화가 불가능한 공중전화, 불편하고 좁은 문 등이 한순간에 이해되었다.

당연히 동생은 서베를린의 테겔 공항에서 나를 기다리고 있었다. 그런데 그때는 휴대폰이 없었던 때라 연락할 방법이 없었다. 동생 집에 전화를 걸어 같이 살던 룸메이트에게 사정을 설명할 수도 있겠지만 전화가 불통이니 이마저도 불가능한 상황이었다. 당시 동독은 전화 사정이 안 좋아 한번 통화가 성사되려면 3박 4일은 계속 걸어야 한다는 얘기를 나중에 들었다.

한편 후배와 함께 테겔 공항에서 나를 기다리던 동생은 아무리 기다려도 내가 나오지 않자, 뒤늦게 노선을 확인하고 내가 동베를린의 쇠네펠트 공항에 내렸다는 걸 알았다. 그래서 서둘러 쇠네펠트 공항으로 오면서도 마음이 조마조마했단다.

"언니가 집으로 전화했을 거야. 룸메이트한테 언니 전화 오면 거기서 꼼짝 말고 기다리라고 했으니까, 아마 공항에서 기다리겠지."

그런데 그 말을 듣고 후배가 고개를 절레절레 흔들며 이렇게 말했다고 한다.

"거기서(동독에서) 전화가 됩니까?"

동생이 쇠네펠트 공항으로 오고 있다는 사실을 몰랐던 나는 머리를 굴렸다. '택시를 타고 서베를린으로 갈까?' 이렇게 생각하며 밖으로 나갔다. 밖에 택시가 많았다. 택시기사들은 물론 동독 사람이었다. 그래서 영어가 전혀 안 통했다. 죽이 되든 밥이 되든 독일어로 대화를 나눠야 했다. 나는 대학원 다닐 때 시험을 위해 독일어를 공부했던 기억을 떠올렸다. 시험이 끝난 직후 대부분 까먹었지만 그래도 뇌에 조금이라도 남아 있는 기억의 잔해들을 총동원해보기로 했다. '문법에 맞지 않는 엉터리 독일어라도 할 수 없지'라고 생각하며 택시기사에게 말을 걸었다.

"Wieviel kostet nach West Berlin?(서베를린까지 얼마예요?)"

당시 운전기사가 얼마라고 했는지 잘 기억나지 않지만 여하튼 상당한 금액이었다.

"Wie lange dauert?(시간이 얼마나 걸려요?)"

그랬더니 "Eine Stunde(한 시간)" 걸린다는 대답이 돌아왔다. 택시로 한 시간이면 상당히 먼 거리다. 비싼 돈을 주고 서베를린까지 택시를 타고 갈까 아니면 아직 아침이니 조금 더 느긋하게 기다려볼까 고민하다가 후자를 택하기로 했다. 그로부터 얼마 후, 나는 쇠네펠트 공항에서 동생과 극적으로 상봉할 수 있었다.

쇠네펠트 공항도 지금은 많이 달라졌을 것이다. 하지만 그때는 독일 통일 직후였기 때문일까? 국제공항인데도 과거 동독의 고색창연(?)한 모습을 그대로 간직하고 있었다. 그 무렵 유럽으로 가는 항공료를 아끼려고 모스크바 공항에서 환승하는 러시아 비행기를 탔던 친구에게 "모스크바 공항 어떠니?"라고 물은 적이 있다. 그때 친구가 이렇게 말했던 게 기억난다.

"아휴. 말도 마. 사회주의가 왜 망했는지 알겠더라고."

쇠네펠트 공항을 보면서 나도 비슷한 생각을 했던 것 같다.

베를린 장벽의 희생자들

동생집에 여장을 풀자마자 바로 베를린 시내 구경에 나섰다. 통일 직후여서인지 당시에는 동서 베를린의 차이를 극명하게 느낄 수 있었다. 전철의 노선은 동서 베를린을 통합해서 운영하고 있었지만 역의 풍경은 동, 서가 확연히 달랐다. 서베를린의 역들이 비교적 깨끗하고, 벽 여기저기에 상업 광고가 붙어 있던 데 반해 동베를린의 역들은 시멘트 벽 외에는 아무것도 없었다. 그야말로 황량함 그 자체였다.

건물의 외관도 달랐다. 모두 오래된 옛 건물이라는 점에서는 차이가 없었지만 관리의 정도가 달랐다. 서베를린의 건물은 관리가 잘되어 있었지만 동베를린의 건물들은 얼마나 관리를 안 했는지, 밖에서 보면 그냥 폐허 같아 보였다. 그 폐허의 깨진 유리창 앞에서 빨간 옷을 입은 여자가 담배를 피우고 있었다. 그 광경을 보고 '이런 곳에서도 사람이 살고 있구나' 하고 놀랐던 기억이 난다.

과거 동베를린 지역이었던 곳을 걷다가 공중전화 부스를 봤다. 그 순간 쇠네펠트 공항에서의 악몽이 되살아났다. 여기서는 통화가 될까 궁금해 하고 있는데, 마침 공중전화 부스를 향해 걸어오는 한 무리의 청년들이 보였다. 불량한 걸음걸이를 보니 왕년에 껌깨나 씹어본 아이들 같았다. 나는 이들을 지켜보았다. 한 청년이 동전을 넣고 다이얼을 돌리기 시작했다. 동전을 넣고 다이얼을 한 열 번은 넘도록 돌렸던 것 같다. 그래도 결국 통화는 못했다. 그러자 한창 혈기 왕성한 청년들이 전화기를 향해 욕설을 퍼부었다. 그리고 전화 부스를 발로 몇 번 차더니 가버렸다. 그동안 말로만 듣던 사회주의의 실상을 눈으로 확인하는 순간이었다.

그때 문득 노래 한 곡이 떠올랐다. 한스 아이슬러가 작곡한 동독 국가 〈폐허에서 부활하여〉였다. 제목이 참 아이러니하다는 생각이 들었다. 폐허에서 부활하다니. 동독은 1949년 건국 이후, 한 번도 폐허에서 부활한 적이 없었다. 50여 년 동안 나라 전체가 폐허 그 자체였는데 부활이라니, 이 무슨 허망한 구호란 말인가.

이 노래를 작곡한 한스 아이슬러Hanns Eisler(1898~1962)는 오늘날 동독을 대표하는 작곡가로 꼽힌다. 젊은 시절 현대음악의 대가 쇤베르크 아래서 작곡 수업을 받기도 했지만 음악을 대하는 태도가 서로 달라 사이가 좋지 못했다. 아이슬러는 쇤베르크가 너무 부르주아적이라며 싫어했고, 쇤베르크는 아이슬러가 사회주의에 경도되어 있다고 싫어했다. 쇤베르크는 동독으로 들어간 아이슬러가 공산당에 입당했다는 소식을 듣고 그와의 관계를 완전히 끊어버렸다.

한스 아이슬러는 1947년, 동독으로 이주했다. 〈비밀스런 행진〉, 〈연대의 노래〉, 〈통일 전선의 노래〉 등 사회주의 이념에 충실한 민중가요를 작곡한 사람으로서 꽤 대접을 받았다. 그가 작곡한 〈폐허에서 부활하여〉가 동독국가로 채택될 정도였으니 말이다. 하지만 그 후 작곡가로서 이렇다 할 활동을 하지 못했다.

사실 아이슬러가 동독으로 이주했을 때만 해도 인민에 대한 당국의 통제는 그리 심하지 않았다. 이 시기에 동베를린과 서베를린 주민들은 서로 왕래하며 살았다. 하지만 동베를린에서 서베를린으로 이주하는 사람들이 점점 많아지면서 비상이 걸렸다. 그대로 두었다가는 동베를린의 인구가 형편없이 쪼그라들겠다고 생각한 동베를린 당국은 주민들의 왕래를 금지하는 조치를 내렸다. 그리고 1961년, 양 지역을 분리하는 긴 장벽을 쌓았다. 바로 베를린 장벽이다.

이산가족이 된 동서 베를린 주민들은 장벽을 사이에 두고 손짓으로 서로의 안부를 전하는 처지가 되었다. 사랑하는 가족을 지척에 두고도 만나지 못하는 고통을 견디지 못한 사람들이 장벽을 넘어 서베를린으로 탈출하기 시작했다. 수많은 사람들이 자유를 찾아 베를린 장벽을 넘다가 죽음을 맞았다. 지금 베를린 장벽 근처에는 이때 장벽을 넘다가 희생된 사람들의 추모비가 서 있다.

그중에 페터 페흐터Peter Fechter(1944~1962)라는 18살짜리 벽돌공의 추모비가 눈에 띄었다. 페터는 친구와 함께 장벽을 넘다가 동베를린 경비대가 쏜 총을 맞고 장벽 안쪽으로 떨어졌다. 당시 이 장면을 100여 명의 서베를

♪ 　페터 페흐터의 시신을 옮기는 동베를린 경비대
♫ 　페터의 억울한 죽음을 기리는 추모비

린 주민들이 지켜보고 있었다. 등과 배에 총상을 입은 페터는 쓰러진 채 피를 흘리며 고통스러워했다. 응급 처치가 필요한 상황이었지만 동베를린 쪽으로 떨어진 페터를 꺼낼 방법이 없었다. 동베를린 경비대는 피 흘리며 죽어가는 페터를 한 시간 가까이 방치했다. 그동안 페터는 숨을 거두었다. 동독 경비대는 그제야 페터의 시신을 수습해갔다. 이 비극적인 장면은 당시 서베를린 지역에서 이를 지켜보던 한 기자에 의해 고스란히 사진과 영상으로 기록되었다.

페터는 장벽을 넘다 희생된 27번째 희생자였다. 당시 그의 누나는 서베를린 지역에 살고 있었다. 장벽이 세워지기 전에 페터는 가족과 함께 서

베를린에 사는 누나를 자유롭게 만날 수 있었다. 때문에 장벽을 넘는 일을 쉽게 생각했던 것 같다. 별다른 계획도 없이 그냥 담을 넘었는데, 총을 맞고 비참하게 죽어간 것이다. 이 사건은 독일을 넘어 서방 세계 전체에 큰 반향을 불러일으켰다. 서베를린 주민들은 동독 당국을 규탄하는 시위를 벌였다. 그들은 동독을 향해 "당신들은 살인마야!"라고 외쳤다. 그 후 페터가 쓰러진 장벽 근처에 그의 죽음을 기리는 추모비가 세워졌다.

거대한 캔버스로 변신한 분단의 상징

세월이 흐르면서 분단의 상징인 베를린 장벽은 어느덧 수많은 사람들의 염원과 감성을 담은 거대한 캔버스가 되었다. 이렇게 장벽이 예술 표현의 장으로 바뀐 데에는 유럽 특유의 낙서 문화가 한몫했다고 해도 과언이 아니다. 유럽 여행을 하면서 매번 느끼지만 유럽에는 어딜 가나 낙서가 정말 많다. 유럽 사람들은 그냥 아무데나 낙서를 한다. 유적지라고 해서 예외가 아니다. 예를 들자면 우리나라 경복궁과 같이 역사적 의미가 있는 곳에서도 어김없이 낙서가 발견된다. 어떤 것은 장난이 아니라 거의 예술 작품 수준인 것도 있는데, 그래서 그래피티라는 장르가 탄생하기도 했다. 이렇게 풍성한 낙서의 전통이 있었기에 베를린 장벽이 그토록 다양한 그림들로 채워질 수 있었던 것이다.

1989년 11월 9일, 동서독 국경을 가로막던 차단봉이 열리고 사람들이 파도처럼 서베를린으로 밀려 들어왔다. 이때 망치를 들고 장벽을 부수는 사람도 있었다. 그 후 장비를 이용한 본격적인 철거 작업이 진행되었다. 3년 동안 1억 마르크의 비용이 들어간 이 작업에는 400여 명의 해체 전문가가

가브리엘 하임러의 〈담을 넘는 남자〉

투입되었다. 철거 과정에서 나온 흙과 시멘트가 무려 75만 톤에 달했다고
한다.

　　1990년 베를린에 갔을 때, 기념품 가게에서 무너진 베를린 장벽 조각
을 팔고 있었다. 그때는 장벽이 무너진 지 얼마 되지 않았으니까 그럴 수 있
다고 생각했다. 그런데 2020년에 갔을 때도 여전히 장벽 조각을 팔고 있는
광경을 보고 놀랐다. 아니, 장벽이 무너진 지가 언젠데 아직도 조각이 남아
있단 말인가? 그것을 보면서 어쩌면 베를린 장벽이라는 이 콘크리트 조각
들은 앞으로도 무한 공급될 것이라는 예감이 들었다.

　　이와 관련해서 재미있는 이야기가 있다. 옛날 중세 시대 십자군 원정에
나갔다가 고향으로 돌아가는 병사들이 실제 예수를 못 박은 십자가의 일부

베를린, 이스트 사이드 갤러리

비르기트 킨더의 〈트라반트〉

라는 나무 조각을 많이 가져왔다고 한다. 그런데 이들이 갖고 온 나무 조각들을 모두 합하면 목재 주택을 수십 채나 지을 수 있는 양이 되었단다. 베를린 장벽 조각도 이와 비슷한 경우가 아닐까.

지금 베를린 장벽은 거의 다 철거되고 일부 구간만 남아 있다. 그중 대표적인 것이 베를린 동역 앞에 있는 이스트 사이드 갤러리다. 길이 1.3km에 달하는 이스트 사이드 갤러리에는 21개국에서 온 118명의 예술가들이 제작한 그래피티 작품들이 담겨 있다.

장벽에 그려진 작품에는 유독 자유의 메시지를 담은 것이 많다. 장벽이 무너진 1989년 11월, 체크포인트 찰리를 통해 서베를린으로 밀려들어오는 인파를 그린 카니 알라비의 〈11월에 그 일이 일어났다〉와, 자유를 찾아

드미트리 브루벨의 〈키스〉

장벽을 넘는 남자를 그린 가브리엘 하임러의 〈담을 넘는 남자〉 그리고 동독의 대표적인 자동차 트라반트가 장벽을 뚫고 나오는 순간을 담은 비르기트 킨더의 〈트라반트〉가 인상적이다.

　이스트 사이드 갤러리에 있는 작품 가운데 가장 많이 사람들의 눈길을 끄는 그림은 소련 공산당 서기장 브레즈네프와 동독 사회주의 통일당 서기장 호네커의 키스 장면을 그린 것이다. 브레즈네프는 지난 1979년 동독 창건 30주년을 기념해 동독을 방문했을 때 동독 서기장 호네커와 아주 찐한(?) 키스를 나누었다. 통독 후 러시아 화가 드미트리 브루벨은 이스트 사이드 갤러리의 담벼락에 이 키스를 패러디한 그림을 그려 넣었다. 공산주의 독재자들의 의리를 해학적으로 묘사한 이 그림 밑에는 "주여! 이 치명적인

카니 알라비의 〈11월에 그 일이 일어났다〉

사랑을 이겨내고 살아남게 도와주소서"라는 문구가 새겨져 있다.

그런데 사회주의 역사에서 브레즈네프와 호네커의 키스 못지않게 '치명적인 키스'가 또 있었다. 1986년 4월 21일, 소련의 서기장 고르바초프는 동독 공산당 서기장으로 재선된 호네커를 축하하기 위해 동독을 찾았다. 이때 고르바초프는 호네커와 축하의 키스를 나누었다. 양국의 돈독한 우정을 만천하에 과시하는 일종의 '형제의 키스'였다. 하지만 그로부터 3년 후, 이것이 '형제의 키스'가 아닌 '유다의 키스'라는 것이 밝혀졌다. 호네커가 개혁, 개방을 거부한다는 이유로 고르바초프로부터 배신을 당했기 때문이다. 두 사진을 비교해보면 키스의 강도가 서로 다르다는 것을 알 수 있다. 정면을 비껴간 고르바초프의 입술 위치가 절묘하다. 내게는 이것이 '사실 우리, 형제 아니거든!'이라는 메시지로 읽힌다.

동독 건국 40주년을 맞는 1989년 10월 7일, 호네커는 동독의 건재를 과시하는 대대적인 열병식을 거행했다. 기념행사에 참석하기 위해 동독을 방문한 고르바초프는 호네커에게 개혁의 대열에 동참해달라고 호소했다. 호네커는 이를 거부했다. 그리고 그로부터 22일 뒤인 11월 9일, 호네커는 실각했고, 동독은 붕괴했다.

인민의 친구가 된 마르크스와 엥겔스

현재 과거 동베를린 지역의 송전탑과 마리엔 교회, 베를린 시청이 있는 거리에는 사회주의 이론가 마르크스와 엥겔스가 다정하게(?) 서 있는 동상이 있다. 이 동상은 동독의 조각가 루드비히 엥겔하르트가 동독 붕괴 직전인 1986년에 제작한 것이다. 그는 지긋한 눈빛으로 동쪽의 사회주의 낙원을 바라보고 있는 인민의 친구들 모습을 형상화했다. 이 동상이 처음 세워 졌을 때, 동독의 문화부 장관 한스 요하임 호프만은 이 동상의 특별한 '높이'에 대해 자랑을 늘어놓았다. 동상이 '국민의 눈높이'에 맞는다는 것이다. 그는 대개 동상은 높은 연단에 세워져 밑에서 보면 콧구멍밖에 보이지 않는데, '인민의 친구' 마르크스, 엥겔스 동상은 낮은 곳에 있어 자세히 들여다볼 수도 있고 만질 수도 있다고 떠들어댔다. 마르크스와 엥겔스가 인민 위에 군림하는 권력자가 아니라 누구에게나 친절한 인민의 친구라는 점을 강조했던 것이다.

그런데 마르크스 엥겔스 동상이 처음 세워졌을 때에는 사람들이 별로 관심을 보이지 않았다고 한다. 인민의 친구라는 이름이 무색하게 동상을 찾는 사람이 별로 없었던 것이다. 그러자 제작자인 엥겔하르트가 호네커에게 투덜거렸다. '인민들에게 친구를 만들어줬는데, 왜 인민들이 안 오는 겁니까?' 뭐 이런 식이었을 것이다. 이 말을 듣고 호네커가 인민들에게 특별지침을 내렸다. 명령이다! 동독 인민들은 반드시 마르크스 엥겔스 동상에 참배하도록 하라!

이 동상이 세워진 곳을 마르크스 엥겔스의 이름을 따서 마르크스 엥겔스 광장이라고 했다. 나는 1995년에 이 동상을 처음 보았다. 넓은 광장 한가운데 덩그러니 서 있는 모습이 내 눈에는 조금 그로테스크하게 보였다. 마르크스, 엥겔스는 이곳에서 자신들이 지향하던 사회주의 낙원이 무너지는 모습을 지켜봐야만 했다. 그 심정이 어땠을까? 동상에 이들의 심정을 대변하는 낙서가 쓰여 있었다. "우리는 죄가 없다", "우리 다음번에는 잘해보자" 이런 낙서였다.

독일 통일 후, 이 동상을 철거해야 한다는 주장이 제기되었다. 그래서

베를린, 이스트 사이드 갤러리

♪ 광장에 있던 마르크스 엥겔스 동상. "우리 다음번에는 잘해보자"라는 낙서가 써 있다

♬ 2010년 현재의 위치로 이전한 마르크스 엥겔스 동상

베를린 시당국이 동상 철거의 찬반을 묻는 투표를 실시했다. 그런데 동상 철거를 반대하는 숫자가 찬성하는 숫자보다 압도적으로 많았다. 그래서 마르크스 엥겔스 동상은 역사 속으로 사라지는 불운을 면하게 되었다.

2010년, 이 동상은 마르크스 엥겔스 광장에서 다른 곳으로 옮겨졌다. 원래 있던 자리보다는 사람들의 눈에 잘 띄지 않는 곳이지만 지금은 베를린을 관광하는 사람이라면 누구나 한번쯤 찾는 관광 명소가 되었다. 동상의 의미도 달라졌다. 마르크스와 엥겔스는 여전히 근엄한 표정을 짓고 있으나 그것을 바라보는 사람들 마음은 옛 동독 시절과는 사뭇 달라 보였다. 지도자가 억지로 동상을 방문할 것을 명령했던 시절에 이 동상은 범접할 수 없는 권위를 지니고 있었을 것이다. 그러나 지금 이 동상을 경외의 눈으로 바라보는 사람은 드물다. 누구나 마르크스의 어깨에 손을 올리고 사진을 찍을 수 있기 때문이다. 아이들이 동상을 타고 올라가 카를 아저씨 무릎에 앉거나 프리드리히 아저씨의 다리를 만지며 놀기도 한다. 사회주의 왕국에서 범접할 수 없는 권위를 가졌던 이 이론가들이 사회주의가 붕괴한 뒤에야 비로소 인민의 친구가 되었으니, 이런 아이러니가 또 있을까 싶다.

2020년 2월, 25년 만에 마르크스 엥겔스 동상을 다시 찾았다. 광장에 있을 때는 송전탑이 있는 동베를린 쪽을 바라보고 있었는데, 이제는 서베를린 쪽을 바라보고 있다. 서방세계를 상징하는 서베를린을 바라보며 이들은 무슨 생각을 하고 있을까? 동상에 쓰인 낙서처럼 '지금의 실패를 거울삼아 다음 생에는 더 잘해보자' 이런 생각을 하고 있을까?

사회주의는 붕괴했으나 이들이 추구했던 평등한 사회의 이상은 시공을 초월해 여전히 숭고한 의미를 지닌다. 이들은 자본주의가 막 기지개를 켜던 시대에 이미 그 폐해를 경고했다. 그리고 그들이 세상을 떠난 지

100년이 훨씬 흐른 지금, 우리는 절망과 희망을 가르는 벼랑 끝에 위태롭게 서 있다. 자본주의의 충일充溢은 만인에게 행복을 가져다주지 못했고, 불평등은 더욱 심화되었다. 우리는 이제 어디로 가야 할까? 바람이 몹시 불던 그날, 말없이 서 있는 마르크스 엥겔스를 보면서 스스로에게 이처럼 덧없는 질문을 던져보았다.

보리수가 있는 거리

베를린, 운터 덴 린덴

슈베르트의 가곡 〈보리수〉는 모르는 사람이 없을 정도로 유명한 노래다. 이 노래의 독일어 원제는 〈Der Lindenbaum〉인데, 독일 베를린에는 '보리수 아래'라는 뜻을 가진 '운터 덴 린덴Unter den Linden'이라는 거리가 있다. 브란덴부르크 문에서 베를린 궁까지 이어지는 이 거리에는 이름 그대로 보리수가 줄지어 서 있다. 길이는 짧지만 주변에 볼거리가 많아 베를린에 오는 사람이면 누구나 찾는 관광 명소로 꼽힌다.

보리수가 늘어선 운터 덴 린덴 거리

프랭크 게리의 해체주의 건물

운터 덴 린덴의 시작점인 브란덴부르크 문은 파리저 광장Pariser Platz에 있다. 파리저 광장은 베를린 여행의 필수 코스인데, 여기에 건축 마니아인 내 심장을 쫄깃하게 만드는 건물이 있다. 세계적인 건축가 프랭크 게리가 설계한 베를린 DZ 은행 건물이다. 밖에서는 그냥 평범한 현대식 빌딩처럼 보였는데, 안으로 들어가니 전혀 다른 세계가 펼쳐졌다. 보는 순간 와! 하고 감탄사가 나왔다.

프랭크 게리는 해체주의 건축가로 꼽힌다. 해체라니 이게 무슨 말이지? 건축가는 집을 '짓는' 사람이지 '해체'하는 사람이 아니지 않은가. 이런 의문이 들지만 실제 건물을 보면 이를 지칭하는 데에 '해체주의'처럼 적합한 말도 없다는 생각이 든다. 일단 해체주의 건축물은 내 심리적 안정감을 심하게 '해체'한다. 건축물은 뼈대가 튼튼해 보여야 하고, 보는 이에게 굳건한 안정감을 주어야 한다는 고정관념을 거부한다. 새처럼 하늘로 날아오르거나 젤리처럼 늘어지거나 풍선처럼 부풀어 오른다. 그래서 터질 것 같고, 흘러내릴 것 같고, 무너질 것 같다. 그런데 나는 그 아슬아슬한 긴장감이 좋다.

베를린 DZ 은행이 그랬다. 건물 안으로 들어가자마자 둥근 유리 지붕 아래 연체동물을 연상시키는 알루미늄 구조물이 눈에 들어왔다. 이건 도대체 뭐지? 구불구불한 비정형의 알루미늄 구조물은 건드리면 금방이라도 꿈틀거릴 듯 역동적이었다. 마치 지구라는 낯선 별에 떨어진 외계 생물체처럼 보였다. 그 위를 덮은 유리 지붕 너머로 보이는 파란 하늘과 구름이 유리 패널에 그대로 반사된 모습이 환상적이었다. 마치 거대한 초현실주의 작품을 보는 듯했다. 브란덴부르크 문 근처에 이렇게 멋진 보물이 숨어 있었다니. 진작 보지 못해 아쉽다는 생각이 들었다.

운터 덴 린덴에서 가장 눈에 띄는 건물은 베를린 돔Berliner Dom이다. 베를린 돔은 독일에서 가장 큰 개신교 건물이다. 그런데 건물을 보면 개신교회가 아니라 가톨릭 성당 같은 느낌이다. 그도 그럴 것이 본래 이 교회는 교황의 명령에 의해 지은 가톨릭 성당이었다. 그래서인지 건물의 외관이나 내부 장식, 성상과 성체를 보관하는 감실, 제대 등 모든 것이 가톨릭 양식이다. 종교개혁 이후 소유권이 개신교회로 넘어갔지만 원래 있던 것을 없애지 않고 그대로 남겨두었다고 한다.

베를린 돔을 보려면 입장료를 내야 한다. 입장료가 다소 비싸긴 했지만 워낙 볼 거리가 많아 아깝다는 생각은 들지 않았다. 안으로 들어갔을 때 마침 오르가니스트가 파이프 오르간을 연주하고 있었다. 소리가 그렇게 웅

장할 수가 없었다. 지축을 울리는 오르간 소리에 전율을 느꼈다. 교회에서 듣는 성가대의 노래나 종소리, 오르간 소리는 매우 특별한 경험이다. 별 생각 없이 들어갔는데 오르간 소리를 듣게 되다니, 운이 좋았다.

베벨 광장 주변의 명소들

운터 덴 린덴를 따라 걷다 보니 어느덧 베벨 광장Bebelplatz에 이르렀다. 광장 한쪽에 파란색 지붕의 아름다운 교회가 보였다. 성 헤드비크 성당Sankt Hedwigs Kathedrale이었다. 이 성당은 종교개혁 이후 프로이센 왕국에 세워진 최초의 가톨릭 성당이다. 18세기에 프리드리히 2세가 베를린에 이주해 온 가톨릭 신도들을 위해 지었다고 한다.

로마의 판테온에서 착안해 신고전주의 양식으로 지은 건물은 단아하게 아름다웠다. 특히 지붕 색이 인상적이었는데, 살면서 이렇게 기품 있는 파란색은 처음 본다는 생각이 들었다. 역시 파란색을 주조로 한 스테인드글라스의 문양도 아주 심플했다. 유럽의 성당들은 눈을 어디에 두어야 할지 모를 정도로 화려한데, 헤드비크 성당에서는 이렇게 과도한 장식 취미를 찾아볼 수 없었다. 정갈한 아름다움이란 무엇인지를 보여주는 가장 모범적인 예가 아닌가 싶었다.

성당에서 나와 베벨 광장을 걷다가 바닥에 설치된 투명한 유리 상판을 보았다. 1933년, 나치를 추종하는 학생 7만 명과 교수, 친위대원들이 훔볼

♪ 프랭크 게리가 설계한 베를린 DZ 은행의 중앙홀
♬ 독일에서 가장 큰 개신교회로 꼽히는 베를린 돔의 외관

파란색 지붕이 인상적인 성 헤드비크 성당

트 대학 도서관에 있는 책들을 불태운, 현대판 분서갱유 사건이 일어난 곳이라고 한다. 이때 지그문트 프로이트, 칼 마르크스, 하인리히 만 등 유대인과 공산주의자, 나치에 반대하는 자유주의자들이 쓴 책 2만여 권이 불태워졌다.

투명한 유리 상판 밑으로 책은 없고 책꽂이만 있는 텅 빈 서재가 보였다. 1995년, 이스라엘 출신의 작가 미카 울만이 현대판 분서갱유 사건을 상기시키고자 만든 작품이다. 작가는 5m 깊이로 땅을 파고, 여기에 서재를 만들었다. 서재의 책꽂이에 꽂을 수 있는 책의 수는 2만여 권. 나치의 만행에 의해 연기 속으로 사라진 책과 똑같은 양이라고 한다.

베벨 광장에서 눈을 돌려 동쪽을 보니 베를린 국립 오페라 극장이 보였다. 이 극장의 정식 명칭은 '슈타츠오퍼 운터 덴 린덴Staatsoper Unter den Linden' 즉, '운터 덴 린덴 거리에 있는 국립 오페라'다. 이 자리에 처음 오페라 극장이 들어선 때는 1743년이다. 음악을 사랑했던 프리드리히 대왕의 명령으로 건설된 이 극장은 화재와 폭격 같은 시련 속에서도 국립 오페라 극장으로서의 전통을 지켜왔다. 그동안 리하르트 슈트라우스, 에리히 클라이버, 클레멘스 크라우스, 헤르베르트 폰 카라얀 등 대단한 지휘자들이 이 극장을 거쳐 갔다.

나치가 집권하던 시기, 베를린 국립 오페라는 시련을 겪었다. 나치의 유태인 억압 정책으로 실력 있는 음악가들이 추방당했다. 이제 순수 아리아인들만 무대에 설 수 있었으며, 공연 작품도 독일인의 민족적 우수성, 국가주의를 신봉하는 것으로만 국한되었다. 이 시기에 히틀러가 좋아하는 바그너의 작품이 자주 공연되었던 건 잘 알려진 사실이다. 이렇게 나치 정권의 정치 선전 장으로 이용되던 베를린 국립 오페라 극장은 1945년 2월 3일, 연합군의 폭격으로 완전히 파괴되었다.

제2차 세계대전이 끝나고 독일은 동독과 서독으로 갈라졌다. 베를린 국립 오페라 극장은 동베를린 지역에 있었는데, 동독 정부는 전쟁 후 사회 기반 시설 복구를 계획할 때, 파괴된 오페라 극장의 재건을 최우선 과제로 삼았다. 그 결과 1955년 9월, 새로운 오페라 극장이 완공되었다. 내부 설비에는 현대식 장비가 동원되었다. 120명이 들어가는 오케스트라 피트는 수

베를린의 문화적 자부심, 국립 오페라 극장

압으로 상하 이동이 가능하도록 했으며, 소리의 잔향은 2초가 조금 안 되도록 조정하고, 객석은 많지도 적지도 않은 1396석으로 맞추었다. 오페라 극장으로서는 최적의 조건을 갖춘 셈이다.

하지만 이렇게 야심차게 출발한 베를린 국립 오페라 극장은 베를린 장벽이 생기면서 또다시 시련을 겪는다. 많은 음악가들이 서독으로 망명하면서 오페라단의 위상이 흔들렸다. 극장 역시 동독 정부의 무관심 속에 시설이 낙후된 채 방치되었다. 이런 베를린 국립 오페라 극장이 다시 일어선 때는 독일 통일 이후였다. 통일 이후 베를린 국립 오페라는 세계적인 지휘자이자 피아니스트인 다니엘 바렌보임을 영입해 새로운 도약의 발판을 마련

했다. 바렌보임은 1993년부터 2023년까지 무려 30년 동안 베를린 국립 오페라의 음악감독으로 일하며 이곳을 유럽에서 가장 뛰어난 오페라 극장으로 변모시켰다. 현재 이곳에는 베를린 국립 오페라단과 발레단 그리고 베를린 슈타츠카펠레가 상주한다.

오래전, 이 극장에서 바그너의 〈탄호이저〉 공연을 본 적이 있다. 헤르만 성주 역으로 베이스 연광철이 출연했다. 무대 장치는 아주 심플하고 현대적이었는데, 연광철의 중후한 목소리가 그 단출한 무대를 가득 채웠다. 같이 출연한 서양 가수들에 비해 키가 작았는데도 워낙 노래를 잘하니 관객 모두가 다 연광철만 보는 것 같았다. 한국인이 바그너를 이렇게 잘 부르다니, 참 대단하다는 생각이 들었다.

인터미션 시간에 로비로 나왔다. 우리나라와 달리 유럽 극장의 인터미션 시간은 상당히 길다. 짧아야 30분인데, 그동안 관객들은 지인들과 친교의 시간을 갖는다. 로비로 나가니 사람들이 와인을 마시며 담소를 나누고 있었다. 그런데 로비가 상당히 협소해 답답한 느낌이 들었다. 그 후 내부를 현대화하는 개보수 공사를 했다는데, 얼마나 달라졌는지 궁금하다. 한번 가봐야 할 텐데 언제 갈 수 있을까. 갈 곳은 많고 주머니 사정은 빠듯하니, 그것이 문제로다!

어머니의 통곡, 케테 콜비츠의 피에타

오페라 극장 맞은편에는 노이에 바헤Neue Wache가 있다. 1995년이었을까. 당시 베를린에 유학 중이던 남동생의 안내로 노이에 바헤에 갔던 기억이 아직도 생생하다. 넓은 홀 한가운데 조각상 하나가 놓여 있었다. 어머니가 죽은 아들을 껴안고 있는 조각상이었는데, 보는 순간 온몸에 전율이 흐르는 듯했다. 자식 잃은 어미의 동물적인 모성애를 마치 통곡처럼 보여주고 있었기 때문이다. 그 조각상은 케테 콜비츠의 〈피에타〉였다. 여기서 죽은 아들을 안고 있는 어머니는 아마 캐테 콜비츠 자신이었을 것이다. 그녀는 양대 세계대전에서 아들과 손자 모두를 잃는 불행을 겪었다. 전쟁의 희생자가 된 이 두 젊은이의 이름은 공교롭게도 모두 페터였다.

죽은 아들을 필사적으로 껴안고 있는 어머니를 보면서 나는 예수가 죽어가는 모습을 지켜봐야 했던 성모 마리아의 슬픔을 떠올렸다. 이런 성모 마리아의 고통을 그린 음악이 있다. 바로 〈스타바트 마테르Stabat mater〉다. 〈스타바트 마테르〉를 우리말로 '눈물의 성모' 또는 '슬픔의 성모'라고 하는데, 십자가에 못 박혀 죽어가는 예수를 바라보는 성모 마리아의 슬픔을 그린 곡이다. 첫 가사인 '스타바트 마테르'를 직역하면 '어머니가 서 있다'가 된다. 말하자면 성모 마리아가 십자가 앞에 서 있다는 뜻이다. 그렇게 서서 죽어가는 아들을 바라보는 심정이 오죽했을까. 〈스타바트 마테르〉는 마리아의 심정을 이렇게 노래한다.

어머니가 십자가 앞에 눈물에 젖어 서 있네.

당신의 아들이 십자가에 매달려 있는 동안

신음하고 고통스러워하고 슬퍼하는 그의 영혼이 칼에 찔렸도다.

오! 얼마나 비통하고 고통스러운가.

축복받은 독생자의 어머니여!

처벌 받는 아들을 보면서

괴로움에 몸을 떨며 애통해하네.

노이에 바헤에 있는 캐테 콜비츠의 〈피에타〉

그리스도의 어머니가

그토록 애원하는 모습을 보고

사람이라면 어찌 울지 않을 수 있을까.

그 누가 슬퍼하지 않을 수 있단 말인가?

노이에 바헤의 천장에는 동그란 구멍이 나 있다. 비가 올 때면 그 구멍을 통해 빗물이 들어와 〈피에타〉를 적시는데, 그 광경이 그렇게 처연할 수가 없단다. 여기서 〈피에타〉를 적시는 빗물은 세상 모든 어머니들의 눈물이라고 할 수 있다. 혹시 베를린을 여행할 일이 생기면 비 오는 날 노이에 바헤로 가서, 비를 맞고 있는 〈피에타〉를 보길 바란다. 평생 잊을 수 없는, 가슴 절절한 감동을 느끼게 될 것이다.

〈피에타〉가 있는 노이에 바헤는 현재 전쟁과 폭력에 의한 희생자를 기리는 장소로 쓰이고 있다. 그런데 베를린에는 노이에 바헤 말고도 전쟁과 유태인 학살의 희생자를 기리는 곳이 많다. 그중 대표적인 곳이 지난 2005년, 유럽 전역에서 희생된 유태인들을 추모하기 위해 만든 홀로코스트 추모 공원Holocaust Memorial이다.

내가 추모 공원을 찾은 날은 유난히 날씨가 우중충했다. 넓은 광장에 석관을 연상시키는 콘크리트 블록이 끝없이 펼쳐져 있었다. 콘크리트 블록이 무려 2711개나 된다고 들었다. 그렇게 많은 콘크리트 블록이 줄지어 있는 모습이 마치 거대한 공동묘지 같았다. 주변의 모든 것이 잿빛이었다. 시각적으로도, 정서적으로도 그랬다. 외로움과 무력감, 절망감의 현현顯現이 이런 것일까.

나치에 의해 희생된 유태인들은 대부분 관도 없이, 묘지도 없이 구덩이

2711개의 콘크리트 블록이 들어선 홀로코스트 추모 공원

에 던져지거나 소각로에서 불태워졌다. 살아 있을 때도 죽었을 때도 인간으로서 최소한의 존엄성마저 갖지 못한 것이다. 광장을 가득 메운 2711개의 콘크리트 블록 위에는 무엇도 써 있지 않았다. 이름도, 날짜도, 묘비명도 없었다. 그렇게 익명으로 이름 없이 죽어간 모든 이를 대변하고 있었다.

추모 공원의 바닥은 불안정하게 굴곡져 있었다. 콘크리트 블록 역시 안으로 들어갈수록 높아졌다가 또다시 낮아졌다. 높이 솟은 회색 기둥 사이를 돌아다니며 그늘과 양지, 절망과 희망, 고립감과 개방감을 느꼈다. 또한 굴곡진 경사면을 오르내리며, 유태인이 겪었던 불안정한 역사의 굴곡을 몸으로 체험하기도 했다. 추모 공원 지하에 있는 정보관에는 3백만 명에 이르는 유태인 희생자의 이름이 기록되어 있었다. 3백만 명이라니! 인간이 얼마나 광기에 사로잡히면 이런 짓을 할 수 있을까. 그 잔인함에 몸서리를 쳤다.

베를린, 운터 덴 린덴

홀로코스트를 기억하는 아주 특별한 방법

저녁이 다 된 시간에 유대 박물관을 찾았다. 베를린에는 본래 유대 박물관으로 사용하던 바로크 양식의 건물이 있었다. 1735년에 지어진 이 건물은 박물관으로 사용하기에는 규모가 너무 작았다. 그래서 베를린 시의회는 유대 박물관을 확장할 것을 결의했다. 1989년에 건축 설계안에 대한 현상공모를 실시했는데, 그때 수많은 경쟁자를 물리치고 리베스킨트의 계획안이 당선의 영광을 안았다. 그리하여 2001년 9월, 바로크 양식의 옛 박물관 옆에 현재의 유대 박물관이 문을 열게 되었다.

다니엘 리베스킨트는 1946년 폴란드에서 태어나 미국으로 이민을 간 유대인 건축가다. 도시와 문화적 환경의 결합을 중시하는 그는 본래 줄리어드 음악원에서 피아노를 공부한 음악도였다. 그러다가 나중에 역사와 건축이론을 공부해 건축가가 되었는데, 건축설계는 물론 무대 디자인과 설치 작업 등 다양한 활동을 한 것으로 유명하다. 테러로 무너진 뉴욕의 월드 트레이드 센터 재건축 공모에서 그의 설계안이 당선되어 주목받기도 했다. 그러나 비록 당선되긴 했으나 그의 설계대로 건물을 짓지는 않았다고 한다. 유대 박물관 안에 그가 설계한 월드 트레이드 센터의 모형이 전시되어 있었다. 우리나라에도 그가 설계한 건물이 있다. 삼성동에 있는 현대산업개발 건물이다.

박물관 안에 들어가니 마침 특별 전시회가 열리고 있었다. 전 세계에서 활동하는 유태인 건축가들이 설계한 건물 사진들을 보여주는 전시회였다. 건물들이 얼마나 환상적인지 감탄사를 연발하며 보았다. 거의 황홀경에 빠진 상태로 사진을 구경했다. 사진으로 보는 것만으로도 이렇게 황홀한데 실제로 보면 얼마나 좋을까. 언제고 시간이 된다면 유명 건축가들의 작

전쟁의 상흔을 대변하는 유대 박물관의 외관

품만 집중적으로 찾아다니는 여행을 하고 싶다고 생각했다. 스페인의 안토니오 가우디를 비롯해서 자하 하디드, 쿨 하스, 프랑코 개리 같은 현존 건축가들의 작품까지.

　　유대 박물관은 이렇게 내 호기심을 자극하는 곳이었다. 나는 리베스킨트가 홀로코스트를 어떤 방식으로 기억하는지 보고 싶었다. 나치에 의한 유태인 학살은 인류 역사상 가장 잔인하고 끔찍한 악몽이었다. 그동안 수많은 예술가들이 다양한 장르에서, 다양한 방식으로 이 전대미문의 비극을 재현해왔다. 여러 표현방식이 있겠지만 그중 가장 많은 비중을 차지하는 것은 역시 역사적 사실을 하나도 남김없이 '있는 그대로' 묘사한 리얼리즘이다. 스티븐 스필버그 감독의 〈쉰들러 리스트〉나 로만 폴란스키 감독의 〈피아니스트〉과 같은 영화가 리얼리즘의 대표작이 아닌가 싶다.

하지만 나는 리베스킨트가 좀 더 다른 방식으로 이 문제를 다루기를 기대했다. 예술 작품으로 역사의 참상을 표현한다고 할 때, 우리는 리얼리즘에 대한 일종의 강박관념을 갖고 있다. 어떻게 그 끔찍한 일을, 그 수많은 사람들의 신음과 비명과 고통과 피눈물을 사실대로 묘사하지 않을 수 있느냐는 것이다. 특히 비극적인 역사를 묘사할 때 예술가는 그 거대한 비극의 무게를 작품에 담아야 한다는 강박관념에 시달린다.

그러나 예술이란 무엇인가. 예술은 왜곡, 과장, 단순화, 은유, 상징, 반어 등의 방식을 통해 사실의 기록을 능가하는 강렬한 정서적 체험으로 이끄는 것이다. 나는 리베스킨트가 정신적으로 좀 더 내면화된 방식으로 홀로코스트를 다루길 기대했다. 그리고 유대 박물관은 나의 이런 기대를 충족해주었다.

유대 박물관은 우선 그 외관부터가 특이했다. 위에서 보면 건물이 지그재그 형태를 띤다. 마치 각진 모양의 뱀이 꿈틀거리는 듯 역동적이다. 외벽은 아연도금의 금속 패널로 마감했는데, 거기에 불규칙한 모양으로 길게 창을 낸 점이 특이했다. 마치 건물에 칼자국을 낸 듯 보였다. 그것은 전쟁과 학살의 상흔일까. 밤이 되어 건물 안에 불을 켜자 상처가 더욱 선명히 드러났다. 이렇게 건물에 상처를 내는 것으로 홀로코스트의 악몽을 재현하는 것이 리베스킨트의 건축 언어였다.

유대 박물관에는 겉으로는 드러나는 출입구가 없다. 들어가려면 그 옆에 바로크 양식으로 지어진 옛 박물관 건물로 들어간 뒤, 지하에 있는 통로를 이용해야 한다. 건물에 고유한 출입구를 만들지 않는 것은 매우 이례적인데, 리베스킨트는 일부러 이렇게 했다고 한다. 현대식 건물과 바로크식 건물, 이 두 건물로 대변되는 역사를 연결하는 통로를 겉으로 드러내지 않고 영원히 숨겨두고 싶었던 것이다.

유대 박물관에는 세 개의 축이 있다. 첫 번째 축은 '연속의 축'으로, 여기에는 출입구에서 전시공간까지 연결되는 '연속의 계단'이 있다. 옛 박물관 건물에서 시작해서 현대식 건축물로 향하는 기나긴 계단이다. 관람객은 이 계단을 따라 전시장에 들어가게 되는데, 여기서 유대인의 과거와 현재를 보여주는 상설전시가 열리고 있다.

두 번째 축은 '추방의 축'이다. 이것은 외부에 있는 정원으로 연결된다. '호프만 가든'이라 불리는 이 정원은 어쩔 수 없이 베를린을 떠나야 했던 유대인들에 대한 추모의 의미를 담고 있다. 이름하여 추방과 유배의 정원이다. 이 정원에는 6m 높이의 콘크리트 기둥 49개가 서 있는데, 콘크리트 기둥은 마치 거대한 묘비와 같다. 이 기둥의 꼭대기에 초록잎이 무성한 나무가 자라고 있다. 박해의 상징인 콘크리트 기둥에 평화와 희망의 상징인 초록의 나무가 둥지를 튼 모습이다. 정원의 지면은 약 12도 정도 기울어져 있다. 그런데다가 바닥이 울퉁불퉁해서 보행하기가 다소 불편하다. 미로 같은 기둥 사이를 돌아다니다 보면 살짝 평형감각이 상실된 듯한 느낌을 받기도 한다.

세 번째 축은 '홀로코스트 축'이다. 복도에는 나치에 의해 처참하게 학살당한 사람들이 지녔던 물건들이 전시되어 있다. 복도 끝에 무거운 철문이 있는데, 묵직한 철문을 열고 들어가면 사방이 막힌 춥고 어둡고 삭막한 공간이 나타난다. '홀로코스트 타워'다. 이 좁고 어두운 공간에서 관람자는 절대 고독을 경험하게 된다. 빛도 없고 열기도 없이 오로지 정적만이 존재하는 곳. 저 멀리서 비치는 한 줄기 빛만이 절대적인 절망 속에서 희미하게

희망을 말하고 있다.

유대 박물관에는 감성적 체험을 극대화하는 특징적인 공간이 있다. 바로 '기억의 공백Memory Void'이라는 곳이다. 이 공간의 바닥에는 갖가지 얼굴 모양의 철판이 깔려 있다. 학살에 희생된 유태인들의 얼굴을 형상화한 이 작품은 이스라엘 현대미술가인 메나셰 카디시만Menashe Kadishman의 〈낙엽〉이다.

기억의 공백을 다른 말로 하면 망각이 되지 않을까. 그런 의미에서 이 공간은 망각의 방이다. 발밑에 깔려 있는 수많은 사람들의 얼굴. 나치의 잔혹함에 죽어간 수많은 장삼이사의 얼굴, 얼굴들…… 우리는 그 얼굴들을 고통스럽게 밟고 지나간다. 발을 옮길 때마다 밟힌 그 얼굴들이 가냘프지만 날카로운 금속성의 비명 소리를 낸다. 공간은 텅 비어 있으나 온갖 기억들로 가득 차 있고, 온갖 기억들로 가득 차 있으나 텅 비어 있다. 기억의 공백, 공백의 기억이다.

'기억의 공백'에 낙엽처럼 깔린 얼굴들

베를린, 운터 덴 린덴

건축 마니아가 지은
백조의 성

퓌센, 호엔슈방가우 성·노이슈반슈타인 성·린더호프 궁전

나에게는 꿈이 있다. 내가 원하는 멋진 집을 짓는 것이다. 하지만 실현 불가능한 꿈이다. 내가 원하는 집은 지붕이 온통 유리로 되어 있고, 거실 한가운데 연못이 있으며, 화장실에 온갖 종류의 꽃과 나무가 자라는 집이기 때문이다. 이런 집에서 밤하늘의 별을 바라보고, 거실에 있는 연못에 발을 담그고, 아름다운 꽃과 나무를 감상하며 볼일을 보고 싶다. 내가 생각해도 참 황당하기 이를 데 없는 꿈이지만 뭐 어떠랴. 어차피 꿈인데 무슨 꿈인들 못 꾸겠나.

　나 같은 평민에게 이렇듯 꿈은 그저 꿈일 뿐이다. 하지만 왕은 다르다. 돈과 권력을 바탕으로 꿈을 실현할 수 있다. 바이에른의 왕 루드비히 2세가

바로 그런 사람이었다. 못 말리는 건축 마니아였던 그는 살아생전 자신의 꿈이 담긴 성을 세 채나 지었다. 노이슈반슈타인 성, 린더호프 성, 헤렌킴제 성인데, 이 성들을 보면 꿈을 현실로 만들 수 있는 그의 엄청난 재력과 권력이 부럽다는 생각이 절로 든다.

　　루드비히 2세가 지은 성 중에서 가장 유명한 성은 노이슈반슈타인 성이다. 그런데 노이슈반슈타인 성을 보기 전에 꼭 봐야 할 곳이 있다. 루드비히 2세가 어린 시절을 보낸 호엔슈방가우 성이다. 한 사람을 제대로 이해하려면 그의 어린 시절을 들여다보아야 한다. 그런 의미에서 호엔슈방가우 성은 건축왕 루드비히 2세를 이해하는 첫걸음이라 할 수 있다.

♪ 호엔슈방가우 성에 있는 루드비히 2세의 침실
♬ 〈로엔그린〉에 나오는 백조의 기사

호엔슈방가우 성

호엔슈방가우 성Hohenschwangau Castle은 바이에른 왕가의 여름 별장이었다. '호엔hohen'은 '높은', '슈반Schwan'은 '백조'라는 뜻이다. 그러니까 호엔슈방가우 성은 '높은 곳에 있는 백조의 성'이 된다. 멀리 아름다운 알프 호수가 내려다보이는 이 백조의 성에서 막시밀리안 2세와 왕비 마리 그리고 그들의 두 아들 루드비히와 오토가 살았다. 대부분의 왕위 계승자가 그랬던 것처럼 루드비히 역시 아버지로부터 왕으로서의 책임과 의무에 대한 얘기를 귀에 못이 박히도록 들으며 자랐다. 평범한 아이들과 달리 학교에 가지 않고 가정교사 밑에서 공부했는데, 공부면 공부, 운동이면 운동 모든 것이 엄격한 통제와 규칙 속에서 이루어졌다.

루드비히에게는 말동무가 없었다. 하나뿐인 동생 오토는 정신질환을 앓고 있어 정상적인 소통이 불가능했다. 친구 하나 없이 엄격한 통제 속에서 고립된 생활을 하던 그에게 유일한 탈출구가 있다면, 벽에 그려진 그림들을 보면서 환상의 나래를 펴는 것이었다. 어린이를 위한 그림책이 따로 없던 시절, 막시밀리안 2세는 어린 두 아들을 위해 성 안의 벽이란 벽을 모두 그림으로 채우도록 했다. 무뚝뚝하고 엄격한 아버지였지만 그런 방식으로 아들에게 판타지의 세계를 선물한 것이다.

호엔슈방가우 성에 가면 벽면 가득 펼쳐진 환상적인 그림들을 볼 수 있다. 루드비히에게 그것은 거대한 동화책과 같았다. 그 동화책에는 독일 전설과 바바리아 지방의 민담에 나오는 영웅들, 왕가의 역사에 공을 세운 사람들 모습이 담겨 있었다. 이들이 세상을 구하고, 나라를 구하고, 여인을 구하는 모습이 루드비히의 눈에 너무도 멋져 보였다.

호엔슈방가우 성의 '기사의 방'에는 백조의 기사 로엔그린을 그린 벽화가 있다. 전설에 따르면 백조의 기사는 백조가 모는 배를 타고 나타나 곤경에 빠진 소녀를 구한 뒤, 신분조차 밝히지 않은 채 홀연히 사라진다고 한다. 어린 소년에게 이처럼 매력적인 캐릭터가 또 있을까. 성 밖의 현실 세계를 몰랐던 루드비히는 백조의 기사에 완전히 빠져들었고, 평생 헤어 나오지 못했다.

바그너가 이 전설을 바탕으로 만든 오페라가 〈로엔그린〉이다. 루드비히는 15살 때 〈로엔그린〉을 처음 보았다. 왕자는 그동안 그림으로만 보던 백조의 기사가 눈앞에 등장하자 흥분을 감추지 못했다. 이때부터 그는 바그너의 광팬이 되었다. 얼마나 바그너에게 열광했는지 왕위에 오르자마자 처음 한 말이 "바그너를 데려오라"였다고 한다.

루드비히 2세는 19살의 나이로 왕위에 오르자마자 바그너를 만났다. 당시 바그너의 나이는 51살이었다. 이렇게 나이 차이가 많이 나는데도 두 사람은 음악과 예술에 대한 생각이 통했다. 왕은 바그너를 호엔슈방가우 성으로 자주 불렀다. 지금 이 성에는 바그너가 올 때마다 묵었던 방이 있다. 성에 묵는 동안 바그너는 왕에게 종종 피아노 연주를 들려주었다. 자기 음악을 진심으로 사랑하는 단 한 명의 관객을 위해 특별 콘서트를 열었던 것이다. 지금 이 성의 음악방에는 그때 바그너가 연주했던 업라이트 피아노가 그대로 남아 있다.

호엔슈방가우 성에서 가장 환상적인 곳은 막시밀리안 2세의 침실이었던 '타소의 방'이다. 이 방의 벽에는 이탈리아 시인 타소의 서사시 〈해방된 예루살렘〉에 나오는 장면을 그린 벽화가 있다. 그런데 처음에는 그림 속 여인들이 모두 옷을 벗고 있었다고 한다. 그러나 누드가 자녀 교육상 좋지 않다고 생각한 막시밀리안 2세가 여인들에게 모두 옷을 입히도록 했다. 그렇게 강제로 옷을 입게 된 여인들은 그로부터 100년이 훌쩍 지난 1961년에 와서야 겨우 옷을 벗을 수 있었다.

막시밀리안 2세가 세상을 떠난 뒤, 루드비히 2세는 이 방을 자기 침실로 사용했다. 그는 이 방의 천장에 밤하늘을 만들었다. 짙은 푸른빛 밤하늘에 날개 달린 큐피드가 떠 있다. 침대에 누워 밤하늘을 바라보던 루드비히 2세는 저기에 별이 있으면 좋겠다고 했다. 그래서 천장에 수정을 박도록 했다. 이렇게 해서 반짝이는 별과 날개 달린 큐피드가 떠 있는 완벽한 밤하늘이 완성되었다.

사진을 보면 알겠지만 젊은 시절 루드비히 2세는 엄청난 미남이었다. 우리가 상상하는 동화 속 왕자에 근접한 외모를 지니고 있었다. 백조의 기사에 홀딱 반했다지만 실은 그 자신이 바로 백조의 기사였다. 그래서인지 여자들에게 인기가 많았다. 하지만 그는 결혼이나 여자에는 관심이 없었다. 다른 데 정신이 팔려 있었기 때문이다. 바로 건축이었다. 호엔슈방가우 성에 살 때, 그는 건너편 산을 바라보며 다짐하곤 했다. 언젠가는 저곳에 나만의 백조의 성을 짓겠노라고. 그리고 그날은 생각보다 빨리 왔다.

1864년 막시밀리안 2세가 세상을 떠났다. 그 자리를 아들인 루드비히 2세가 물려받았다. 당시 그의 나이는 겨우 19살이었다. 세상 물정 모르고 환상 속에서 살던 젊은이가 갑자기 실권을 쥐게 되면 무슨 일이 벌어질까? 그 환상을 현실에 구현하기 위해 앞뒤 가리지 않고 돌진할 것이다. 루드비히 2세 역시 그랬다. 1869년, 그는 꿈에도 그리던 새로운 백조의 성, 노이슈반슈타인 성을 짓기 시작했다.

노이슈반슈타인 성

노이슈반슈타인 성Neuschwanstein Castle은 높은 산 위에 있다. 그래서 가려면 마차나 버스를 타야 한다. 이렇게 접근성이 좋지 않다는 건 주거지로 적합하지 않다는 뜻이다. 아무리 마차를 탄다고 해도 드나들기가 이렇게 힘들어서야 어디 집이라고 할 수 있나. 하지만 루드비히 2세가 짓고 싶었던 건 살기 편한 집이 아니었다. 전설에 나오는 신비하고 아름다운 성이었다. 그렇기 때문에 실용성 같은 건 애초에 염두에 두지 않았다. 왕은 순전히 자신의 즐거움을 위해서, 그저 재미로, 어린 시절의 판타지를 실현하기 위해 성을 지었다.

말이 백조의 성이지 사실 노이슈반슈타인 성은 '바그너 오페라 성'이라 해도 과언이 아니다. 〈로엔그린〉, 〈탄호이저〉, 〈트리스탄과 이졸데〉, 〈파르지팔〉, 〈뉘른베르크의 마이스터징어〉, 〈니벨룽의 반지〉 등 바그너 오페라 장면을 담은 그림으로 성 안을 도배하다시피 했기 때문이다.

이 성에서 루드비히 2세가 가장 공들여 만든 공간은 '가수들의 홀'이다. 이 홀은 중세 시대에 음유시인들의 노래 경연대회가 열렸던 바르트부르크 성의 홀을 본떠 만든 것이다. 바그너의 오페라 〈탄호이저〉에 바로 이 홀에서 노래 경연대회가 열리는 장면이 나온다. 〈탄호이저〉는 대회에 참가한 탄호이저가 육신의 향락을 찬양하는 노래를 부르다 추방되지만, 엘리자베트의 헌신적인 사랑으로 구원받는다는 내용의 오페라다. 왕자였을 때부터 이 오페라를 좋아했던 루드비히 2세는 노이슈반슈타인 성을 구상하던 1867년, 바그너의 제안으로 직접 바르트부르크 성에 가서 노래 경연대회가 열렸던 홀을 둘러보았다. 그리고 그대로 노이슈반슈타인 성에 재현해놓았다. '가수들의 방'이 조금 더 화려하긴 하지만 전체적인 디자인은 바르트부

'새로운 백조의 성'이라는 뜻인 노이슈반슈타인 성

르크 성의 홀과 거의 똑같다.

　디자인에 대한 아이디어는 〈탄호이저〉에서 나왔지만 정작 이 홀의 벽은 성배의 기사 파르지팔의 전설이 장식하고 있다. 왼쪽에서부터 오른쪽으로 파르지팔의 이야기가 파노라마처럼 펼쳐진다. 가운데에 있는 초록색 정원은 오페라 〈파르지팔〉에 나오는 클링조르의 정원이다. 이 정원에서 아름다운 처녀들이 파르지팔을 유혹하지만 그는 이 모든 유혹을 물리친다. '가수들의 홀'은 중세 음유시인에 대한 일종의 오마주다. 이름 때문에 연주홀로 썼으리라 생각할 수도 있겠지만 그렇지 않다. 루드비히 2세는 이곳을 연주홀이 아니라 파르지팔의 일대기를 그린 그림들을 감상하는 갤러리로 생각했다.

예수와 성자 그림이 있는 왕좌의 홀의 정면

노이슈반슈타인 성에서 '가수들의 홀'에 버금가는 공간은 '왕좌의 홀'이다. 4미터 높이의 거대한 샹들리에가 달려 있는 이 화려한 홀은 비잔틴 교회에서 영감을 받아 루드비히 2세가 직접 디자인한 것이다. 홀의 정면으로 보이는 반원형 천장에 예수와 열두 사도 그리고 여섯 명의 성스러운 왕의 모습이 보인다. 하지만 이 홀에 종교적인 인물만 있는 것은 아니다. 기독교 성인과 함께 기독교 이전 시대의 왕들과 비잔틴 제국의 황제, 프랑스 왕, 비텔스바흐 왕가 사람들도 있다. 성경에 나오는 성인들과 세속의 인물들을 한데 모아 성聖과 속俗이 결합된 독특한 공간을 만든 것이다.

'왕좌의 홀'은 비잔틴 양식 특유의 화려한 색의 향연이 펼쳐지는 곳이다. 특히 짙은 푸른색과 보라색 기둥 그리고 나긋나긋한 아르누보 스타일을 연상시키는 식물과 동물 모양의 바닥 모자이크가 아름답다. 회랑의 아치에 새겨진 온갖 화려한 빛깔의 문양들을 보며 추상의 패턴이 선사하는 무념의 즐거움을 만끽할 수 있다. '왕좌의 홀'의 발코니에 서면 저 멀리 루드비히 2세가 어린 시절을 보낸 호엔슈방가우 성이 보인다. 성의 왼편에 알프 호수가 있고 오른편에는 알프 호수보다 작은 백조의 호수가 있는데, 성과 산, 호수가 어우러지는 풍경이 그야말로 환상이다.

'왕좌의 홀'이지만 왕좌가 있어야 할 자리에 왕좌가 없다. 무대 위에 주인공이 없는 셈이다. 아마 성이 완공되는 시점에 왕좌를 놓으려고 했던 것 같다. 하지만 루드비히 2세는 17년 동안 공사를 지켜만 보다가 성이 완공되는 것을 보지 못하고 죽었다. 그리하여 왕좌가 있어야 할 자리는 영원히 빈 공간으로 남게 되었다.

'가수들의 홀'과 '왕좌의 홀'이 공적인 공간이라면 침실은 루드비히 2세의 사적 공간이다. 왕은 이 방의 모든 공간을 바그너의 오페라 〈트리스탄과 이졸데〉의 장면으로 채웠다. 바그너는 모든 사람이 갈망하는 진정한 사랑을 그리기 위해 이 오페라를 작곡했다고 했는데, 벽화 속 트리스탄과 이졸데의 모습이 더없이 아름답게 묘사되어 있다. 특히 오페라의 마지막을 장식하는 '사랑의 죽음' 장면에서, 죽어가는 트리스탄의 모습이 처연하기 그지없다.

타일 난로 위에는 도자기로 만든 트리스탄과 이졸데의 상이 있고, 나무문과 침대의 캐노피에도 이들의 모습이 들어가 있다. 14명의 조각가가 5년 동안 떡갈나무를 깎아 만들었다는 침대에는 사자, 백조, 왕관, 백합, 바이에른 문장이 새겨 있다. 방 한쪽에 있는 세면대는 은도금한 백조로 장식했다. 세면대뿐만 아니라 물통, 스펀지, 비누 용기에도 백조 장식이 보인다.

<〈탄호이저〉의 장면을 그린 벽화가 있는 왕의 서재

서재는 루드비히 2세가 가장 좋아했던 공간으로 '가수들의 홀'의 모델이 되었던 바르트부르크 성의 서재를 본떠 만들었다. 가운데 커다란 테이블이 놓여 있는데, 여기에 루드비히가 쓰던 필기도구들이 그대로 남아 있다. 그 옆에 있는 찬장에는 노이슈반슈타인 성의 도면과 건축 구상에 대한 기록들이 들어 있다. 벽면에 아름다운 타일로 만든 작은 난로가 있고, 그 위에는 〈탄호이저〉에 나오는 음유시인들의 노래 경연대회 장면을 담은 대형 벽화가 있다. 그 맞은편에는 비너스 동굴에서 향락을 즐기는 탄호이저의 모습을 담은 벽화가 있다.

왕의 거실은 넓고 개방적인 홀과 은밀한 느낌의 벽감이 있는 독특한 구조로 이루어져 있다. 이 방의 주인공은 백조의 기사 로엔그린이다. 정면에 백조가 끄는 배를 탄 로엔그린의 모습을 담은 대형 벽화가 있고, 그 앞의 장식장 위에는 도자기로 만든 백조상이 있다. 이 백조상은 독일의 유명한 도자기 회사 빌레로이 앤 보흐가 만들었다고 한다.

거실과 서재를 연결하는 통로에는 일반적인 궁전에서는 볼 수 없는 아주 독특한 공간이 있다. 작은 인공 동굴이다. 〈탄호이저〉에 나오는 비너스 동굴에서 영감을 얻어 만들었다는 이 인공 동굴에는 원래 작은 폭포와 무지갯빛 조명도 있었다고 한다. 인공 동굴을 지나면 백조의 형상이 새겨진 유리문이 나온다. 문을 열면 겨울에도 초록의 식물을 볼 수 있는 온실로 들어가게 된다. 온실 한가운데에 작은 분수대가 있고, 그 너머로 호수 풍경이 보인다.

노이슈반슈타인 성에는 루드비히 2세의 전용 계단이 있다. 나선형 모양의 이 계단에는 야자나무 모양을 한 대리석 기둥이 있다. 이 야자나무 기둥은 별이 새겨진 천장까지 뻗어 있는데, 거기에 나뭇잎을 그려 넣어 야자잎이 하늘에 퍼져 있는 듯 보이도록 한 것이 특이하다. 대개 성이나 궁전의 기둥은 권력자의 힘을 과시하듯 위압적으로 보이는 경우가 많다. 하지만 이 기둥은 오로지 아름다움이라는 단 하나의 목표만으로 만들어진 듯하다. 파란 하늘에서 반짝이는 황금빛 별들과 초록의 야자나무 가지가 퍼져 있는 광경이 동화처럼 아름답다.

루드비히 2세는 노이슈반슈타인 성을 짓는 데 돈과 영혼을 갈아 넣었다. 성이 지어지는 동안, 그는 인근의 호엔슈방가우 성을 자주 찾았다. 호엔슈방가우 성의 창가에 서서 자신의 꿈이 실현되어가는 과정을 지켜보곤 했다. 그렇게 17년을 지켜만 보다가 결국 성이 완성되는 것을 보지 못하고 세상을 떠났다.

린더호프 궁전

뮌헨 근교에 있는 린더호프 궁전Linderhof Palace은 루드비히 2세가 살아 있을 때 완성한 유일한 건물이다. 노이슈반슈타인 성보다 규모가 작아 완공에 시간이 오래 걸리지 않았다. 투어의 출발점은 '태피스트리 방'이다. 이름만 듣고 태피스트리가 걸려 있는 방이라 생각하겠지만 사실 여기 있는 것은 거친 캔버스에 그림을 그려 효과를 낸 가짜 태피스트리다. 방 한 켠에 풍금 비슷하게 생긴 하모니움이라는 악기가 보인다. 그런데 장식이 너무 화려해서 악기인지 장식품인지 구별이 안 될 정도다. 악기로서의 실용성을 무색하게 만드는 과도한 장식 취미라고 하지 않을 수 없다. 하모니움 옆에는 프랑스의 유명 도자기 회사인 세브르에서 만든 실물 크기의 공작상이 놓여 있다. 이 공작상 말고도 루드비히 2세의 궁전에는 유럽의 유명한 도자기 회사에서 만든 장식품이 많다.

왕의 침실에는 독일 최고의 도자기 회사인 마이센이 제작한 대형 샹들리에가 걸려 있다. 이 방을 장식한 그림은 모두 프랑스 왕 루이 14세와 관련된 것들이다. 루이 14세의 기상 의식과 저녁 리셉션, 궁전 숲에서의 사냥 놀이, 거울의 방에서 열린 왕자의 결혼식 등 프랑스 왕가의 삶을 담은 그림들이 있다. 이로 미루어 그가 얼마나 루이 14세의 삶을 동경했는지 알 수 있다. 린더호프 성의 모델도 루이 14세가 사는 베르사유 궁이었다.

베르사유 궁전처럼 린더호프 궁전에도 '거울의 방'이 있다. 베르사유 궁전보다 규모는 작지만 분위기는 훨씬 환상적이다. 반사의 마법적인 효과로 현실의 공간 너머로 초현실적인 공간이 끝없이 펼쳐진다. 가상 공간 속에서 수많은 나를 볼 수 있다. 거울의 반사 효과는 촛불을 켰을 때 더욱 극대화된다. 화려한 샹들리에에 꽂힌 수십 개의 촛불이 거울에 반사되어 눈

뮌헨 근교에 있는 린더호프 성

부신 빛을 발하는 광경이 황홀하다.

　루드비히 2세는 은둔형 외톨이였다. 궁정 사람들과 어울리기보다는 혼자만의 환상에 빠지는 것을 좋아했다. 식사도 혼자 했다. 그래서 식당의 규모가 다른 궁전에 비해 작다. 벽에는 가드닝, 사냥, 낚시, 농사일을 의미하는 장식품이 있고, 중앙에는 루드비히 2세가 혼자 식사를 했던 일인용 테이블이 있다. 이 테이블 바닥에는 주방과 식당을 오르내리는 리프트가 설치되어 있었다. 이 장치를 이용해 주방에서 음식을 차려 올려 보내면, 왕이 혼자 식사한 다음 테이블을 주방으로 내려 보냈다. 왕이 식사할 때 누군가가 옆에 있는 것을 싫어했기 때문에 이런 장치를 개발했다고 한다.

　혼자 식사를 했는데도 음식의 양은 서너 명이 먹을 수 있을 정도로 넉

넉히 준비했다. 식사 때마다 상상의 친구들을 초대했기 때문이다. 손님은 루이 14세와 그의 두 번째 부인 멩트농 그리고 루이 15세와 그의 애첩 퐁바두르 부인이었다. 루드비히 2세는 이들이 함께 식탁에 앉아 식사를 한다고 상상했다. 심지어 대화를 나누기도 했다는데, 도대체 무슨 대화를 나누었을지 궁금하다.

궁전 투어를 마치고 뒤편에 있는 나지막한 산으로 올라갔다. 이곳에 이국적인 분위기를 풍기는 무어 키오스크Moorish Kiosk와 모로코 하우스Moroccan House가 있다. '키오스크'라는 말에서 알 수 있듯 이것은 일종의 가건물이다. 파리 만국 박람회에 출품했던 것을 사서 여기에 옮겨놓았다고 한다. 안으로 들어갈 수는 없고 밖에서만 볼 수 있었는데, 색감이나 분위기가 이루 말할 수 없이 신비롭고 아름다웠다. 아라비안나이트에 나오는 비밀의 공간을 엿보는 듯한 느낌이라고나 할까.

린더호프 궁전에는 깜짝 놀랄 만한 곳이 있다. 산에 굴을 파서 만든 거대한 인공 동굴이다. 바그너의 오페라 〈탄호이저〉에 나오는 비너스 동굴에서 영감을 받아 만들었다는데, 보는 순간 '미쳤구나'라는 말이 절로 나왔다. 사람이 얼마나 미치면 이렇게까지 할 수 있을까. 한쪽에 오페라를 공연할 수 있는 무대가 있고, 무대 밑 인공 호수에는 조개 모양의 배 한 척이 외로이 떠 있었다. 그 배는 루드비히 2세만을 위한 전용 관람석이었다. 아름다운 조개 모양의 배에 앉아 혼자 바그너의 오페라를 보는 느낌은 어떨지 궁금했다.

♪ 프랑스의 유명 도자기 회사인 세브르에서 만든 실물 크기의 공작상
♬ 린더호프 궁전의 거울의 방에 있는 루이 14세 상

〈탄호이저〉에서 영감을 받아 만든 비너스 동굴

린더호프 궁전 뒷산에 있는 모로코 키오스크

동굴 안에서는 바그너의 〈탄호이저 서곡〉이 흘러나오고 있었다. 동굴 벽을 비추는 색색의 조명이 호수에 반사되는 모습이 환상적이었다. 조명을 켜기 위해 동굴에서 100m 떨어진 발전실에서 전기를 끌어왔는데, 이것이 바이에른 최초의 전기 공사였다고 한다. 이렇게 힘들게 공사를 해서 동굴 오페라 극장을 만들었지만 실제로 여기서 오페라가 공연된 적은 없었다고 한다. 그러니까 루드비히 2세는 진짜 공연을 보기 위해서라기보다 '바그너 덕질'의 일환으로 이렇게 엄청난 일을 한 것이다.

이렇게 정신이 딴 데 가 있었으니 나랏일을 제대로 할 리가 있나. 정사를 귀찮아했던 그는 뮌헨에 있는 왕의 집무실에는 거의 가지 않고, 대부분의 시간을 뮌헨에서 100km 떨어진 호엔슈방가우 성에서 보냈다. 궁정 장관과 대신들은 서류에 서명을 받기 위해 마차를 타고 그 먼 거리를 오가야 했다. 그러다가 급기야는 대신들과 대면하는 것조차 거부하는 지경에 이르렀다. 이때부터는 모든 서류가 우편을 통해 전달되었다.

루드비히 2세는 성을 짓고 바그너의 오페라를 후원하는 데에 막대한 돈을 썼다. 왕실 재정을 탕진한 것도 모자라 나중에는 빚까지 지게 되었다. 이를 보다 못한 대신들이 그를 왕좌에서 강제로 끌어내렸다. 그렇게 강제 퇴위를 당한 지 닷새 후인 1886년 6월 13일, 루드비히 2세는 뮌헨 근처의 슈타른베르크 호수에서 의문의 익사체로 발견되었다. 평생 환상 속에 살았던 인물에게는 어울리지 않는, 현실적이고 비극적인 죽음이었다.

린더호프 성을 본 다음 루드비히 2세의 시신이 발견된 슈타른베르크 호수로 갔다. 그런데 호수로 접근하는 길이 살짝 험했다. 나무가 무성하게 자란 거친 산비탈을 내려가야 했다. 루드비히 2세는 이 호수로 산책을 나왔다가 다음 날 익사체로 발견되었다. 그런데 그가 산책을 나간 날은 날씨가

슈타른베르크 호수에 있는 루드비히 2세의 추모 십자가

유난히 좋지 않았다고 한다. 주치의가 그렇게 말렸다는데 그는 왜 비바람
이 부는 날, 지형이 평탄하지 않은 이 호수로 산책을 나왔을까? 그의 죽음
에 얽힌 미스테리는 아직도 풀리지 않고 있다.

시신이 발견된 자리에 루드비히 2세를 추모하는 십자가가 서 있었다.
황혼 빛을 받으며 홀로 서 있는 십자가가 그렇게 쓸쓸해 보일 수가 없었다.
하기야 세상 모든 죽음은 쓸쓸한 법. 왕이라 해도 피해 갈 수 없었으리라.

독일

바이에른 음악 전통의 자존심

뮌헨, 슈바빙 거리·잉글리시 가든

외국 영화에 보면 귀부인들이 어깨가 훤히 드러나는 드레스를 입고 오페라를 보는 장면이 가끔 나온다. 그런 장면을 볼 때마다 나도 그 귀부인들처럼 예쁘게 차려입고 오페라를 보고 싶다고 생각하곤 한다. 사실 나뿐만 아니라 세상 모든 여자들의 로망이기도 하다. 하지만 우리같이 평범한 사람들이 실생활에서 이런 로망을 실현하기란 매우 어려운 일이다. 언젠가 지인으로부터 파티숍에서 예쁜 드레스를 충동적으로 구매했다가 막상 입을 일이 없어 옷장에 고이 모셔두고 있다는 얘기를 들은 적이 있다. 그때 내가 말했다.

"뮌헨 오페라 페스티벌에 가세요. 거기서는 모든 여성이 드레스를 입

뮌헨 오페라 페스티벌이 열리는 바이에른 국립 오페라 극장

고 오페라를 보러 가요."

　내가 뮌헨 오페라 페스티벌을 보러 갔을 때 가장 놀란 부분이었다. 오페라를 보러 온 여자들이 모두 드레스를 입고 있었다. 그전에 베를린에서 오페라를 몇 번 본 적이 있는데, 그때는 관객의 옷차림이 그리 화려하지 않았다. 하지만 뮌헨 오페라 페스티벌은 달랐다. 의상이 얼마나 화려한지 아카데미 시상식에 참석한 할리우드 여배우 뺨칠 정도였다. 그래서 나름 예쁘다고 생각해서 입고 간 내 원피스가 그리 초라해 보일 수가 없었다. 그래도 원피스라도 입고 가서 얼마나 다행인지 모른다. 사실 그날 낮에 청바지를 입고 다카우 유태인 수용소에 갔다가 바로 오페라를 보러 가려 했었다. 그러다가 혹시 몰라 숙소에 들러 원피스로 갈아입고 갔는데, 정말 큰일 날 뻔

했다.

각양각색의 화려한 드레스로 한껏 멋부린 여자들을 보니 공연히 마음이 설렜다. 옷차림에서부터 축제 분위기를 느낄 수 있었기 때문이다. 고풍스런 위용을 자랑하는 바이에른 국립 오페라 극장 입구에는 계단부터 차도까지 레드 카펫이 길게 깔리고, 성장盛裝을 한 선남선녀들이 그 위를 사뿐히 밟고 극장으로 들어갔다.

내용이 형식을 지배하고, 형식이 내용을 지배한다는 말이 있다. 옛 귀족문화의 전형을 보여주는 바이에른 국립극장의 화려한 위용과, 그 계단에 길게 깔린 레드 카펫, 그리고 한껏 잘 차려입고 그 위를 밟는 오페라 관객들의 모습은 어찌 보면 다소 시대착오적으로 보일 수도 있다. 하지만 나는 그 '형식'에서 뮌헨 오페라 페스티벌을 든든하게 받치고 있는 풍성한 문화적 전통의 '내용'을 보았다. 오페라 공연을 하나의 축제로 인식하고, 적당한 의미와 형식을 부여하고, 하나의 생활문화로 즐기는 그 문화의 역동성이 부러웠다.

역사와 전통을 자랑하는 바이에른 국립극장

뮌헨 오페라 페스티벌의 주主 무대는 막스 요제프 광장에 있는 바이에른 국립극장이다. 이 극장의 전신은 1818년 막시밀리안 1세가 설립한 뮌헨 궁정 가극장이다. 뮌헨 궁정 가극장은 루드비히 2세가 통치하던 시절에 전성기를 누렸는데, 특히 바그너의 〈트리스탄과 이졸데〉가 이 극장에서 초연된 것으로 유명하다.

루드비히 2세를 만나기 전까지 바그너는 자신의 오페라를 무대에 올리는 데 큰 어려움을 겪었다. 작품이 난해해 관객들이 잘 이해하지 못했기 때문이다. 〈트리스탄과 이졸데〉도 마찬가지였다. 브라질의 리우데자네이루에 이어 프랑스의 스트라스부르에서 초연을 시도했으나 모두 무산되고 말았다. 1862년에 오스트리아 빈 궁정 가극장에서도 초연을 시도했지만 2년 동안 무려 70여 차례나 리허설을 하고도 결국 무대에 올리지 못했다. 바그너로서는 여간 실망스러운 일이 아닐 수 없었다.

그런데 이렇게 낙담하던 바그너에게 어느 날 기적 같은 일이 일어났다. 엄청난 재력을 가진 후원자가 나타났기 때문이다. 바로 바이에른의 국왕 루드비히 2세였다. 바그너 오페라의 광팬이었던 루드비히 2세는 바그너가 〈트리스탄과 이졸데〉를 완성하고도 무대에 올리지 못한다는 소식을 듣고 당장 뮌헨 궁정 가극장 무대에 올리라고 명령했다. 그리하여 1865년, 드디어 〈트리스탄과 이졸데〉가 초연될 수 있었다.

그 뒤 바그너의 〈뉘른베르크의 마이스터징어〉, 〈라인의 황금〉, 〈발퀴레〉가 차례로 뮌헨 궁정 가극장에서 초연되었다. 이렇게 바그너의 오페라가 연달아 초연될 수 있었던 건 당연히 루드비히 2세의 적극적인 후원 덕분이었다. 그런데 루드비히 2세가 오페라 공연만 후원한 것은 아니었다. 바그너를 슈타른베르크 근처에 있는 별장에 살도록 하는 특혜도 베풀었다. 노이슈반슈타인 성이 잘 지어지고 있나 감시(?)하기 위해 호엔슈방가우 성에 묵을 때에도 그는 바그너를 성으로 불러들였다. 그때마다 바그너는 왕의 침실에 "저는 천사 같은 당신의 품에 안겨 있습니다. 우리는 항상 서로 가까이 있습니다"라는 쪽지를 남기곤 했다. 아첨의 수준이 상당히 남사스럽긴 하지만 한편으로는 이해가 가기도 한다. 받은 게 있는데 그 정도는 해야 했겠지.

유럽 최고의 오페라 페스티벌

뮌헨 오페라 페스티벌은 1875년에 시작된 유럽 최고의 오페라 페스티벌이다. 매해 6월말부터 7월말까지 약 한 달 동안 펼쳐지는 이 페스티벌의 주무대는 바이에른 국립극장이다. 프로그램은 지난 시즌 무대에 올렸던 작품 가운데 작품성이 뛰어나고 대중적으로 인기가 있는 작품으로 구성한다. 그런데 페스티벌의 시작을 알리는 개막작은 특별히 신경을 써서 세계 초연이나 극장 초연작을 올리는 경우가 많다. 페스티벌 기간 동안 매일 한두 편의 오페라를 볼 수 있는데, 무대 연출이나 무대 장치, 출연자의 역량 등 모든 면에서 가히 세계 최고 수준이라 할 만하다.

오페라 페스티벌이라고 해서 오페라만 공연하는 것은 아니다. 페스티벌 기간 동안 프린츠레겐트 극장, 퀴빌리에 극장, 알레하일리겐 호프 교회, 막스 오제프 광장에서 발레 공연, 갈라 콘서트, 개인 리사이틀, 오케스트라 연주회, 야외 음악회, 야외 오페라 감상회 등이 열린다.

나는 지난 2007년 뮌헨 오페라 페스티벌에 갔었다. 유럽의 전통 있는 오페라 극장이 다 그렇듯 극장 안은 아름다웠다. 그런데 한 가지 불편한 점이 있었다. 수십 개의 좌석이 옆으로 길게 이어져 있어서 한 사람이 나가려면 나머지 사람들이 모두 자리에서 일어나 길을 내주어야 한다는 점이었다. 중간에 통로를 조금 내놓지 왜 이렇게 불편하게 만들었을까 이해가 가지 않았다. 지금도 그렇지만 그 옛날에 볼륨이 풍성한 드레스를 입고 온 귀부인들이 드나들기 얼마나 불편했을까. 다행히 내 자리는 가장자리에 있어서 드나들 때마다 다른 사람을 벌세우는 일은 없었다.

뮌헨 오페라 페스티벌의 메인 공연은 사실 티켓을 구하기가 쉽지 않다. 오페라를 보고 싶어도 티켓을 구하지 못해 보지 못하는 사람들이 많다. 특

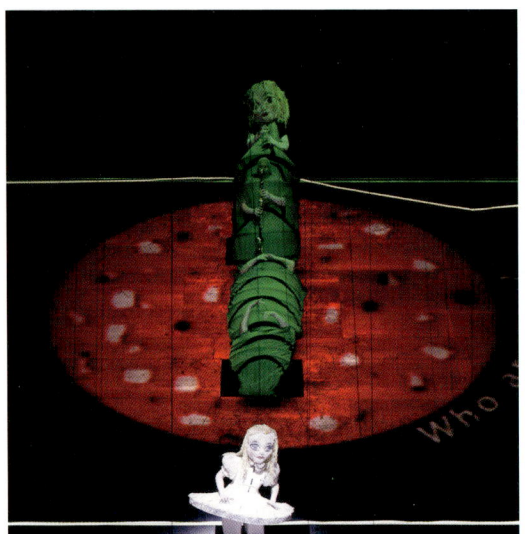

♪

♫

히 외국에서 온라인으로 표를 사는 것은 하늘에 별따기라고 해도 과언이 아니다. 몇 년 전 친구들과 뮌헨 여행을 계획한 적이 있는데, 그때도 온라인으로 오페라 티켓을 사는 데 실패했다. 그렇다고 오페라를 아예 보지 못하는 것은 아니다. 티켓을 구하지 못한 사람들을 위해 'Oper für Alle(모두를 위한 오페라)'라는 프로그램이 있기 때문이다. 'Oper für Alle'는 극장 안에서 오페라가 공연되는 동안 막스 요제프 광장에 설치된 대형 스크린을 통해 실시간으로 오페라를 볼 수 있도록 한 것이다. 게다가 무료다. 좋은 자리를 선점하기 위한 눈치작전이 필요하겠지만 여하튼 티켓을 사지 못한 사람은 매트와 담요 그리고 와인만 준비해 막스 요제프 광장으로 가면 된다. 그런데 가만히 생각해보니 이게 더 재미있을 것 같기도 하다. 와인을 마시고 웃고 떠들며 적당히 축제 분위기를 즐길 수 있으니까.

앞에서도 얘기했지만 페스티벌 기간 동안에는 오페라 말고도 발레, 갈라 콘서트, 개인 리사이틀, 오케스트라 연주회, 야외 음악회 등 다양한 공연이 펼쳐진다. 오페라 티켓을 구하지 못했다면 다양한 프로그램으로 구성된 부대 공연을 봐도 좋다. 나는 2018년, 퀴빌리에 극장에서 열리는 연주회에 갔었다. 1753년에 설립된 퀴빌리에 극장은 프랑스 건축가 프랑수아 퀴빌리에가 디자인한 로코코 스타일의 극장이다. 이날 연주회는 바이에른 국립 오케스트라 콘트라베이스 단원들이 출연하는 실내악 연주회였다. 그렇게 많은 콘트라베이스 주자가 한꺼번에 나온 광경은 처음 봤던 것 같다. 콘트라베이스 주자 중 한 사람이 독일어로 사회를 봤는데, 내용이 무척 재미있

♪　2007년 뮌헨 오페라 페스티벌 개막작, 진은숙의 〈이상한 나라의 앨리스〉
♬　공연이 진행되는 동안 극장 앞 광장에서 영상으로 공연을 볼 수 있는 '모두를 위한 오페라'

퀴빌리에 극장에서 있었던 콘트라베이스 공연

었나 보다. 다들 박장대소를 하고 난리가 났다. 하지만 독일어를 모르니 알아들을 수가 있나. 그저 멀뚱멀뚱 쳐다보고 있을 수밖에. 그러다가 사회자가 또 무슨 농담을 했는지 객석에서 웃음이 폭발했다. 그때 남편이 말했다.

"무슨 말인지 하나도 못 알아듣겠는데, 되게 웃긴다."

모차르트의 해방구 호프브로이하우스

퀴빌리에 극장은 모차르트의 오페라 〈가짜 여정원사〉와 〈이도메네오〉가 초연된 극장으로도 유명하다. 이 오페라를 작곡할 당시 모차르트는 잘츠부르크의 콜로레도 대주교 밑에서 일하고 있었다. 모차르트의 일대기를 그린 영화 〈아마데우스〉를 보면 알겠지만 콜로레도 대주교는 모차르트를 못마땅하게 생각했다. 음악가를 귀족에게 예속된 하인쯤으로 생각하는 그에게 매사에 반항적인 모차르트가 곱게 보일 리 없었다. 대주교는 주제를 모르고 반항하는 모차르트를 괘씸히 여겼고, 모차르트 역시 자신을 일개 하인으로 취급하며 사사건건 제동을 거는 대주교를 싫어했다. 그래서 대주교에게서 벗어나려고 여기저기 다른 일자리를 알아보았다. 하지만 쉽지 않았다. 고용주들 사이에서 "모차르트는 하인인 주제에 주인에게 고분고분하지 않대"라는 소문이 퍼져 있었기 때문이다.

그러던 차에 뮌헨으로부터 1781년 사육제 시즌에 공연할 오페라를 작곡해달라는 요청이 들어왔다. 오랜만에 오페라 작곡 의뢰를 받은 모차르트는 신이 났다. 이번에는 제대로 해보자는 생각에 잘츠부르크에서 대강 스케치를 마친 후 아예 장기 휴가를 얻어 뮌헨으로 왔다. 그러나 뮌헨에서는 수많은 난관이 그를 기다리고 있었다. 오페라를 무대에 올리기까지 얼마나 힘겨웠는지 모른다. 우선 대본부터가 문제였다. 바레스코가 쓴 대본에는 자칫 웃음거리가 될 만한 부분이 많았다. 일단 퇴장했던 이도메네오가 아무런 맥락도 없이 다음 장면에서 버젓이 등장해 아리아를 부르는가 하면, 조금 전까지 기쁨에 넘쳐 환호성을 지르던 군중이 엘레트라 혼자 광란의 아리아를 부를 시간을 주려고 뜬금없이 퇴장했다가 아리아가 끝난 뒤 다시 등장해 계속 환호성을 지르는 등, 괴상한 장면이 한둘이 아니었다. 모차르트는 바레스코에게 대본을 수정해달라고 요구했다. 하지만 바레스코는 "새파랗게 어린놈이 뭘 알아?" 하며 콧방귀를 뀌었다. 때문에 모차르트는 이미 작곡해놓은 음악들을 삭제하거나 수정해야 했다.

대본만 문제가 아니었다. 가수들 때문에도 모차르트는 골머리를 앓았다. 주인공 이도메네오 역은 안톤 라프라는 테너가 맡았는데, 그는 66세의 고령인데도 스타 의식을 버리지 못하고 있었다. 자기가 주인공인데 역할의 비중이 너무 적다, 자기는 중창은 체질에 맞지 않으니 독창만 부르게 해달라, 가사의 발음이 어려우니 발음하기 쉬운 가사로 바꿔달라는 등, 이런 저런 요구로 손자뻘인 모차르트를 괴롭혔다.

이다만테 역을 맡은 빈센초 델 프라토라는 이름의 카스트라토도 모차르트의 속을 썩였다. 사실 당시 그는 신인이라 노래나 연기 모두 기대에 미치지 못하는 수준이었다. 카덴차를 어떻게 처리해야 하는지도 몰랐다. 그런데도 사사건건 투덜대고 건방진 태도를 보였다. 모차르트가 얼마나 화가 났던지, 아버지에게 보낸 편지에 "속까지 썩어빠진 녀석이고, 지금까지 무대에 선 인간 중에서 가장 형편없는 놈"이라고 쓸 정도였다.

뮌헨에서 〈이도메네오〉의 초연을 준비하는 동안 모차르트는 엄청난 스트레스에 시달렸다. 늙은이나 젊은이나 대본 작가나 가수나 할 것 없이 어찌나 속을 썩이는지, 매순간 부글부글 끓어오르는 화를 참기가 힘들었다. 그러나 이렇게 힘든 와중에도 한 가지 위안이 있었다. 바로 호프브로이하우스에 가서 맥주를 마시는 것이었다. 호프브로이하우스는 왕실 직영 맥주 양조장인데, 모차르트는 〈이도메네오〉를 작곡하는 동안 틈만 나면 이곳에 가서 시원한 맥주를 마시며 지친 몸과 마음을 달래곤 했다. 모차르트는 이에 대해 다음과 같은 말을 남겼다.

1780년 뮌헨에서 오페라 〈이도메네오〉를 작곡하는 동안 저는 공작님의 배려로 호프브로이하우스에 들러 충전의 시간을 갖곤 했습니다. 여기 맥주는 정말 맛있습니다. 여기서 만난 사람들 덕분에 정말 즐겁습니다. 그들은 저와 마음이 잘 통합니다.

역사와 전통을 자랑하는 뮌헨의 맥주집 호프브로이 하우스

모차르트는 엄청난 스트레스에 시달렸다.
늙은이나 젊은이나 대본 작가나 가수나 할 것 없이
어찌나 속을 썩이는지, 매순간 부글부글 끓어오르는 화를
참기가 힘들었다. 그러나 이렇게 힘든 와중에도
한 가지 위안이 있었다.
바로 호프브로이하우스에 가서 맥주를 마시는 것이었다.

뮌헨은 맥주의 도시다. 뮌헨의 빅투알리엔 전통시장에 서 있는 메이폴에는 "뮌헨의 맥주순수령, 1487년 11월 30일, 바이에른의 알브레히트 헤어초크 공작"이라는 글이 새겨져 있다. 바이에른 뮌헨 공국의 알브레히트 공작이 맥주순수령을 공표했다는 뜻이다. 맥주순수령은 맥주에 홉, 보리, 물 외에 다른 어떤 것도 섞을 수 없도록 하는 법을 말한다. 1516년에는 바이에른 잉골슈타트의 빌헬름 4세도 공국의 모든 사람이 맥주순수령을 따를 것을 명령했다.

모차르트가 자주 찾았던 호프브로이하우스는 맥주순수령을 발표한 빌헬름 4세의 아들 빌헬름 5세가 1591년에 세운 왕실 직영 맥주 양조장이다. 왕실 직영이기 때문에 처음에는 왕과 귀족만 출입할 수 있었다. 평민인 모차르트가 이곳에서 맥주를 마실 수 있었던 것은 그의 표현대로 '공작님의 배려' 덕분이었다. 이렇게 특별한 사람만 이용할 수 있었던 호프브로이하우스가 일반에 공개된 때는 1830년이었다. 그 뒤 호프브로이하우스는 바이에른 지방의 대표적인 맥주집으로 이름을 날렸다. 레닌, 히틀러, 존 F. 케네디, 고르바초프 등 수많은 명사들이 이곳을 다녀갔고, 지금도 독일을 여행하는 사람이라면 반드시 거쳐야 할 관광 명소로 손꼽는다.

뮌헨 최고의 맥주집이라는 명성에 걸맞게 가게의 규모가 엄청나게 컸다. 한꺼번에 3000명을 수용할 수 있다고 하니 규모가 얼마나 큰지 짐작할 수 있을 것이다. 그런데도 사람이 얼마나 많은지, 쉽게 자리를 잡을 수가 없었다. 이리저리 돌아다닌 끝에 간신히 야외에 있는 테이블에 앉을 수 있었다. 생음악이 흐르는 곳에서 사람들이 유쾌하게 맥주잔을 부딪치며 온갖 즐거운 감정들을 흥청망청 소비하는 광경을 보니 살짝 흥분이 되었다. 그래, 이 맛에 여행을 하는 거지. 시끌벅적한 술집에서 음악에 취해 몸을 흔들

빅투알리엔 시장의 메이폴. "뮌헨의 맥주순수령,
1487년 11월 30일, 바이에른의 알브레히트 헤어초크 공작"이라는 글씨가 보인다

고, 노래를 부르고, 큰 소리로 떠들고, 웃고, 감정을 크게 방출하는 것. 그것이 여행의 묘미가 아니고 무엇이겠는가.

슈바빙 거리와 잉글리시 가든

호프브로이하우스에서 적당량의 알코올과 유쾌함을 소비하고 밖으로 나왔다. 다음 목적지는 슈바빙 거리였다. 아, 뮌헨의 슈바빙! 머나먼 기억의 저 끝자락에서 지금도 희미하게 깜빡이는 그리운 이름. 전혜린의 〈그리고 아무 말도 하지 않았다〉를 읽고, 축축한 밤안개 사이로 오렌지색 가스등이 신비로운 빛을 발산하는 이 낯선 거리를 얼마나 동경했던가. 해외여행은 꿈도 못 꾸던 가난한 시절, 내게 뮌헨의 슈바빙은 닿을 수 없는 꿈이자 간절한 그리움이었다.

그 꿈과 그리움은 늘 회색빛을 띠고 있었다. 나는 슈바빙에서 그 회색빛 우울을 만나고 싶었다. 비와 안개로 축축해진 거리를 거닐며 영혼까지 잠식할 듯한 그 스산한 한기를 온몸으로 느끼고 싶었다. 습기를 머금은 비애가 낭만이 되고 자유가 되고 예술이 되는 거리. 라이너 마리아 릴케와 칸딘스키, 파울 클레, 루 살로메, 토마스 만의 추억을 간직한 그 거리를 거닐면 혹시 그들의 시와 그림에 가슴 설렜던 젊은 날의 나를 만날 수 있지 않을까.

전혜린에 따르면 이 거리의 테라스 카페에는 보들레르식으로 머리를 기르고, 리얼리스트의 수염을 한 청년들이 담배를 연거푸 피우며 몇 시간이고 시대정신에 대해 토론을 벌인다고 했다. 보들레르식 머리와 리얼리스트의 수염이라니. 사춘기 소녀의 지적知的인 허영심을 이처럼 자극하는 표현이 또 있을까. 나는 시적詩的인 머리와 철학적인 수염들이 활보하는 그 거리를 무한히 동경했다. 자유와 낭만과 예술에 대한 열정이 넘치는 그 거리에 대한 동경으로 가슴앓이를 했다.

전혜린은 슈바빙을 무한히 찬양했다. '뮌헨의 몽마르트르'라는 글을 보면 그녀가 이 이국의 거리를 얼마나 경이로운 눈으로 바라보았는지 알 수 있다. 그 경이와 찬탄의 마음이 충분히 이해가 간다. 전혜린이 뮌헨에 왔을 때는 한국 전쟁이 끝나고 얼마 지나지 않은 1955년이었다. 전쟁의 폐허에서 곧바로 문명 세계로 날아온 것이다. 여성에게 강요된 인습의 굴레에서 벗어나 오로지 자기 자신으로 존재하기를 열망했던 그녀는 뮌헨에서 완벽한 자유를 맛보았다. 그녀에게 자유는 무엇과도 바꿀 수 없는 소중한 경험이었고, 그 덕분에 유학생활의 궁핍마저 낭만으로 여기며 버틸 수 있었다.

건물보다 높이 자란 가로수가 길게 늘어선 슈바빙 거리를 걷는 동안 내 나이 또래의 한국인 관광객을 여럿 만났다. 전혜린이 말한 '회색빛 나의 거리'를 보러 온 사람들이리라. 그러나 그날의 슈바빙 거리에 회색빛 우울은 없었다. 날씨가 화창했기 때문일까. 우울은커녕 거리를 오가는 사람들의 표정에 긍정의 에너지가 넘쳐흐르고 있었다. 보들레르식으로 머리를 기르고 리얼리스트의 수염을 한 청년들도 없었다. 전혜린이 말한 '슈바빙의 전설'을 찾아 이곳에 왔건만, 환한 대낮의 슈바빙은 전설이 아닌 현실이었다. 아무래도 때를 잘못 선택했던 것 같다. 비가 오거나 안개가 낀 가을이나 겨울에 와야 하는데 말이다.

아쉬움을 간직한 채 키 큰 가로수가 줄지어 선 거리를 걸어가는데, 갑자기 눈앞에 하얀 거인을 닮은 조각상이 나타났다. 미국 조각가 조나단 보로프스키의 〈걸어가는 남자〉라는 작품이다. 조나단 보로프스키의 '거인 시

조나단 보로프스키의 〈걸어가는 남자〉가 있는 슈바빙 거리

리즈'는 우리에게도 낯익다. 신문로 흥국생명 빌딩 앞에 서 있는 〈망치질하는 사람〉이 바로 이 작가의 작품이기 때문이다. 기다란 팔을 휘저으며 거리를 가로질러 가는 순간을 포착한 조각상은 주변 건물을 압도할 정도로 거대했다. 기억 속 뿌연 안개의 거리 슈바빙이 아니라, 거인이 발산하는 긍정의 에너지가 흘러넘치는 현실의 슈바빙이었다.

슈바빙 인근에는 잉글리시 가든이 있다. 우리말로 '영국 정원'이라고 하는데, 독일에 웬 영국 정원일까 싶겠지만 정확히 말하면 영국 스타일의 정원이다. 프랑스 정원처럼 인위적으로 꾸미지 않고 본래 그랬던 양 자연스러움을 추구하는 영국식 풍경 정원으로 조성되어, '잉글리시 가든'이라는 이름이 붙었다고 한다.

내가 잉글리시 가든에 처음 가본 때는 1990년대 중반이었다. 하지만 그보다 한참 전에 전혜린의 책을 통해 뮌헨에 잉글리시 가든이 있다는 것은 알고 있었다. 전혜린은 잉글리시 가든을 이렇게 묘사했다.

영국 정원은 광활한 자유의 공간이다. 햇빛이 구름을 벗어나는 날이면 남녀 할 것 없이 옷을 벗고 일광욕을 즐기는 곳. 알몸인 청춘들의 눈부신 피부를 눈으로 애무할 수 있는 곳.

잉글리시 가든은 18세기에 조성된 도시 공원이다. 공원이라지만 규모가 방대해 산책, 조깅, 자전거 타기는 물론 윈드서핑까지 할 수 있을 정도다. 뮌헨에 처음 갔을 때 도시 한복판에 이런 곳이 있다니, 놀랐던 기억이 난다. 날씨가 좋아서인지 잔디밭에 누워 일광욕을 즐기는 사람이 많았다. 호수와 풀밭, 숲 사이로 난 길을 쏜살같이 달려가는 자전거 족들도 눈에 띄었다.

잉글리시 가든의 가을

잉글리시 가든의 명소 중국탑. 여기에 뮌헨에서
두 번째로 큰 비어 가든이 있다.

길을 걷다가 어느덧 중국탑이 있는 곳까지 오게 되었다. 높이 25m에
달하는 중국탑은 잉글리시 가든의 명소다. 그리고 이 앞에 뮌헨에서 두 번
째로 큰 비어 가든이 있다. 수천 개는 족히 되어 보이는 나무 탁자에 사람
들이 빼곡히 앉아 맥주를 마시고 있었다. 세상에, 사람이 이렇게 많다니! 중
국탑을 바라보며 마시는 맥주 맛은 좀 다르려나?

　그 맛을 느껴보려고 서둘러 자리를 잡았다. 옆자리에 아들을 데려온
부부가 맥주를 마시고 있었다. 아이가 무언가를 사달라고 조르는데, 부모는
들은 척도 하지 않는다. 웬만하면 좀 사주지 자기들은 좋아하는 걸 마시면
서 애한테는 왜 저렇게 매몰찰까 싶었다. 아이가 얼마나 졸라대는지, 옆에
있는 내가 안타까울 정도였다. 그래도 부모의 대답은 한결같이 "나인Nein!".

독일어가 세상에서 가장 딱딱한 언어임을 절감하는 순간이었다.

잉글리시 가든은 풍경 정원이라는 말에 걸맞게 모든 곳이 아름다웠다. 그중에서 가장 아름다운 곳, 아니, 환상적인 곳은 클라인헤셀로어 호수 Kleinhesseloher See였다. 이곳의 수면은 잔디밭과 그대로 연결된다. 수면과 잔디밭의 높이가 같다는 말이다. 살면서 이런 풍경은 처음 보는데, 그렇게 환상적일 수가 없었다. 호수에서 헤엄치던 백조들이 바로 물 밖으로 걸어 나오자 아이들이 백조를 뒤뚱뒤뚱 쫓아간다. 어디가 물이고 어디가 뭍인지 모를 신기한 풍경. 경계가 없다는 것이 이토록 환상적이라니!

괴테와 실러의 영혼을 품은 마을

바이마르, 괴테의 집·실러의 집

독일 바이마르 국립극장 앞에는 독일 고전주의 문학의 두 거장 괴테와 실러의 동상이 서 있다. 괴테는 1794년 예나에서 열린 식물학회에서 실러를 처음 만났다. 그는 이 만남을 '일생일대의 행운'이라고 했는데, 문학과 예술에 대한 생각을 나눌 수 있는 평생의 동지를 만났기 때문이다. 두 사람은 수많은 서신과 직접적인 만남을 통해 문학과 예술에 대한 생각을 교환했다. 문학의 동지로서 상대의 작품에 대한 평가와 조언을 아끼지 않았고, 공동으로 시집을 내기도 했다.

　　바이마르 궁정 극장의 총감독이었던 괴테는 실러의 작품을 적극적으

튀링겐 주의 오래된 도시 바이마르

로 극장 무대에 올렸다. 공동 작업을 보다 효율적으로 하기 위해 1802년에
는 괴테가 살고 있던 바이마르로 실러가 이사했다. 이때부터 서로를 가장
강력하게 이해하고 지지하는 문학 동지로서 그 관계가 더욱 돈독해졌다. 지
금 바이마르에는 그 시절 괴테와 실러가 살던 집이 그대로 보존되어 있다.

괴테와 실러는 모든 면에서 대조적인 사람이었다. 성장 배경도 완전히
달랐다. 이른바 금수저와 흙수저의 차이라고나 할까. 이 중 금수저는 괴테
였다. 괴테의 아버지는 왕실 고문관이었고 어머니는 프랑크푸르트 시장의
딸이었다. 그렇게 부잣집 도련님으로 태어나 평생 부족함 없이 하고 싶은
일을 하며 살았다.

괴테는 상당한 수준의 음악애호가였다. 피아노를 칠 줄 알았고, 작곡
도 하고 오페라 대본도 썼다. 그의 대표작 〈파우스트〉에는 합창과 독창, 발

바이마르, 괴테의 집・실러의 집

라드, 춤, 관현악은 물론 오페라나 오라토리오의 한 장면을 연상케 하는 대목이 나온다. 괴테가 그만큼 음악에 조예가 깊었다는 뜻이다. 한때 카이저라는 작곡가와 함께 음악이 있는 희극을 구상하기도 했는데, 이때 우연히 바이마르에서 모차르트의 오페라 〈후궁으로부터의 도주〉를 보고 큰 충격에 빠졌다. 카이저와 함께 구상했던 희극의 모든 것이 모차르트의 오페라에 그대로, 아니, 어떤 면에서는 그보다 더 차원 높은 형태로 구현되어 있었기 때문이다. 그때부터 괴테는 모차르트 오페라의 숭배자가 되었다.

모차르트가 세상을 떠난 해인 1791년, 괴테는 바이마르 궁정 극장의 총감독으로 부임했다. 그리고 1817년까지 무려 26년간 극장의 총감독으로 일했다. 그동안 총 600편의 작품을 무대에 올렸는데, 그중 오페라가 104편, 징슈필(독일어 대사에 서정적인 노래를 곁들인 독일 민속 오페라)이 31편이었다. 오페라 가운데 가장 많은 비중을 차지한 것은 단연 모차르트의 오페라였다. 자신의 작품보다 더 많이 공연할 정도로 괴테는 모차르트 오페라를 사랑했다.

괴테 박물관

바이마르에 있는 괴테 박물관은 독일 최고의 문호 괴테의 삶과 문학, 학문적 업적을 한눈에 볼 수 있는 곳이다. 박물관으로 사용하는 건물은 괴테가 세상을 뜰 때까지 살았던 집으로, 가구와 집기, 생활 용품 등 괴테가 살던 당시 모습을 그대로 보존해놓았다.

프랑크푸르트에 있는 괴테의 생가生家도 그렇지만 그가 50년 동안 살았다는 이 집 역시 규모가 상당했다. '와! 이렇게 큰 집에서 살았단 말이야?

여하튼 복 받은 인생이네. 부럽다. 부러워.' 이런 생각을 하며 안으로 들어가는데, 출입문 바닥에 새겨진 'Salve'라는 라틴어 단어가 보였다. 우리 식으로 얘기하자면 "어서 오세요", "환영합니다"라는 뜻이 된다. 괴테가 새긴 환영의 말을 사뿐히 즈려밟고 안으로 들어갔다.

계단을 올라가 방들을 둘러보았다. 괴테가 직접 수집한 것으로 보이는 그리스 로마 신들의 조각상이 집 안 곳곳에서 우아한 자태를 뽐내고 있었다. 괴테는 고대 그리스 로마 예술의 마니아였다. 특히 이탈리아 여행을 다녀온 후에 완전히 고대 예술에 꽂혀서, 열광적인 고대 예술 찬미자가 되었다. 집 안 곳곳을 장식하고 있는 그림과 조각상들은 고대 그리스 로마 예술에 대한 괴테의 오마주를 반영한 것이라 할 수 있다.

괴테의 집에 있는 방에는 초록, 노랑, 파랑, 핑크 등 각기 다른 색깔이 칠해져 있다. 그래서 방마다 분위기가 살짝 다르다. 먼저 푸른빛이 칠해진 방으로 들어갔다. 문 옆에 새하얀 주노 여신의 두상이 놓여 있다. 그래서 이 방을 '주노의 방'이라고 한다. 주노 여신의 두상은 엄청나게 컸다. 머리 길이만 1미터가 넘는 것 같았다. 그 크기와 그 아름다움에 압도당했다. 이 조각상은 괴테가 1823년에 선물받았다고 한다. 괴테는 고대 예술의 상징인 이 아름다운 조각상을 특별히 사랑해서, '로마에 대한 나의 첫사랑'이라고 불렀다.

주노의 방 한쪽에는 갈색 마호가니 피아노가 놓여 있었다. 당대의 유명한 피아노 제작 가문인 스트라이허에서 만든 피아노다. 그런데 이 피아노를 직접 연주한 사람 가운데 유명인이 있다. 바로 멘델스존이다. 1821년, 당시 음악의 신동으로 이름을 날리던 멘델스존은 스승이자 괴테의 음악 친구인 칼 첼터의 손에 이끌려 이곳에 왔다. 그때 멘델스존은 열한 살이었고,

♪ 　주노 여신의 두상과 피아노가 있는 주노의 방
♫ 　괴테가 가장 많은 시간을 보냈던 서재

괴테의 나이는 72살이었다.

멘델스존은 먼저 바흐의 〈푸가〉를 연주한 다음, 처음 보는 베토벤의 악보를 초견으로 완벽하게 연주하고, 이어서 오케스트라 곡인 모차르트의 〈피가로의 결혼〉 서곡과 직접 작곡한 실내악곡을 그 자리에서 피아노 버전으로 연주하는 놀라운 능력을 보여주었다. 괴테는 60살이나 어린 친구가 보여주는 예술적 경지에 감탄을 금치 못했다. 그래서 첫 만남 후 몇 차례 더 멘델스존을 불러 피아노 연주를 시켰다. 괴테의 표현을 빌리면 그는 그때마다 '천둥 치는 주피터처럼 어두운 구석에 앉아 눈을 번쩍이며' 멘델스존의 연주를 들었다고 한다.

그로부터 10년 후인 1832년, 또 다른 피아노의 신동이 괴테의 집을 찾았다. 열두 살의 어린 소녀 클라라 비크였다. 후에 슈만의 아내가 된 바로 그 클라라다. 당시 피아노의 신동으로 이름을 날리던 클라라는 아버지와 함께 프랑스 파리로 연주 여행을 가는 길에 바이마르에 있는 괴테의 집에 들렀다.

괴테 앞에서 클라라는 〈라 비올레타〉와 헤르츠의 변주곡을 비롯해 여러 곡을 연주했다. 연주를 들은 괴테는 어린 소녀가 남자아이 여섯 명을 합한 것만큼 힘차게 연주한다며 칭찬을 아끼지 않았다. 그러면서 자신의 초상화가 있는 메달을 클라라에게 선물하고 거기에 "뛰어난 재능을 물려받은 예술가 클라라 비크에게"라는 글을 써주었다.

괴테의 집에서 가장 중요한 공간은 역시 괴테가 글을 썼던 서재가 아닐까 싶다. 서재의 벽에는 초록색이 칠해져 있다. 넓은 테이블을 가운데 두고 벽 쪽으로 낡은 책상과 책장, 서랍장이 놓여 있었다. 괴테가 세상을 떠난 마지막 날의 모습 그대로 보존해놓았다고 한다. 괴테는 아마 하루 중 가장 많은 시간을 이 방에서 보냈을 것이다. 저 낡은 테이블에서 수없이 많은 인물이 탄생하고 또 소멸했다. 그토록 강렬하게 창작의 에너지를 쏟아부었던 곳. 그러나 이제 괴테의 손은 더는 창조하기를 멈추고, 그의 손때가 묻은 가구들은 적막 속에 갇혀 있다.

서재 바로 옆에는 침실이 있었다. 늦게까지 글을 쓰다가 바로 잠자리에 들 수 있도록 서재 옆에 침실을 둔 것이다. 침대 옆에 낡은 의자가 놓여 있는데, 괴테는 1832년 3월 22일, 바로 이 의자에서 83세를 일기로 세상을 떠났다. 숨을 거두기 직전 그가 마지막으로 한 말은 "좀 더 빛을Mehr Licht…"이었다고 한다.

침대에서 바라다 보이는 벽에 걸린 도판 두 개가 보였다. 하나는 지질학 용어표, 다른 하나는 음향학 용어표로 눈에 잘 띄는 곳에 걸어놓고 틈날 때마다 외웠다고 한다. 글 쓰는 작가가 무슨 지질학과 음향학을? 이런 의문이 들겠지만 사실 괴테는 학구열이 대단한 인물이었다. 글쓰기 외에도 지질학, 광물학, 식물학, 색채학, 음향학, 의학. 해부학 등 다방면에 걸쳐 지칠 줄 모르는 지적 호기심을 갖고 있었다.

박물관에는 괴테의 학문적 열정을 엿볼 수 있는 전시물이 많다. 열기구, 현미경, 증기기관차와 기차선로 모형, 색채 이론을 설명하는 색상표, 각종 식물 표본과 그림, 광물 표본, 동물의 뼈, 화석 등을 보면서 그 지적 호기심의 방대함에 놀라움을 금치 못했다. 전시품 가운데 사람의 두개골도 있었는데, 실제 괴테는 유명 화가의 두개골을 구입해서 두상과 재능의 관계를 연구하기도 했다고 한다.

그는 간악골(앞니뼈)을 발견한 것으로도 유명하다. 그전까지 간악골은 동물에게만 있고 인간에게는 없다고 알려져 있었다. 그러나 인간이 척추동

괴테 박물관에 있는 지구의

물이고 앞니가 있는데 간악골이 없을 리 없다고 생각한 괴테는, 태아의 두 개골을 연구한 끝에 마침내 간악골을 발견했다. 그래서 영어권 학계에서는 이 뼈 부위를 '괴테의 뼈Goethe's bone'라고 한다.

　식물학에서도 괴테는 아마추어를 넘어서는 업적을 남겼다. 1790년에 《식물변형론》이라는 책을 썼는데, 여기서 그는 잎이 변해서 꽃이 된다는 이론을 펼쳐 전문가들을 놀라게 했다. 베르너 라이히트아젠이라는 식물학자로부터 최고 수준의 식물학자라는 말까지 들을 정도였다. 괴테는 식물학회에도 자주 참석했는데, 문학의 동지인 실러도 바로 식물학회를 통해서 만났다. 이렇게 식물에 조예가 깊었던 그는 바이마르의 정원에서 씨를 받은 야생화를 직접 키우고, 각종 야채와 과일도 직접 키워 먹었다고 한다.

실러의 집

괴테의 집에서 멀지 않은 곳에 실러의 집이 있다. 실러가 바이마르로 이사 왔을 때 괴테가 알선해준 집이라고 한다. 그리 특별한 것 없는 평범한 3층 주택인데, 여러 면에서 괴테의 집과 비교가 되었다. 괴테의 집이 가구와 책, 장식품, 예술품, 수집품들로 차고 넘치는 데 반해 실러의 집은 꼭 필요한 것만 가져다 놓은 듯 단출했다. 실러가 세상을 떠났을 때의 모습을 그대로 재현해놓았다는데, 밝고 따뜻하고 정갈했다. 전체적으로 산만하지 않고 정돈된 느낌이라고나 할까.

실러는 1802년에 이 집으로 이사 왔다. 집을 갖게 된 기쁨에 대해 실러는 이렇게 표현했다.

"마침내 평생의 소원이던 내 집을 갖게 되었다. 이제 바이마르를 떠나겠다는 생각은 완전히 버렸다. 여기서 살다가 여기서 죽을 것이다."

당시 실러에게는 아들 카를과 에른스트, 딸 카롤리네가 있었다. 그리고 이 집에서 딸 루이제를 낳았다. 그렇게 여섯 식구가 생활하기에 크지도, 작지도 않은 집에서 절제와 검약이 몸에 밴 생활을 했다. 그러나 실러는 이 집에서 오래 살지 못했다. 고작 3년을 채우고 1805년, 45살을 일기로 세상을 떠났다.

현재 실러의 집에 있는 가구 중에는 실제 실러 가족이 쓰던 오리지널도 있고, 고전시대 가구에 대한 철저한 고증을 거쳐 나중에 장만한 것도 있다고 한다. 괴테의 집과 마찬가지로 실러의 집 관람의 하이라이트는 단연 서재다. 서재에 있는 가구들은 대부분 실제 실러가 쓰던 것이라고 한다. 정갈한 마호가니 책상이 눈에 들어왔다. 책상 위에 그의 필적이 담긴 원고와 펜, 잉크병, 문진이 촛대와 지구의, 시계와 함께 놓여 있었다. 죽는 날까지 펜을 놓지 않았던 그가 마지막으로 쓴 원고는 〈빌헬름 텔〉이었다.

밖으로 나와 근처 레스토랑에서 맥주와 독일식 소시지를 곁들인 점심 식사를 했다. 바이마르의 구시가지에는 숙박과 식사를 함께 할 수 있는 오래된 게스트 하우스가 많다. 기본이 몇백 년인데, 헤더 광장에 있는 작센호프Sächsischer Hof는 역사가 무려 600년이나 된다고 한다. 괴테가 처음 바이마르에 왔을 때 바로 이곳에서 칼프 가족과 함께 살았다. 오래된 건물인데도 외관을 예쁘게 꾸며서 찾는 이가 많다.

괴테의 집 바로 옆에는 하얀 백조 게스트 하우스Gasthaus zum weißen Schwan가 있다. 괴테와 실러가 단골로 드나들었다는 이 게스트 하우스 역시 5대째 가업을 이어오고 있다. 괴테는 바이마르를 찾는 친구들에게 "하얀 백조가 날개를 벌리고 언제나 그대를 반긴다네"라는 말로, 이 집에 대한 찬사를 아끼지 않았다. 괴테의 비서 에커만, 작곡가 리스트, 극작가 코르넬리우스, 화가 뵈클린 그리고 〈고도를 기다리며〉의 작가 사무엘 베케트가 이곳에서 묵었다고 한다.

♪   괴테가 바이마르에 처음 왔을 때 살았던 작센 호프
♬   하얀 백조 게스트 하우스(가운데). 오른쪽에 있는 노란 집이 괴테의 집이다

실러의 생가와 고독의 궁전

바이마르 다음 행선지는 실러의 생가가 있는 마르바흐였다. 실러는 1759년, 독일 남서부 뷔르템베르크에 있는 마르바흐라는 작은 마을에서 태어났다. 실러의 생가는 너무나 작고 초라했다. 프랑크푸르트에 있는 괴테의 생가와는 그야말로 천양지차였다. 그의 생가임을 알려주는 입간판이 없었다면 그냥 지나칠 정도로 특색이 없었다. 1693년 이 근처 마을에서 큰불이 났는데, 이 집은 그때 가까스로 건진 건축 자재로 지었다. 실러의 가족은 1층에 있는 방 한 칸에 세 들어 살고, 위층에는 집주인이 살았다. 방을 제외하고 부엌을 비롯한 나머지 공간은 모두 공동으로 사용했다고 한다.

방 한 칸에서 살았으니 공간이 오죽 비좁았을까. 전시실이라는 말이 무색할 정도였다. 이렇다 할 전시물도 없었고, 그마저도 실러와 직접 관련된 것은 몇 점 되지 않았다. 하기야 그가 세상에 태어났을 때, 이 가난한 집안의 자식이 미래에 바이마르 고전문학의 기수가 될 것임을 그 누가 알고 그의 물건을 챙겼겠는가. 부잣집 도련님으로 태어나 어린 시절의 모습을 그림으로 남길 수 있었던 괴테와는 달랐다. 그렇게 실러는 완전히 뿌리 뽑힌 계급, 진정한 민중의 자식이었다.

전시실 입구에는 실러 어머니의 초상화와 함께 실러가 아기 때 입었던 옷이 걸려 있었다. 레이스와 금박이 있는 공단 모자도 있었다. 실러가 세례 받을 때 썼던 모자로, 실러의 여동생인 에밀리에의 후손에게 기증했다고 한다. 그밖에 실러의 부인이 슈투트가르트에 있는 친구에게 선물한 수정과 금으로 만든 브로치, 실러의 문장이 새겨진 황동 인장, 실러의 소형 동상, 실러 생가의 개관을 알리는 신문기사와 개관 기념 축제를 담은 사진을 볼 수 있었다. 생가를 나와 근처를 산책하던 중 실러 국립 박물관을 보았다. 생가는

〈빌헬름 텔〉의 자필 원고가 놓여 있는 실러의 책상

작고 초라한데 박물관은 크고 웅장했다. 시간이 촉박해 안으로 들어가지는 않고 실러 동상 앞에서 사진만 찍었다.

실러는 마르바흐 집에서 4살 때까지만 살고 다른 곳으로 이사했다. 그의 부모는 가난했지만 아들 교육에는 열성이었다. 5살 되던 해에 실러를 학교에 보냈고 그 이듬해에는 라틴어와 그리스어를 배우도록 했다. 실러는 학업 성취도가 높았다. 학교 성적이 우수하고 촉망받는 학생이었다. 그러나 타고난 신분이 발목을 잡았다.

당시 독일은 수백 개의 군소국가로 나뉘어 있었다. 영주들이 다스리는 이 나라들은 대부분 작고 가난했다. 그런데도 영주들은 자신들의 재정 형편에 걸맞지 않게 크고 호화스러운 궁전을 지었다. 실러가 태어난 뷔르템베르크 공국의 영주 카를 오이겐 공작 역시 그런 인물 가운데 하나였다. 공작은 가렴주구를 일삼는 가혹한 폭군으로, 사치와 방탕을 일삼았다.

오이겐 공작은 자신에게 충성하는 인재를 길러내기 위해 군사학교를 세웠다. 그리고 영내에 있는 초등학교에 공문을 보내 우수한 학생들을 모두 그곳으로 보내도록 했다. 성적이 좋았던 실러도 우수 학생에 뽑혔다. 그의 아버지는 아들이 앞으로 성직자가 될 예정이니 학교 입학을 취소해달라고 부탁했지만 거절당했다. 결국 실러는 14살이라는 어린 나이에 군사학교에 들어갈 수밖에 없었다.

그때부터 지옥 같은 생활이 시작되었다. 학교는 학생들의 개성을 말살하고 획일적인 생활 방식을 요구했다. 문학을 좋아하고 예술적 감수성이 풍부한 실러에게는 맞지 않는 학교였다. 이렇게 지옥 같은 생활이 무려 8년이나 계속되었다. 황금같이 소중한 청소년 시절의 대부분을 딱딱하고 통제가 심한 군사학교에서 보낸 것이다. 그때의 쓰라린 체험이 실러에게 자유의 소중함을 깨닫는 계기가 되었다고 한다.

1775년, 카를 군사학교는 슈투트가르트로 학교를 옮기고 의학부를 신설했다. 오이겐 공작은 실러에게 의학부에 들어가라고 명령했다. 실러는 싫었지만 어쩔 수가 없었다. 군사학교의 숨 막히는 환경은 실러에게 자유와 문학을 향한 열정을 불러일으켰다. 문예 서적을 전혀 읽지 못하게 하는 엄중한 감시 속에서도 친구들과 비밀 모임을 만들어 셰익스피어, 레싱, 루소, 괴테 등의 작품을 탐독했다. 이때 질풍노도 작가들의 작품을 열심히 읽었고 직접 시를 짓기도 했다.

현재 슈투트가르트에는 당시 실러가 다녔던 군사학교 건물이 그대로 남아 있다. 오이겐 공작의 여름 궁전인 솔리튜드 궁전Solitude Palace의 별관이 군사학교였다. 솔리튜드 궁전은 1769년에 오이겐 공작의 지시로 지어진 로코코 양식의 건물이다. 그런데 솔리튜드, 즉 '고독'이라는 궁전의 이름이 인상적이다. 폭군이 지은 궁전의 이름이 '고독'이라니, 넌센스 아닌가. 그래서 직접 가보았다. 그 폭군이 왜 이 궁전에 '고독'이라는 실존적인 이름을 붙였는지 궁금했다.

솔리튜드 궁전은 도심에서 멀리 떨어진 외딴 곳에 있었다. 그야말로 혼자 '고독을 씹기에' 좋은 곳이었다. 그래서 고독이라는 이름을 붙였을까. 여하튼 건물 자체에서는 폭군의 외압적인 면모를 전혀 느낄 수 없었다. 허장성세 없이 단순하고 우아했다. 가운데 궁전 건물이 있고 그 뒤에 양쪽으로 긴 건물이 날개처럼 펼쳐져 있는데, 바로 실러가 다녔던 군사학교가 있었던 곳이다.

1780년, 실러는 카를 군사학교를 졸업했다. 그 후 슈투트가르트 연대의 견습 군의관으로 임명되었지만 본업보다는 문학에 더 몰두했다. 그때부터 창작에 심혈을 기울여 1781년, 〈도둑떼〉라는 희곡을 완성한다. 〈도둑떼〉는 1782년 만하임에서 초연되었다. 그런데 이 사실을 알고 오이겐 공작이 노발대발하며 실러에게 더 이상 극작에 손을 대지 말라는 명령을 내렸다. 작가로 활동하려면 공작의 손아귀에서 벗어나는 것이 최선이라고 생각한 실러는 1782년, 만하임으로 도망쳤다. 그리고 그때부터 고달픈 유랑 생활이 시작되었다.

자유를 빼앗긴 사람은 자유가 얼마나 소중한 것인지를 안다. 실러는 도피 생활을 하던 1785년에 그 유명한 〈환희의 송가〉를 썼다. 그런데 본래 이 작품의 제목은 〈자유의 송가〉였다고 한다. 그러나 여전히 군주제가 굳건하던 곳에서 '자유'라는 말을 쓰면 검열에 걸릴 듯해 '자유'를 '환희'로 바꾸었다. 베토벤은 1824년 실러가 쓴 〈환희의 송가〉를 교향곡 제9번에 나오는 합창의 가사로 사용했다. 4악장에서 모든 사람이 형제처럼 평화롭게 공존하는 아름다운 공동체에 대한 염원이, 오케스트라와 합창으로 장대하게 펼쳐진다. 실러는 알았을까? 자신이 그토록 자유를 갈망하면서 썼던 시가 인류를 구원하는 희망의 찬가가 되었다는 것을.

슈투트가르트 다음 일정은 프랑스 파리였다. 그동안 사용했던 차를 반납하고 파리까지는 기차를 타고 가기로 했다. 반납하기 전에 기름을 채우고 렌터카 사무실로 가는데 갑자기 차에서 검은 연기가 나기 시작했다. 어디선가 타는 냄새도 나는 것 같았다.

"아. 큰일 났다. 기름 잘못 넣은 것 같다."

남편이 당황한 목소리로 외쳤다. 내가 기름을 제대로 넣으라고 그렇게 얘기했건만, 그때는 알았다고 소리 지르고 심지어 눈을 부릅뜨기까지 하더

오이겐 공작의 여름 궁전 솔리튜드 궁전. 뒤에 있는 건물이 실러가 다녔던 군사학교다

니 이 시단이 난 것이다. 예매한 파리행 기차 시간은 다가오고 무언가 결단을 내려야 했다. 결국 우리만 먼저 파리로 가고, 남편은 슈튜트가르트에 남아 문제를 해결한 뒤 다음 기차로 파리에 가기로 했다.

프랑스 파리 북역에 도착해 남편을 기다리는데 속이 부글부글 끓었다. 이 남자는 왜 이렇게 마누라 말을 귓등으로도 안 듣는 걸까? 그렇게 큰 소리 치더니만 꼴 좋다. 울화통이 치미는 가슴을 다스리며 시 한 편을 썼다. 한용운의 〈님의 침묵〉을 패러디한 〈서방님의 침묵〉이다.

서방님은 갔습니다.

아아 사랑하는 나의 서방님은 갔습니다.

검은 연기를 내뿜으며 털털 거리는 차를 타고 슈투트가르트 거리를 돌아서 차마 떨치고 갔습니다.

차에 관해서만큼은 무엇이든 자신 있다던 서방님의 옛 맹세는 차디 찬 티끌이 되어 한숨의 미풍에 날아갔습니다.

"기름 제대로 넣었어?"라는 날카로운 첫 질문의 추억은 "사람 뭘로 보는 거야"라는 대답에 대한 나의 믿음을 배신하고 뒤걸음질 쳐 사라졌습니다.

나는 기름 제대로 넣었다는 서방님 말에 귀먹고, 확신에 찬 서방님 표정에 눈멀었습니다.

물론 여행도 사람의 일이라 예상치 못할 일이 벌어질 수도 있다는 것을 염려하고 경계하지 아니한 것은 아니지만, 이런 어처구니없는 일을 당하니 놀란 가슴에 울화통이 치밀어 오릅니다.

그러나 이런 일로 질책을 하는 것은 서방님의 화를 더욱 부추기는 것이라는 것을 아는 까닭에, 걷잡을 수 없는 울화통의 힘을 빌려 차디찬 맥주를 가슴에 들이부었습니다.

아아, 서방님은 갔지만 마누라의 울화통은 끝나지 아니하였습니다.

제 곡조를 못 이기는 카톡 소리는 서방님의 침묵을 휩싸고 돕니다.

습기를 머금은 비애가
낭만이 되고 자유가 되고 예술이 되는 거리.
라이너 마리아 릴케와 칸딘스키,
파울 클레, 루 살로메, 토마스 만의 추억을 간직한
그 거리를 거닐면 혹시
그들의 시와 그림에 가슴 설렜던
젊은 날의 나를 만날 수 있지 않을까.

4

낡은 거리와
새로운 리듬이 공존하는
이야기의 문

United Kingdom

영국

세상에서
가장 유식한 정원

스코틀랜드, 리틀 스파르타

그리스 로마 신화에 나오는 신 가운데 요즘 말로 '엄친아'라고 할 만한 신은
누구일까? 아마도 제우스의 아들인 아폴로가 아닐까 싶다. 아폴로는 그리스
로마의 역대 신 가운데 최고의 미남으로 꼽힌다. 금발을 한 그의 모습이 '태
양보다도 눈부시다'라고 했으니 여신이든 여자든 그를 한번 보기만 하면 모
두 정신을 못 차렸을 것이다. 그런데 아폴로는 얼굴만 잘생긴 것이 아니었다.
능력도 엄청 뛰어났다. 태양의 신인 동시에 예술의 신, 궁술의 신, 의술의 신,
음악의 신, 이성理性의 신, 예언의 신, 광명의 신, 진실의 신, 목축의 신이었으
니 세상에서 좋은 것들은 다 손에 쥐고 흔들었던 셈이다.

필레몬과 바우키스, 아폴로의 신전이 있는 템플 풀 가든

하지만 그의 잘생긴 외모에 가장 어울리는 자리는 역시 '음악의 신'이라는 자리가 아닐까. 금발의 아폴로가 자신의 현악기인 리라를 연주하는 모습을 상상해보라. 세상에 그토록 매혹적인 장면이 또 있을까? 그야말로 존재 자체가 눈부신 태양과 같은 아폴로! 이제 스코틀랜드를 여행하는 도중 찬란한 금빛 광채를 발산하는 아폴로를 만난 얘기를 해보려고 한다.

내가 아폴로를 만난 곳은 스코틀랜드의 리틀 스파르타Little Sparta라는 정원이었다. 리틀 스파르타는 잉글랜드에서 스코틀랜드로 올라가는 길목에 있는데, 에딘버러와 가깝지만 대중교통으로는 그다지 접근성이 좋은 편이 아니다. 누군가가 에딘버러에서 버스를 타고 이곳을 찾았다가 엄청 고생했다는 얘기를 들었다. 버스에서 내려 정원 입구까지 한 시간 반 동안 걸어갔다고. 따라서 리틀 스파르타에 가려면 승용차를 이용하는 것이 좋다.

리틀 스파르타라는 간판이 있는 곳에서는 정원이 보이지 않는다. 나무문 너머로 양떼가 풀을 뜯어 먹고 있는 초원이 펼쳐져 있는데, 이 초원을 한참 걸어 들어가야 정원이 나온다.

"이거 왜 이렇게 멀어?"

투덜거리는 남편을 내가 점잖게(?) 타일렀다.

"21세기 스코틀랜드에서 저 멀리 고대 그리스 도시국가로 이동하는 거잖아. 그 시공간의 간극을 건너뛰려면 이 정도 수고는 감수해야 하지 않겠어?"

한참을 걸어 드디어 정원에 도착했다. 그 순간 비가 내리기 시작했다. 가랑비 수준이 아니라 그야말로 억수같이 쏟아졌다. 정원을 구경해야 하는데 비가 오다니 정말 난감했다. 여하튼 '오는 비는 올지라도' 나는 우선 급한 업무를 해결하기 위해 화장실에 가야 했다. 그런데 볼일을 다 보고 나왔더니 이게 웬일인가. 언제 그랬냐는 듯 해가 '쨍' 하고 나 있는 게 아닌가. 불과 5분 사이에 이런 기적 같은 일이 일어났다. 아, 영국에서는 정말 날씨 가지고 일희일비하면 안 되겠구나. 화장실 들어갈 때 다르고 나올 때 다르다더니 영국 날씨가 딱 그렇다.

고대 문명에 대한 오마주

리틀 스파르타는 문자 이후 시대의 고대 문명에 대한 오마주와 같은 곳이다. 이 정원을 디자인한 이안 해밀턴 핀레이는 정원 디자이너이자 시인, 조각가다. 시인이니 인문학적 소양이 풍부한 사람이려니. 그런데 정원의 이름은 '무식하게' 스파르타라고 지었다. 스파르타는 쌈박질이나 잘하지 그리스 도시국가 중에서 문화적으로는 가장 뒤떨어지는 나라 아닌가. 그런데 왜 핀레이는 인문적 교양의 표상인 이 고상한 정원에 '리틀 스파르타'라는 다분히 전투적인 이름을 붙였을까.

이야기는 에딘버러 주정부가 핀레이의 정원에 있는 템플 아트 갤러리에 세금을 부과했던 1983년으로 거슬러 올라간다. 핀레이는 이것이 면세 대상이라고 주장하며 에딘버러 주정부와 갈등을 빚었다. 이때부터 에딘버러는 투쟁의 대상이 되었다. 에딘버러를 '북부의 아테네'라고 하는데, 핀레이는 이에 대항하는 의미에서 아테네와 대적하던 나라의 이름을 따서 리틀 스파르타라고 지었다.

리틀 스파르타는 지극히 서사적인 공간이다. 이 정원은 사람들에게 문자로 이야기를 전하고, 문자로 말을 건다. 정원 곳곳에 핀레이가 만든 고대 그리스 양식의 항아리, 모놀리스, 조각상, 신전, 건물의 초석 등이 서 있는

데, 거기에 어김없이 시와 글이 새겨져 있다.

리틀 스파르타의 출발점이 되는 곳은 전정The Front Garden이다. 핀레이가 부인과 함께 정원을 처음 조성하기 시작한 곳이다. 그 전정 안쪽 나무 그늘이 드리운 구석에 로만 가든Roman Garden이 있다. 로만 가든의 주제는 '전쟁'이다. 잠수함, 전투기, 항공모함 모양의 돌조각 들이 여기저기 놓여 있다. 이 중 항공모함의 용도는 버드 바스, 즉 새들의 물통이다. 전쟁에서와는 완전히 다른 용도로 쓰이는 것이다. 그런 질적 전환을 통해 전쟁에 대한 거부감을 은유적으로 드러내고 있다.

로만 가든에서 더 안쪽으로 들어가면 줄리의 정원Julie's Garden이 나온다. 줄리는 장 자크 루소의 소설 〈신 엘로이즈〉의 주인공 이름인데, 소설에 나오는 비밀의 정원에서 영감을 받아 이곳을 디자인했다고 한다. 이름처럼 매우 은밀한 공간으로, 다른 사람의 눈을 피해 홀로 사색에 젖기에 좋은 곳이다.

리틀 스파르타의 중심을 이루는 곳에는 템플 풀 가든Temple Pool Garden이 있다. 핀레이는 오래된 농가를 개조해서 필레몬과 바우키스, 아폴로의 신전을 만들었다. 로마 시인 오비디우스의 〈변신 이야기〉에 바우키스와 필레몬의 이야기가 나온다. 제우스와 헤르메스가 인간으로 변신해 프리지아 지방을 여행하다가 밤에 폭우를 만나 한 허름한 농가를 찾았다. 농사꾼 부부인 바우키스와 필레몬이 이들을 융숭하게 대접했다. 이에 대한 보답으로 제우스와 헤르메스는 허름한 농가를 성대한 성전으로 바꿔주었다. 그리고 죽은 후에는 커다란 나무가 되어 문 앞을 지키도록 했다. 템플 풀 가든의 신전에는 이들이 변신하는 드라마틱한 장면이 새겨져 있다. 한편 태양신 아폴로의 신전에서는 아폴로가 연주했던 현악기 리라와 그가 사용했던 화살 그리

♪　그리스 철학자 헤라클레이토스의 역설이 새겨져 있는 헤라클레이탄 브리지
♬　독일 낭만주의 화가 프리드리히를 기리는 피라미드

고 시와 음악, 예술을 관장하는 아홉 여신을 의미하는 'TO APOLLO HIS MUSIC, HIS MISILLIS, HIS MUSE'라는 글이 새겨져 있는 것을 볼 수 있다.

템플 풀 가든 한 켠에는 사람의 접근을 불허하는 정원이 있다. 이런 종류의 폐쇄 정원을 라틴어로 '호르투스 콘클루스Hortus Conclus'라고 한다. 호르투스 콘클루스는 중세에 크게 유행했는데, 여기에는 주로 약용식물과 식용식물, 장식용 식물을 심었다. 접근 불가한 정원을 쇠창살 너머로 들여다보았다. 안에는 작은 연못이 있고, 수면 위로 하늘의 구름이 보였다. 연못의 둥근 테두리에는 여러 종류의 '구름'을 뜻하는 라틴어가 새겨져 있다.

스코틀랜드, 리틀 스파르타

템플 풀 가든 근처의 우드랜드 가든Woodland Garden에는 물푸레나무, 딱총나무, 편백나무가 우거져 있고, 그 사이사이로 산책로가 조성되어 있다. 산책로의 작은 개울에는 널빤지 두 개로 만든 헤라클레이탄 브리지Heracliton Bridge가 놓여 있다. 각각의 널빤지에는 "서로를 결합하는 것과 서로를 나누는 것은 결국 하나이고 같은 것이다THAT WHICH JOINS AND THAT WHICH DIVIDES IS ONE AND THE SAME"라는, 소크라테스 이전 시대에 활동했던 그리스 철학자 헤라클레이토스의 역설이 새겨져 있다. 문장이 서로 반대 방향으로 새겨져 있기 때문에 다른 널빤지의 문장을 순서대로 읽으려면 다시 '뒤로' 돌아가야 한다. 역순의 역설, 역설의 역순이다.

우드랜드 가든의 저 멀리 그늘진 곳에는 독일 낭만주의 화가 카스파르 다비드 프리드리히를 기리는 피라미드가 서 있다. 그늘진 숲을 사랑했던 화가에게 어울리는 공간이다. 그 근처에 그리스 시대에 서로 반목하며 철학적 논쟁을 벌였던 에피쿠로스 학파의 두목 에피쿠로스와 스토아 학파의 두목 제노의 두상이 서 있다. 서로 마주 보고 서 있는 두 철학자 사이의 논쟁이 아직도 끝나지 않은 것 같다. 서로를 바라보는 눈빛이 심상치 않다.

와일드 가든Wild Garden은 리틀 스파르타에서 가장 야생에 가까운 공간이다. 나무, 연못, 돌다리, 습지, 풀, 오솔길 등 모든 것이 인간의 손길이 닿지 않은 듯 자연스럽다. 그러나 핀레이는 이 야생의 공간에 무엇보다 많은 인간의 이야기를 펼쳐놓았다. 윗부분이 잘려나간 돌기둥에는 로마 시인 베르길리우스의 서사시 〈아이네이스〉에 나오는 고대 카르타고 여왕 디도와 로

♪　여러 종류의 배를 의미하는 단어들이 새겨져 있는 돌
♬　연못 옆에 놓인 아폴로 두상

♪

♫

마 장군 아이네이스의 비극적인 사랑 이야기가 적혀 있다. 연못의 발원지 히크 겔리디 샘Hic Gelidi Fontes에도 역시 베르길리우스의 전원시가 새겨져 있다. 한편 연못가에 놓은 돌은 "푸생을 보고, 로랭을 들어라SEE POUSSIN, HEAR LORRAIN"라고 명령한다. 푸생과 로랭 모두 자연을 그린 화가로 유명하다. 이들을 보고 들으라는 것은 이들이 그린 자연을 찬양하라는 의미다. 로랭의 자연은 동적이고, 푸생의 자연은 정적이다.

나무가 우거진 숲길을 걷다 보면 붉은색과 초록색 철판으로 제작된 아폴로와 다프네를 만나게 된다. 두 사람의 모습이 매우 발랄하고 경쾌하다. 무채색의 돌조각이 주조를 이루는 숲에서 갑자기 만나는 원색의 향연은 숲에 생기를 주는 화룡점정 같다. 아폴로와 다프네를 뒤로하고 연못 쪽으로 더 들어가면 금박을 입힌 아폴로의 두상이 나타난다. 풀밭 위에 놓인 거대한 아폴로의 머리가 햇빛에 은밀하게 반짝이는 모습을 보고 있으면 이루 말할 수 없이 신비로운 느낌이 든다. 리틀 스파르타에서 가장 많은 영감을 불러일으키는 공간이다.

와일드 가든을 빠져나오면 울타리 너머로 로찬 에크 가든Rochan Eck Garden이 보인다. 여기에는 비교적 규모가 큰 연못이 있고, 그 위로는 언덕이 시원하게 펼쳐져 있다. 언덕 위에 놓인 11개의 화강암에는 "현재의 질서는 미래의 무질서THE PRESENT ORDER IS THE DISORDER OF THE FUTURE SAINT JUST"라는 말이 새겨져 있다. 돌판에 새겨진 단어의 순서를 바꾸어 읽으면 의미가 달라질 수도 있다. 현재의 무질서가 미래의 질서가 될 수도 있는 것이다.

로찬 에크에서 시작되는 작은 개울을 따라가면 가장 최근에 조성된 잉글리시 파크랜드English Parkland가 나온다. 넓은 초원 한가운데 자작나무, 서어나무, 불두화나무, 사시나무, 자두나무를 둥글게 심어놓은 곳이 보

"현재의 질서는 미래의 무질서
THE PRESENT ORDER IS THE DISORDER OF THE FUTURE SAINT JUST"
라는 말이 새겨져 있는 돌

돌판에 새겨진 단어의 순서를
바꾸어 읽으면 의미가 달라질 수도 있다.
현재의 무질서가 미래의 질서가 될 수도 있는 것이다.

인다. 그 가운데에 우드랜드 플루트Woodland Flute라는 석판이 있고, 여기에 BETULA, PENDULA, CARPINUS, BETULUS 등 'U' 발음으로 끝나는 단어들이 적혀 있다. 이는 플루트를 부는 연주자의 입모양을 의미한다. 연주자가 플루트에 '우' 하고 공기를 불어넣어 음악을 연주하듯 이곳의 나무들도 바람이 불면 음악을 연주한다. 바람의 흐름에 맞추어 나뭇잎들이 춤을 추고 노래한다. 이런 바람의 물결이 그 옆에 펼쳐진 넓은 초원으로 옮겨 간다. 초원에 물결치듯 5개의 작은 언덕이 조성되어 있고, 그 꼭대기에 각기 다른 언어로 '물결'을 의미하는WAVE VAGUE WOGE ONDA UNDA가 새겨진 석판이 있다. 시력으로 감지하는 물결 위에, 지력으로 감지하는 물결이 있다.

리틀 스파르타는 야생의 자연과 인간의 이야기가 만나는 특별한 공간이다. 이 공간을 이해하려면 인문학적인 소양이 필요하다. 그리 크지 않은 공간에 정치, 철학, 사상, 문학, 신화, 전설, 음악, 미술, 예술 등 인류 문명의 모든 것을 담고 있으니 세상에 이렇게 '유식한' 정원이 또 있을까.

홀리루드 파크에서 본 에딘버러

리틀 스파르타 다음 일정은 에딘버러에 있는 홀리루드하우스 궁전이었다. 그런데 에딘버러에 너무 늦게 도착했나 보다. 주차장에 차를 대고 전속력으로 궁전으로 달려갔으나 이미 마지막 관람 입장 시간이 끝난 뒤였다. 허탈한 마음에 내일을 기약하며 주차장으로 터덜터덜 걸어오는데, 거대한 바위산이 눈에 들어왔다. 홀리루드 파크Hollyrood Park라는 산으로, 예전에는 이곳이 왕실의 사냥터였다고 한다. 하지만 사냥터라는 말이 무색하게 산에는 '숲'이라고 할 만한 것이 없었다. 높고 낮은 언덕과 산등성이, 바위, 절벽,

호수, 초원, 식물 군락지 등은 있지만 숲은 없었다. 이런 곳에서 어떻게 사냥을 했을까.

우리는 그 산을 오르기로 했다. 잉글랜드나 스코틀랜드의 산들이 대개 그렇듯이 홀리루드 파크 역시 접근성이 좋다. 산 정상까지 완만하게 이어진 경사를 따라 그냥 천천히 걷기만 하면 된다. 파크 안에는 세인트 마가렛St. Margaret's, 던사피Dunsapie, 더딩스톤Duddingston 이렇게 세 개의 호수가 있다. 길을 따라 올라가다 보면 중간에 지금은 다 무너져 폐허가 된 성 안토니 교회St. Anthony's Chapel가 나오는데, 그 밑에 있는 호수가 바로 세인트 마가렛 호수다. 아더의 자리Athur's Seat라고 하는 산 정상은 에딘버러에서 가장 높은 곳이다. 이곳에서 내려다보이는 풍광이 압권이다. 에딘버러 시내는 물론 아름다운 호수와 그 너머로 푸른 바다까지 한눈에 다 보인다.

"여기서 에딘버러 시내를 한눈에 보았으니 에딘버러를 다 둘러본 것이나 다름없겠지?"

도시 구석구석을 돌아볼 시간이 없었던 우리는 이렇게 가장 높은 곳에서 에딘버러를 '총체적으로' 내려다보는 것으로 에딘버러 관광을 갈무리했다.

산에서 내려와 숙소로 차를 몰았다. 숙소는 홀리루드 파크 아주 가까운 곳에 있었다. 숙소는 쉽게 찾았는데 주차가 문제였다. 숙소에 따로 주차장이 없는 듯했다. 호스트에게 주차장이 어디냐고 메시지를 보냈더니 아니나 다를까 길가에 알아서 세우라는 답장이 왔다. 빈자리가 있으면 그냥 비집고 들어가라는 것이다. 도심지에 숙소를 잡으면 이런 경우가 종종 발생한다. 빈자리를 찾기 위해 집 주변을 몇 번이나 뱅글뱅글 돌았다. 그러다가 간신히 자리를 찾았다. 숙소에서 한 100미터쯤 떨어진 곳이었지만 그래도 이

홀리루드 파크에서 내려다본 에딘버러 전경

게 어디야 하는 마음으로 숙소까지 짐을 날랐다.

밖에서 생각한 것과 달리 숙소는 넓고 아늑했다. 특히 각종 조리기구를 두루 갖춘 주방이 마음에 들었다. 그날 우리는 생선 요리를 해 먹을 예정이었기 때문이다. 대부분의 가게가 문을 닫는 일요일이지만 바닷가에 와서 해산물을 먹지 않고 간다는 건 말이 안 되는 얘기지. 남편은 이러면서 인터넷을 검색해 일요일에도 영업하는 해산물 가게를 기어코 찾아냈다. 한국에서 생선을 찍어 먹을 와사비와 간장도 가져왔겠다, 이제 생선만 있으면 된다. 이런 마음으로 서둘러 해산물 가게로 향했다.

그러나 막상 도착해보니 우리가 생각한 어물전이 아니었다. 그냥 바다에서 잡힌 생선을 튀긴 감자와 함께 파는, 전문용어로 '피시 앤 칩스'를 파는 레스토랑이었다. 그야말로 대실망. 할 수 없이 피시 앤 칩스를 포장해서 숙소에 가서 먹기로 했다.

'Whale Special'이라는 메뉴가 있었다.

"와! 여기 고래 고기도 파네. 이참에 고래 고기 좀 먹어볼까?" 했는데, 자세히 보니 고래 고기가 아니라 아주 커다란, 말하자면 '고래급'이라는 뜻이었다. 그 고래급 피시 앤 칩스를 1인분만 사서 숙소로 향했다. 오는 길에 다른 먹거리를 사려고 마트에 들렀다. 남편이 와인을 한 병 사자고 한다.

"무슨 술을 또 사? 위스키도 있고 코냑도 있고 맥주도 있는데… 여행하면서 무슨 술을 종류별로 마시려고?"

이렇게 태클을 걸었지만 물러설 남편이 아니었다. 술이 썩는 것도 아니고, 차에 싣고 다니니 운반이 어렵지도 않은데 왜 안 되냐는 것이다. 이 문제로 약간 실랑이를 벌이다가 그냥 내가 양보하고 말았다.

그날 저녁 우리의 식탁은 그야말로 호화스러웠다. 피시 앤 칩스를 담은

'Whale Special'을 기본으로 차린 매우 '스페셜한' 저녁 식사

접시 한쪽에 끓는 물에 살짝 데친 연두색 콩깍지를 놓으니 비주얼이 그럴 듯했다. 여기에 과일 안주로 사과와 토마토, 반찬으로 홍당무와 오이에 고춧가루를 넣고 버무린 즉석 김치, 양송이 버섯과 파를 송송 썰어 넣고 끓인 사골국 그리고 화이트 와인까지. 얼마나 만족스러운지, 마트에서 와인 산다고 핀잔을 주었던 것이 살짝 미안해질 정도였다. 에딘버러에서의 첫 밤은 그렇게 해피엔딩으로 끝났다.

다음 날 아침, 창밖이 훤해서 시계를 보니 새벽 4시 반이었다. 그런데 바깥이 대낮처럼 밝았다. 북유럽에만 백야가 있는 것이 아니다. 스코틀랜드에서도 북유럽처럼 해가 죽어도 지지 않는다. 조금 어두워졌다 싶으면 바로 아침이다. 너무 일찍 일어나 다시 잠자리에 누웠지만 잠이 잘 오지 않는다. 오늘은 일정이 빠듯하다. 계획대로라면 어제 홀리루드하우스 궁전을 봐야

스코틀랜드, 리틀 스파르타

했는데, 못 봤기 때문에 오전에 궁전을 본 다음 미리 예약해둔 글렌고인 증류소 투어에 참가하기 위해 서둘러 글래스고로 올라가야 한다.

휴, 바쁘다. 바빠.

메리 여왕이 태어난 스튜어트 왕가의 본영

스코틀랜드, 스털링 성

세상의 왕이나 여왕 중에서 스코틀랜드의 메리 스튜어트만큼 파란만장한 삶을 살다 간 인물도 드물 것이다. 그녀는 공주와 왕비, 여왕이라는, 당시 여자로서 누릴 수 있는 최고의 영화를 누리다가 한순간에 몰락해 참수형으로 생을 마감했다. 그녀의 삶을 들여다보면 인생 자체가 그냥 드라마였다는 생각만 들 뿐이다. 영화를 찍어도 이보다 더 드라마틱할 수 있을까. 그래서인지 메리 스튜어트의 이야기를 소재로 한 영화나 드라마가 꽤 많다. 유명한 오페라도 한 편 있는데, 이탈리아 작곡가 도니제티가 쓴 〈마리아 스투아르다〉다. 마리아 스투아르다는 메리 스튜어트의 이탈리아식 이름이다. 도니제티는 메

메리 여왕이 태어난 스털링 성

리 스튜어트뿐만 아니라 헨리 8세의 왕비였던 앤 불린의 삶을 그린 〈안나 볼
레나〉와 엘리자베스 1세의 사랑 이야기를 담은 〈로베르토 데브뢰〉라는 오페
라도 작곡했다. 〈마리아 스투아르다〉와 이 두 작품을 묶어 '퀸 3부작'이라고
한다.

어린 나이에 왕위에 오른 메리 스튜어트

비극은 그녀가 세상에 태어나는 순간부터 시작되었다. 메리 스튜어트
는 1542년 12월 8일, 스코틀랜드의 스털링 성에서 제임스 5세와 프랑스 명
문 귀족 출신의 왕비 마리 드 기즈 사이에서 태어났다. 메리가 태어났을 때,
아버지 제임스 5세는 잉글랜드의 헨리 8세와의 거듭된 전쟁으로 심신이 몹

메리 여왕의 일대기를 그린 도니제티의 오페라 〈마리아 스투아드라〉

시 지친 상태였다. 사실 헨리 8세와 제임스 5세는 외삼촌과 조카 사이였다. 제임스 5세의 어머니가 헨리 8세의 누나였다. 그런데도 서로 싸움박질을 했다. 제임스 5세는 잉글랜드 군과 싸우다 병을 얻었고, 외동딸인 메리가 태어난 지 6일 만에 숨을 거두었다. 메리의 어머니인 마리 드 기즈는 권력을 빼앗길 것을 우려해 곧바로 스털링 성에서 딸 메리 스튜어트를 스코틀랜드 여왕에 앉히는 대관식을 치렀다. 그때 메리의 나이는 겨우 9개월에 불과했다. 이렇게 어린 딸을 여왕 자리에 앉힌 뒤 마리 드 기즈는 아란 백작 제임스 해밀턴과 함께 섭정을 했다.

　　제임스 5세가 전쟁에서 사망하자, 잉글랜드의 왕 헨리 8세는 잉글랜드와 스코틀랜드와의 화약 조건으로 메리와 자신의 아들 에드워드 왕자와의 결혼을 요구했다. 메리의 어머니 마리 드 기즈는 헨리 8세의 요구를 마지못해 수락했다. 하지만 헨리 8세가 이에 만족하지 않고 메리를 잉글랜드에서 양육해야 한다고 주장하면서 일이 틀어졌다. 애초부터 잉글랜드와 강제로 맺은 혼인서약을 지킬 생각이 없었던 마리 드 기즈는 헨리 8세가 부당한 요구를 하자, 당시 6살이던 메리를 자기 고향인 프랑스로 보내 프랑스 왕궁에서 자라도록 했다.

어린 나이에 프랑스 왕궁으로 들어간 메리는 프랑스 왕세자 프랑시스 2세와 결혼하고 나중에 프랑스 왕비가 되었다. 프랑시스 2세와 메리 부부는 알콩달콩 서로 사이좋게 지냈다고 한다. 아마 이때가 그녀의 인생에서 가장 행복한 시기가 아니었나 싶다. 그러나 이런 행복은 오래가지 못했다. 원래부터 병약했던 프랑시스 2세가 즉위한 지 1년 만인 1560년에 세상을 떠나고 말았기 때문이다. 남편의 죽음으로 메리는 프랑스 궁전에서 찬밥 신세가 되고 말았다. 시어머니와도 사이가 나빴던 메리는 결국 고향인 스코틀랜드로 돌아올 수밖에 없었다.

그때 어머니 마리 드 기즈는 이미 세상을 떠나고 없었다. 프랑스 궁전에서 자란 메리는 어머니인 마리 드 기즈와 마찬가지로 독실한 가톨릭 신자였다. 그러나 당시 스코틀랜드에서는 이미 개신교가 권력을 장악한 상태였다. 메리는 실질적인 개신교 국가에 유일한 가톨릭 신자로 왕위에 올랐다. 이것이 비극의 씨앗이었다. 메리는 개신교 지도자 존 녹스의 배려로 스코틀랜드에서 유일하게 가톨릭 미사에 참여할 특권을 갖게 되었지만, 개신교 신자들 눈에 곱게 보일 리 만무했다.

메리는 고향만 스코틀랜드지 완전히 프랑스 사람이나 다름없었다. 당연히 언어는 프랑스어를 썼고 스코틀랜드어는 거의 하지 못했다. 이런 점에 스코틀랜드 사람들은 이질감을 느꼈다. 그리고 메리도 마찬가지였다. 세련되고 우아하고 화려한 프랑스 궁정문화에 익숙한 메리에게 스코틀랜드는 모든 것이 너무 거칠고 투박하고 조야한 곳이었다. 스코틀랜드 왕인데도 불구하고 메리에게 스코틀랜드는 정서적으로 너무나 먼 나라였고, 그래서 고향에 돌아온 뒤에도 늘 프랑스를 그리워했다.

오페라 〈마리아 스투아르다〉에도 메리 여왕이 프랑스를 그리워하는 아리아가 나온다.

오! 부드럽게 흘러가는 구름이여!

내 사랑과 내 탄식을 실어

나의 집이 있던

저 축복받은 땅으로 가다오.

여기로 사뿐히 내려와

네 날개에 나를 싣고

고통스러운 이 땅을 벗어나

저 멀리 프랑스로 데려가주렴.

하지만 무심한 구름은 나를 버려두고

혼자서 축복받은 그 땅으로 가버렸구나!

여기서 메리 여왕은 프랑스를 '나의 집', '축복받은 땅'으로 묘사했다. 스코틀랜드에서 태어났으나 그녀의 정서적 고향은 프랑스였던 셈이다.

스튜어트 왕가의 역사를 간직한 성

메리 스튜어트가 태어난 스털링 성은 스코틀랜드 왕가의 본영으로, 에든버러에서 자동차로 약 1시간쯤 떨어진 곳에 있다. 수많은 스코틀랜드의 왕들이 이 성에서 세례를 받고, 대관식과 결혼식을 올리고, 생의 마지막 의식을 치렀다. 메리 스튜어트 역시 9개월의 어린 나이로 이 성에서 대관식을 치렀다.

중세에 지어진 대부분의 성처럼 스털링 성의 외관은 단단하지만 투박하다. 건물 외벽을 비너스 상을 비롯한 여러 조각상으로 장식해놓았는데, 조각상 모두 르네상스적인 우아함이나 화려함과는 거리가 멀다. 그리스, 로마 예술을 흉내 냈지만 그저 투박하기만 하다. 그리스, 로마 예술의 노마드적 버전이라고나 할까.

스털링 성에서 가장 먼저 왕실 예배당The Royal Chapel을 찾았다. 대대로 스튜어트 왕가의 대관식이 열렸던 곳으로 특히 제임스 5세와 딸 메리 스튜어트 그리고 메리의 아들 제임스 6세가 모두 어린 아기일 때 이곳에서 대관식을 치렀다. 1561년 개신교가 우세한 스코틀랜드에 가톨릭 신자로 돌아온 메리는 바로 이곳에서 귀국 기념미사를 드렸다. 메리는 스코틀랜드에서 유일하게 가톨릭식으로 예배를 드릴 수 있는 특권을 부여받았고, 이곳 왕실 예배당은 스코틀랜드에서 가톨릭식으로 예배를 드릴 수 있는 유일한 장소였다. 메리는 1566년 12월에 있었던 아들 제임스의 세례식도 이곳에서 완전한 가톨릭 형식으로 치렀다.

아들의 세례식을 이곳에서 치르기는 했지만 사실 메리 여왕은 스털링 성과는 별다른 추억이 없었다. 6살 때 스털링 성을 떠났고, 프랑스에서 스코틀랜드로 돌아온 뒤로는 주로 에딘버러에 있는 홀리루드하우스 궁전에서 생활했기 때문이다. 하지만 메리의 아들 제임스 6세는 달랐다. 그는 어린 시절의 대부분을 이곳에서 보냈다. 그래서 스털링 성에 특별한 애착을 갖고 있었다. 그래서 왕위에 오른 뒤 자신의 추억이 깃들어 있는 스털링 성을 대대적으로 보수하고 확장해 현재 모습을 갖추도록 했다.

물론 제임스 6세에게 스털링 성에서의 추억이 항상 좋은 것만은 아니었다. 쓰라린 기억도 있었다. 스털링 성에는 왕자의 타워Prince's Tower라는 곳이 있는데, 제임스 6세가 어린 시절 스승의 가르침을 받던 곳이다. 그의 스승은 당대 최고의 학자로 명성을 날리던 조지 뷰캐넌이었더. 뷰캐넌은 무척 엄격한 스승이었다. 왕은 세상 누구보다 지적으로 완벽해야 한다는 신념 아래 어린 왕자를 혹독히 다루었다. 조금이라도 공부를 게을리하면 무지막지하게 매를 휘둘렀다. 그래서 왕자는 뷰캐넌의 발걸음 소리만 들어도 겁에 질려 부들부들 떨었다고 한다. 그 경험이 트라우마가 되었는지 제임스 6세는 왕이 된 이후에도 종종 뷰캐넌에게 맞는 악몽을 꾸었다. 따라서 제임스 6세는 뷰캐넌을 그리 좋아하지 않았다. 하지만 왕의 스승으로서 최소한의 예우를 갖추었다.

1594년, 제임스 6세의 장남 헨리가 태어났다. 당시 잉글랜드의 엘리자베스 1세는 후사가 없었기 때문에, 그녀가 죽으면 스튜어트 왕가의 자손이 잉글랜드의 왕이 되는 것은 자명한 순서였다. 제임스 6세는 장차 스코틀랜드의 왕은 물론 잉글랜드의 왕이 될 왕세자의 세례식을 보다 번듯한 곳에서 치르고 싶어했다. 그래서 기존에 있던 예배당을 부수고 이보다 규모가 큰 새로운 예배당을 지으라고 명령했다. 날짜가 급박했기 때문에 새 예배당은 불과 6개월 만에 지어졌다. 금도금이 된 천장에 세례를 상징하는 그림을 비롯한 각종 그림과 태피스트리, 조각상으로 벽면을 장식했다. 1594년 8월

♪   스튜어트 왕가의 대관식이 열렸던 왕실 예배당
♬   왕실의 연회와 무도회가 열렸던 그레이트 홀

30일, 이곳에서 제임스 6세의 아들 헨리의 세례식이 거행되었다. 장래 잉글랜드의 왕위 계승자임을 상징하는 듯 세례식에서는 잉글랜드 대사가 아기를 안고 예배당 안으로 들어왔다.

1603년, 잉글랜드의 엘리자베스 1세가 후계자 없이 세상을 떠나자 왕가의 혈통을 지닌 제임스 6세가 잉글랜드의 왕이 되어 스코틀랜드를 떠났다. 제임스 6세가 떠난 뒤, 왕실 예배당은 오랫동안 방치되었다. 그러다가 제임스 6세에 이어 왕위에 오른 찰스 1세가 대관식을 치르려고 스코틀랜드를 방문하자, 그를 맞기 위해 왕실 예배당을 새로 단장했다. 바로 이것이 현재까지 남아 있는 왕실 예배당의 모습이다.

현재의 예배당은 완전히 개신교적이다. 가톨릭 성당에서 으레 볼 수 있는 성상聖像이나 성화聖畵는 전혀 찾아볼 수 없다. 전면의 벽은 전체적으로 갈색 색조를 띤 왕관의 상징, 칼과 왕홀의 그림들이 꽃과 과일 문양과 함께 장식되어 있고, 천장은 아무런 문양이 없는 나무로 마감되어 있다. 그래서 전체적으로 심플하고 현대적인 느낌을 준다. 표현의 허장성세가 없는, 강직하면서도 세련된 미적감각을 보여주는 디자인이다. 예배당의 규모도 왕실 예배당치고는 상당히 작다.

스털링 성에서 가장 규모가 큰 그레이트 홀Great Hall은 중세적 특징을 그대로 간직한 장소다. 1503년, 제임스 4세가 왕실의 각종 행사를 위해 지었는데, 여기서 대규모 연회와 댄스 파티, 연극 공연 등이 열렸다. 메리 여왕이 아들 제임스 6세의 세례식을 축하하는 연회를 베푼 곳도 그레이트 홀이다. 제임스 6세 역시 아들 헨리의 세례식 피로연을 이곳에서 열었다. 그런데 정말 굉장했다고 한다. 홀 바닥에 인공 바다를 설치해놓고, 그 위에 해산물 요리가 가득 실린 길이 18피트, 높이 40피트의 나무배를 띄워 손님들을 대접했다고 한다. 배에서 축포까지 쏘았다고 하니 그 모습이 얼마나 장관이었을지 충분히 짐작이 가고도 남는다.

그러나 이런 전설 같은 이야기가 무색할 정도로 현재의 그레이트 홀은 소박하기 그지없다. 고딕이나 르네상스의 광휘나 화려함과는 거리가 멀다. 왕실 예배당 벽에는 소박하나마 장식 그림이 있지만 여기에는 그마저 없다. 채광이 용이하도록 벽면 높은 곳에 설치한 창문과 난방을 위한 벽난로 다섯 대 그리고 왕과 왕비를 위한 테이블과 의자, 그 뒤에 걸린 왕실 휘장이 전부다. 굳이 장식을 찾으라고 한다면 천장에 설치된 나무 들보 정도가 되지 않을까 싶다. 이 또한 1700년대 말에 제거되었다가 1999년 성을 복원하면서 다시 설치했다고 하니, 그전의 모습은 정말 썰렁하기 그지없었을 것이다.

한때 하객으로 붐비던 그레이트 홀은 잉글랜드 왕을 겸하게 된 제임스 6세가 왕실의 본거지를 잉글랜드의 런던으로 옮기고, 스털링 성이 더는 왕궁으로 기능하지 않게 되면서 그 빛을 잃었다. 그 후 이 홀은 물건을 보관하는 창고나 군사적인 용도로 사용되다가, 1999년에 대대적인 복원 작업을 통해 제임스 4세가 처음 지었을 때와 거의 같은 모습을 되찾았다.

왕과 왕비의 방 그리고 '머리들'

그레이트 홀과 연결된 다리를 건너가면 왕궁이 나온다. 이곳에 있는 왕의 내실King's Inner Hall은 상당히 흥미로운 곳이다. 신하가 왕을 알현하는 용도로 쓰였던 이 방의 천장은 이른바 '스털링 두상들Stirling Heads'로 장식되

왕의 내실 천장을 장식하고 있는 '머리들'

어 있다. 방의 내부 장식은 화사하면서도 깔끔한 느낌이다. 천장의 '머리들'이 다채로운 색상으로 채색되어 있는 반면 벽면의 장식 그림은 단색으로 그려졌는데, 얼핏 보면 돌을 양각해놓은 듯 보인다. 지극히 경제적이면서도 경쾌한 눈속임이다. 나무에 조각된 이 '머리들'의 주인공은 헤라클레스 같은 신화 속 인물이나 스코클랜드 역대 왕과 왕비, 뛰어난 지도자들인데, 흥미로운 점은 그 '머리들' 중에 잉글랜드 산産도 있다는 점이다.

천장을 자세히 보면 제임스 5세와 그의 아내 마리 드 기즈가 나란히 배치되어 있고, 그 오른쪽으로 그의 아버지 제임스 4세와 잉글랜드 왕가 출신의 왕비 마가렛 튜더가 있으며, 제임스 5세의 왼쪽에 잉글랜드 왕 헨리 8세의 머리가 있는 것을 볼 수 있다. 여기에는 분명 어떤 의도가 있었을 것이다. 제임스 5세는 스튜어트 왕가가 튜더 왕가의 피도 받았으므로 잉글랜드 왕으로 군림할 자격이 있다는 것을 은연 중에 과시하고 싶었던 것이 아닐까. 다양한 색깔로 채색된 '머리들'이 상당히 아름다운데, 성의 전시관인 스털링 헤드 갤러리Stirling Heads Gallery에 가면 더 많은 '머리들'을 볼 수 있다.

이어지는 왕의 침실King's Bed Room 천장의 나무 패널도 아름답게 장식되어 있다. 여기에는 제임스 5세의 왕관과 그의 암호였던 숫자 '15', 왕의 무기들, 제임스의 기사 임명장이 간략한 문양의 형태로 그려져 있다. 이에 비해 왕의 외실King's Outer Hall은 훨씬 소박하다. 천장에는 별다른 장식이 없고, 벽면도 푸른 계통의 무늬를 그려 넣어 마무리했다. 이 방에 가면 장인들이 무기와 갑옷을 직접 만드는 모습을 볼 수 있다.

왕비의 침실Queen's Lodging에서는 제임스 5세의 왕비 마리 드 기즈를 염두에 두고 디자인한 천장 장식이 눈에 띈다. 황금빛 나뭇잎 모양의 아라베스크 무늬와 마리의 친정인 기즈 가문의 무기가 그려진 문장 그리고 가문

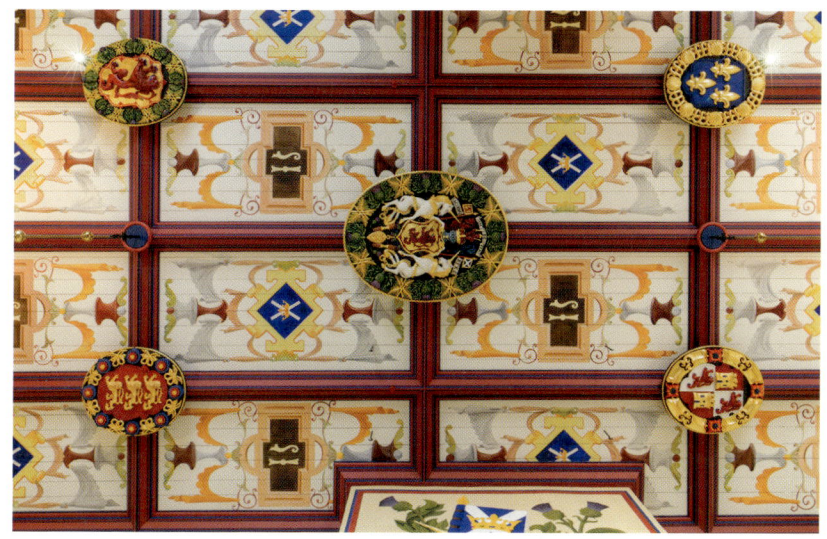

제임스 5세의 왕관과 무기 문양으로 장식한 왕의 침실의 천장

의 상징인 예루살렘의 십자가와 화살이 박힌 세 마리 독수리 그림이 그려져 있다.

그다음 방은 왕비의 내실Queen's Inner Romm이다. 이 방에서 단연 눈에 띄는 것은 화려한 색상을 자랑하는 태피스트리다. 유니콘 사냥과 관련된 태피스트리가 벽에 쭉 걸려 있었는데, 내가 이제까지 본 태피스트리 중에서 가장 아름다운 것이었다. 그도 그럴 것이 이제까지 본 태피스트리는 오랜 세월이 흘러 색상이 바랜 오리지널이었지만 여기에 있는 것은 오리지널을 재현한 복제품이기 때문이다.

아름다운 태피스트리가 걸려 있는 왕비의 내실

다양한 체험의 장

태피스트리를 만들려면 엄청나게 긴 시간과 숙련된 노동이 필요하다. 대형 태피스트리를 하나 제작하는 데에는 약 2년 내지 4년이 걸린다고 한다. 지금도 스털링 성의 스튜디오에서는 태피스트리를 만드는 작업이 이루어지고 있다. 스튜디오에 들어가 직접 태피스트리 만드는 장면을 지켜볼 수 있지만 사진 촬영은 절대로 안 된다.

그레이트 홀 건너편에 왕궁의 식사를 담당했던 주방Great Kitchen이 있다. 이곳에 가면 당시의 모습을 그대로 재현해놓은 주방을 볼 수 있다. 비록 모형이지만 음식이나 요리하는 시종들 모습이 제법 생생하다. 그중에서 가장 재미있는 것은 쏟아진 우유를 핥아 먹는 고양이 모형과, 시종장쯤 되는 사람에게 혼나고 있는 어린 소년의 모습이다. 무슨 실수를 했는지 모르지만 아마 실제로 주방에서 이런 일이 가끔 일어났을 것이다. 특히 그레이트 홀에서 향연이라도 열리는 날이면 책임자의 신경이 훨씬 날카로워졌을 것이다. 수백 명이나 되는 하객들을 위해 여러 종류의 음식을 만들고, 순서에 맞게 준비해 홀까지 나르는 일이 어찌 보통 일인가. 홀에 있는 높으신 분들은 느긋하게 여흥을 즐기지만, 이곳 주방은 거의 전쟁터나 다름없었을 것이다.

주방 한 켠에 음식 나르는 시종의 애환을 담은 전시물이 눈에 띈다. 식사의 첫 코스로 포타주나 수프를 나를 때만 해도 시종이나 그를 따르는 개나 모두 팔팔한 모습이다. 그러나 코스가 거듭될수록 점점 지쳐서 마지막으로 과일을 나를 때쯤이면 시종과 개 모두 초죽음이 되고 만다. 그런 모습이 코믹하게 묘사되어 있다. 음지에서 일하는 사람들의 애환이라고나 할까.

이렇게 스털링 성은 왕가의 광휘뿐만 아니라 그것을 유지하기 위해 음지에서 일했던 사람들의 일상까지 보여준다. 음식을 만드는 사람들, 음식을

왕비의 침실

나르는 사람들, 무기를 만드는 사람들, 태피스트리를 제작하는 사람들, 악사와 광대, 성의 유지를 담당했던 관리들의 일상까지 모두 볼 수 있다.

그리고 또 하나 스털링 성의 장점을 들자면, 공간 하나하나를 그냥 두지 않고 체험이나 교육의 장으로 이용하고 있다는 점이다. 스털링 성의 역사를 알 수 있는 전시관, 어린이를 위한 교육관, 관람객 모두를 위한 체험장 등 내용이 충실하게 채워져 있어 지루하지 않게 관람할 수 있다. 성 밖으로 나오면 성벽 위를 따라 걸을 수 있는 긴 산책로를 만나게 된다. 아래로 스털링 시내가 한눈에 내려다보이는 이곳에서 스털링 특유의 풍광을 즐기는 것도 스털링 성 관광의 매력이다.

한 편의 영화 같은
비극의 현장

에딘버러, 홀리루드하우스 궁전

프랑스에서 살다가 고향인 스코틀랜드로 돌아온 메리는 귀국 초기부터 결혼 압박에 시달렸다. 그래서 1565년, 헨리 스튜어트 단리 경과 결혼식을 올린다. 단리 경은 잉글랜드 왕 헨리 7세의 후손이자 스튜어트 왕족의 후손이기도 했다. 잉글랜드와 스코틀랜드의 왕이 되기에 손색없는 혈통이었다. 그래서인지 그는 여왕의 남편으로 만족하지 않고 자신이 스코틀랜드의 왕이 되어야 한다고 주장했다. 그런데 기록에 따르면 단리 경은 성격이 포악하고 오만할 뿐만 아니라 주정뱅이였다고 한다. 이런 인물이 권력욕까지 있었으니 그 행태가 어땠을지 짐작이 가고도 남는다. 비록 결혼을 했지만 메리는 이런

메리 여왕과 단리. 영화 〈메리, 스코틀랜드의 여왕〉

남편을 영 못마땅하게 생각했다.

그런데 이렇게 사이가 안 좋았는데도 '할 일'은 했던 모양이다. 얼마 지나지 않아 둘 사이에 아들이 태어났다. 나중에 메리의 뒤를 이어 스코틀랜드 왕에 오른 제임스 6세다. 그러나 아들을 낳은 이후에도 부부 사이는 여전히 좋지 않았다. 그러자 또 다른 야심가가 둘 사이에 끼어들었다. 보스웰 백작 제임스 햅번이라는 인물이었다. 보스웰 백작은 여왕을 보필한다는 명목으로 거의 남편급으로 행세하고 다녔다. 스털링 성에서 열린 제임스 6세의 유아세례식을 준비한다고 설쳐대는 것도 모자라, 왕실과 아무 연고도 없음에도 불구하고 스스로 귀빈으로 세례식에 참석하기까지 했다.

아들의 세례식 이후, 메리와 단리 경은 한동안 별거에 들어갔다. 메리는 에딘버러에 있는 홀리루드하우스 궁전에서 살았고, 단리 경은 부친 레녹스 백작의 영지가 있는 글래스고에, 그리고 아들 제임스는 스털링 성에서 살았다.

그러던 어느 날, 단리 경이 목 졸려 죽은 시체로 발견되는 사건이 일어났다. 사람들은 당연히 메리와 보스웰 백작을 의심했고, 소문은 스코틀랜드는 물론 멀리 외국에까지 퍼져 나갔다. 메리는 약간의 애도 기간을 가진 뒤, 아들 제임스가 있는 스털링 성으로 찾아가 아들과 하루를 보냈다. 그리고 그다음 날, 당시 살고 있던 홀리루드하우스 궁전으로 돌아오는 길에 무장 군대를 이끌고 나타난 보스웰 백작에게 납치당했다. 그런데 나는 이 '납치'라는 말을 납득할 수가 없다. 아무리 백성에게 미운털이 박힌 여왕이라도 일국의 왕인데, 일개 백작이 일국의 왕을 납치한다는 것이 가당키나 한 일일까. 이것은 일종의 셀프 납치, 셀프 감금인지도 모른다. 사실 당시 사람들 사이에서는 메리와 보스웰 백작이 그렇고 그런 사이라는 소문이 파다했다.

그런데 이런 사실을 입증이라도 하듯 메리는 그로부터 며칠 뒤 자기를 납치한 보스웰 백작과의 결혼을 발표했다. 남편 살해 용의자이자 납치범인 사람을 처벌하기는커녕 그와 결혼을 한다고? 누구도 납득할 수 없는 처사였다. 이로 인해 여론이 급격히 나빠졌다. 귀족들이 들고 일어나 메리에게 왕에서 물러나라고 요구했다. 결국 메리는 왕권을 아들인 제임스에게 넘길 수밖에 없었다. 보스웰의 아이를 임신한 상태에서 로크 레벤 성에 갇혀 지내던 메리는 치욕적인 감금 생활의 충격으로 아이를 유산하고 말았다.

메리는 지지 세력과 손잡고 왕권을 되찾고자 반란을 일으켰지만 실패했다. 그래서 잉글랜드로 도망쳤다. 잉글랜드의 엘리자베스 1세는 일단 메리의 망명을 받아주었지만 경계의 눈초리를 늦추지 않았다. 메리는 스튜어트 왕조의 후손으로, 언제라도 엘리자베스의 왕권에 위협을 가할 수 있는 존재였기 때문이다. 메리는 그로부터 무려 18년 동안 엘리자베스 여왕이 지명한 관리자의 감시를 받으며 잉글랜드 이곳저곳을 전전해 살았다. 잉글랜드에서 유배 생활을 하는 동안 메리는 여러 번 반란죄로 처형당할 위기를 맞았다. 하지만 엘리자베스 여왕은 그녀를 처형해야 한다는 귀족들의 요구에도 주저하는 모습을 보였다고 한다.

메리와 엘리자베스는 편지를 주고받았을 뿐 생전에 직접 만난 적은 없다. 그런데도 영화나 드라마에서는 두 사람이 만났다고 나온다. 그래야 이야기가 더 재밌어 질 테니까. 도니제티의 오페라도 마찬가지다. 여기에서 메리는 엘리자베스 앞에서도 자존심을 굽히지 않는 당당한 여인으로 그려지는데, 물론 이는 사실이 아니다. 유배 생활 동안 메리는 엘리자베스에게 선처를 구하는 편지를 여러 차례 보냈다. 자신의 생사여탈권을 쥔 엘리자베스에게 '당신의 사랑하는 여동생'임을 자처하며 굴종적인 태도를 보였다.

그러나 오페라에서는 아니다. 그렇게 자존심이 셀 수가 없다. 엘리자베스가 남편을 죽인 남자와 놀아난 부도덕한 여자라고 메리를 모욕하자 속으로 부글부글 끓다가, "너는 널 예쁘다고 칭찬하는 남자라면 다 몸을 허락하나 보지?"라는 말에 그냥 뚜껑이 열리고 만다.

"음탕하기 그지없는 앤 불린의 딸! 사생아에 불과한 주제에 감히 내 앞에서 도덕을 논해? 천박하고 음탕한 창녀 같으니! 내 저주가 네 머리 위로 떨어질 것이다! 너같이 천한 사생아 때문에 잉글랜드 땅이 더럽혀졌어!"

뭐, 이 정도면 그냥 날 죽여달라는 것과 마찬가지 아닌가. 경악을 금치 못한 신하들이 "저 여자 미쳤나 봐"를 합창하는 가운데, 엘리자베스 역시 메리의 죽음을 예고하는 격정적인 아리아를 '미친듯이' 쏟아낸다.

이런 일이 현실에서는 일어나지 않았어도 메리는 어차피 죽을 목숨이었다. 그녀를 제거하기 위한 음모가 끊이지 않았기 때문이다. 음모인지 사실인지 모르지만 여하튼 어느 날 반란의 결정적인 증거가 나왔다. 메리는 결백을 주장했지만 받아들여지지 않았다. 끝까지 메리의 처형을 주저하던 엘리자베스 여왕도 이번만은 어쩔 수 없었다. 결국 여왕은 메리에 대한 사형 집행서에 서명했다. 메리는 살아남기 위해 아들인 제임스 6세에게 도움을 청했지만 별다른 도움을 받지 못했다. 아무리 모자지간이라지만 어렸을 때 헤어져 따로 살았는데 무슨 정이 있었을까. 결국 메리는 1587년 2월, 노스햄프턴셔에서 사람들이 모두 지켜보는 가운데 참수형을 당했다.

스튜어트 왕가의 주거주지

메리 여왕이 살았던 홀리루드하우스 궁전은 현재도 왕가의 숙소로 쓰인다. 엘리자베스 여왕 일가가 스코틀랜드를 방문할 때면 언제나 이 궁전에 묵는다고 한다. 그래서인지 투박한 스털링 성과는 비교도 되지 않을 만큼 세련되고 화려하고 정갈한 모습을 하고 있었다. 현재 이 궁전은 메리 스튜어트의 파란만장한 인생 스토리를 관람객 유치에 적극 활용하고 있다. "홀리루드하우스 궁전에서 비운의 여왕 메리의 숨결을 느껴보세요"라는 현수막이 보였다.

궁전 안으로 들어가니 스마트폰과 비슷한 모양의 오디오 가이드 기기를 나눠 주었다. 화면에 나오는 사진을 번호 순서대로 누르면 헤드폰에서 그 장소에 대한 해설이 나오는데, 여러 나라 언어가 있지만 아쉽게도 한국어는 없었다. 아쉬운 대로 제일 만만한(?) 영어로 달라고 했다.

홀리루드하우스 궁전은 본래 메리의 할아버지인 제임스 4세가 헨리 7세의 딸 마가렛 튜더와의 결혼을 앞두고 신부의 거처로 쓰고자 기존에 있던 홀리루드 사원 옆자리에 지었다. 그 뒤 왕위를 물려받은 메리의 아버지

홀리루드 파크에서 내려다본 홀리루드하우스 궁전

제임스 5세가 궁의 규모를 더욱 확장했다.

1579년, 스털링 성에서 어린 시절을 보냈던 메리의 아들 제임스 6세가 홀리루드하우스 궁전으로 거주지를 옮겼다. 그와 함께 대대적인 보수 작업과 정원 확장 작업이 거행되었다. 그 결과 제임스 6세가 덴마크의 앤과 결혼한 1590년, 방대한 규모를 자랑하며 명실상부한 왕궁의 면모를 갖추게 되었다. 당시 관리인만 해도 600명이 넘었다고 한다.

그러나 1603년, 제임스 6세가 잉글랜드의 왕 제임스 1세가 되어 홀리루드하우스 궁전을 떠나며 궁의 위상이 점점 쪼그라들었다. 스코틀랜드와 잉글랜드가 통합된 이후, 스튜어트 왕가는 더 이상 홀리루드하우스 궁전에 거주하지 않았다. 1633년, 홀리루드 사원에서 열리는 제임스 1세의 아들 찰스 1세의 대관식에 즈음해 홀리루드하우스 궁전에 대한 대대적인 보수 작업이 이루어졌다. 찰스 1세는 올리버 크롬웰이 주도한 청교도 혁명의 와중에 처형당하고, 1660년의 왕정복고로 찰스 2세가 왕위에 올라 홀리루드하우스 궁전이 왕궁의 지위를 회복했지만, 왕가 사람들이 이 궁에 거주하지는 않았다. 1684년 궁은 해밀턴 공작이라는 세습 관리인의 손에 맡겨졌다. 그는 여왕의 거처가 있던 제임스 5세 타워를 차지하고 그곳에서 아주 호화롭게 살았다고 한다.

궁 안으로 들어가면 가장 먼저 대계단이 나타난다. 계단 벽에는 이탈리아 화가 라탄치오 감바라가 그린 오비디우스 〈변신〉의 연작이 쭉 걸려 있다. 이 그림들은 본래 벽에 그린 프레스코화였다. 그런 그림들이 벽면에서 분리되어 캔버스에 든 형태로 앨버트 공에게 팔렸다. 앨버트 공은 국회의사당의 프레스코화를 담당한 화가들이 프레스코화를 그리는 데 참고하도록 이 그림을 샀다고 한다.

2층 왼쪽 제일 첫 번째 방은 로열 다이닝 룸이다. 옅은 녹색이 주조를 이루는 우아한 연회실로, 지금도 여왕이나 왕실 사람들의 다이닝 룸으로 사용된다. 이어 찰스 2세가 신하들을 알현할 때 사용하던 왕의 응접실과, 역시 찰스 2세를 위한 왕의 침실이 나온다. 궁의 어느 곳보다도 화려하게 치장되어 있지만 찰스 2세가 이곳에 살지 않았기 때문에 거의 사용되지 않았다고 한다.

이어서 스코틀랜드 역대 왕들의 초상화가 빼곡하게 걸려 있는 그레이트 갤러리를 둘러보다가 뜻밖의 얼굴을 만났다. 바로 맥베스다. 셰익스피어 작품의 주인공으로 유명한 그는 실존인물로 1040년부터 1057년까지 스코틀랜드를 다스린 왕이었다. 셰익스피어의 작품에는 그가 던컨 왕을 살해한 악인으로 나오지만 그것은 어디까지나 픽션일 뿐이다. 셰익스피어의 간택

검은 옷을 입고 동생과 함께 서 있는 단리의 그림

(?)을 받는 바람에 본의 아니게 악당이 되어버렸다.

왕비의 침실은 바로크풍으로 화려하게 장식된 왕의 거처에 비하면 상대적으로 소박한 공간이다. 찰스 2세가 궁을 대대적으로 보수하면서 이곳을 왕비 카테린을 위한 공간으로 꾸몄지만 그 이전, 즉 메리 여왕이 단리 경과 결혼하고 이 성에 살 때는 단리 경이 이 방을 썼다.

홀리루드하우스 궁전에 있는 물건 가운데 가장 흥미를 끄는 것은 이 방에 있는 '단리 베드'라고 불리는 침대다. 금실을 비롯한 다양한 빛깔로 아름답게 수놓인 침대보와, 타조 깃털과 황금 벨벳으로 장식한 캐노피가 있는 이 호사스러운 침대는 관람객의 손길이 미치지 못하도록 유리벽 안에 들어 있다. '단리 베드'라는 이름만 보면 이 침대가 메리의 남편 단리 경이 사용하던 침대라고 생각할 수 있다. 그러나 실제로 이 침대는 1682년 홀

왕비의 침실에 있는 단리 베드

리루드하우스 궁전의 세습 관리인인 해밀턴 백작이 런던의 침대 장인으로부터 구입했고 단리 경과는 아무 상관이 없다. 1860년 단리 경이 사용하던 거처를 리모델링한 뒤, 해밀턴이 구입한 이 침대를 그 방으로 옮기면서 '단리 베드'라는 이름이 붙었다.

그런데 나는 침대보다는 침대보에 더 눈길이 갔다. 새와 꽃, 잎사귀 문양이 아름답고 정교하게 수놓인 이 침대보는 1910년, 영국왕 에드워드 7세가 선물받은 것이다. 당시에는 헨리 8세와 그의 두 번째 부인 앤 불린이 사용했다고 하나 지금은 17세기에 만들어진 것으로 밝혀졌다.

비극이 일어난 여왕의 침실 - 핏자국으로 남은 비극의 현장

현재 여왕의 침실이라고 불리는 단리 경의 침실에서 나선형 계단을 타고 위로 올라가면 메리 여왕의 침실이 나온다. 오크 나무 패널로 마감한 천장에 새겨진, 메리의 부모 제임스 5세와 마리 드 기즈의 이니셜이 보인다. 바로 이 침실에서 메리는 평생 잊지 못할 끔찍한 일을 당했다.

남편의 사랑을 받지 못했기 때문일까. 메리는 다비드 리치오라는 이탈리아 출신의 음악가를 시종으로 삼아 특별히 가깝게 지냈다. 리치오는 여왕의 시중을 든다는 이유로 하루에도 몇 번씩 여왕의 방을 드나들었다. 그 모습이 다른 사람의 눈에는 영락없이 애인으로 보였다.

단리 경은 귀족들과 합심해, 눈엣가시 같은 리치오를 살해할 흉계를 꾸몄다. 그의 사주를 받은 귀족들이 어느 날, 메리의 방에서 시녀들과 함께 저녁을 먹고 있는 리치오를 끌어내 메리가 보는 앞에서 그를 무참히 살해했다. 침실 옆에는 작은 식당이 있는데, 문제의 그날 리치오는 바로 이 식당에서 여왕 그리고 여왕의 시녀들과 함께 저녁을 먹고 있었다. 그런데 단리 경의 사주를 받은 자객들이 나선형 계단을 타고 위로 올라와 리치오에게 돌진했다. 메리와 시녀들은 비명을 질렀고, 리치오는 여왕의 치맛자락을 붙잡고 격렬하게 저항했다. 그러나 역부족이었다. 자객들은 그를 옆방으로 끌고 가서 무려 56번이나 칼로 찔러 죽였다.

이 대목을 해설하는 오디오 가이드의 목소리가 생생하다. 마치 연극 대사를 읊는 것처럼 실감 나게 상황을 묘사한다. 중간에 비명을 지르는 효과음까지 들어가니 내가 마치 그 살해의 현장에 있는 듯 등골이 오싹했다. 당시 메리는 임신 중이었다. 임신한 몸으로, 총애하던 시종이 눈앞에서 무참히 살해당하는 광경을 보았으니 그 충격이 얼마나 컸을까.

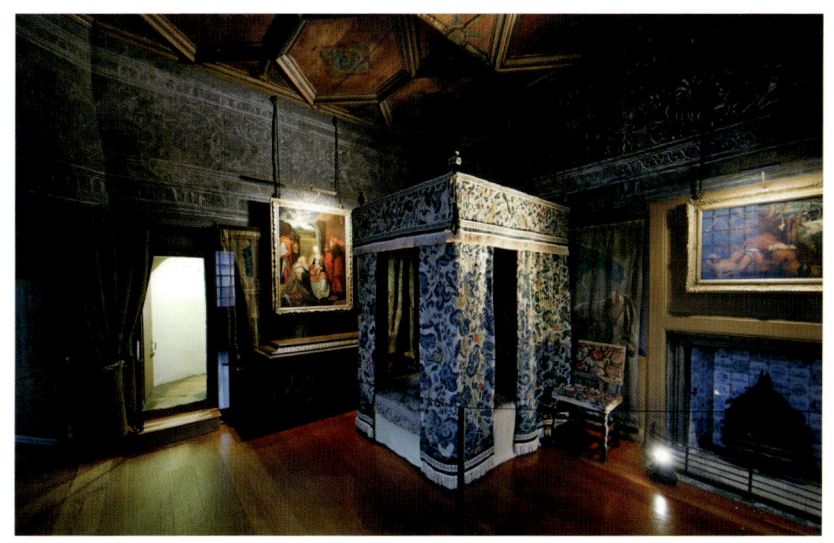

메리 여왕의 침실

다비드 리치오가 살해당한 자리에는 '1566년 3월 9일, 메리 여왕의 식당에서 살해당한 다비드 리치오의 시신이 있었던 자리'라는 팻말이 붙어있다. 마룻바닥에 리치오의 핏자국으로 추정되는 붉은 얼룩이 보이는데, 이와 관련해서는 전설 같은 이야기가 전해 내려오고 있다. 리치오의 시신을 옮긴 후, 핏자국을 지우려고 했지만 지워도 지워도 새로운 핏자국이 올라왔다는 것이다. 이 말을 증명이라도 하듯 그렇게 오랜 세월이 흘렀음에도 불구하고 핏자국이 여전히 선명하다. 이 얼룩이 정말로 리치오의 핏자국일까. 아니면 누군가가 와인이나 동물의 피를 이용해 만들어놓은 가짜일까. 진실이 무엇인지 알 수 없지만 한 가지는 확실하다. 바로 이 자리에서 리치오가 살해당했다는 것이다. 이것만큼은 틀림없는 역사적 사실이다.

메리는 무려 18년 동안이나 타향을 맴돌며 살았다. 그 시간이 얼마나

에딘버러, 홀리루드하우스 궁전

♪ 메리 여왕의 총애를 받았던 이탈리아 출신의 음악가 리치오(영화 〈메리, 스코틀랜드의 여왕〉에서)
♬ 다비드 리치오가 여왕과 함께 저녁 식사를 하다가 살해당한 곳

길고 외로웠을까. 그 고통의 시간을 그녀는 한 땀 한 땀 수를 놓으며 보냈다. 메리 여왕의 자수 작품은 지금 상당히 많이 남아 있는데, 하나하나 살펴보면 솜씨가 보통이 아니라는 것을 알 수 있다.

홀리루드하우스 궁전의 전시실에도 메리 여왕의 작품이 있다. 커다란 고양이 앞에 작은 쥐가 웅크린 모습을 수놓은 것이다. 고양이는 자신의 생사여탈권을 쥔 엘리자베스 여왕을, 쥐는 그 앞에서 떨고 있는 자신을 표현한 것일까. 엘리자베스는 메리를 잉글랜드의 여기저기로 옮겨 다니며 살도록 했다. 이것이 메리에게는 쥐를 다루는 고양이의 행동처럼 보였을지도 모른다. 그렇게 메리는 고양이 앞의 쥐처럼 살다가 결국 형장의 이슬로 사라지고 말았다.

전시실에는 메리가 프랑스에 있는 남편의 동생 샤를 9세에게 보낸 편지도 있고 메리가 직접 만든 수예작품도 있다. 그런가 하면 '단리 주얼'이라고 하는, 단리 경의 어머니 레녹스 백작부인의 패물도 전시되어 있다. 벽에는 단리 경이 죽은 뒤 그의 부모가 아들의 죽음을 애도하려고 화가에게 의뢰한 그림 〈단리 경을 기리며〉가 걸려 있다. 그림을 자세히 보면 단리 경의 시신 오른쪽에 검은 옷을 입고 아들의 죽음을 애도하는 그의 부모가, 그리고 가운데 아래쪽에 왕관을 쓰고 아버지의 죽음을 애도하는 어린 왕자 제임스 6세가 보인다. 그러나 아내인 메리의 모습은 어디에도 없다. 메리가 단리 경의 죽음과 모종의 연관이 있다는 사실을 암암리에 드러내고 있는 것이다.

오페라 〈마리아 스투아르다〉에서는 아예 메리가 남편의 죽음을 사주한 것으로 나온다. 물론 그래야겠지. 그래야 죽기 직전에 참회의 아리아를 한 곡조 뽑고 죽을 것 아닌가.

단리의 부모가 화가에게 의뢰한 그림 〈단리 경을 기리며〉

장밋빛 햇살이 빛나던 그날

내 영혼이 행복하게 빛나던 그날

사랑이 나를 죄인으로 만들었어요.

나를 나락으로 빠트리고 말았죠.

사랑이 나에게 달콤한 미소를 보낼 때

나는 남편을 증오했어요.

헨리, 오! 불쌍한 헨리!

나 때문에 죽어야 했다니!

그의 비통한 목소리가

지금도 내 마음을 후벼 파네요.

사랑하는 당신, 부디 편히 쉬기를!

나는 가슴으로 죽음을 느끼고 있어요.

이 내 눈물이, 이 내 고통이

당신이 겪은 비극에 대한

충분한 보상이 되기를 바라요.

부디 나를 용서해주세요.

노래는 아름답지만 과연 단리 경이 이렇게 아름다운 참회의 노래를 들을 자격이 있는 인물인지는 모르겠다. 메리의 처소를 물들인 리치오의 검붉은 핏자국을 떠올리면, 그의 죽음이 마땅한 인과응보라는 생각이 들기 때문이다.

셰익스피어
비극의 무대

스코틀랜드, 글래미스 성·알로웨이

스코틀랜드의 글래미스 성은 셰익스피어의 비극 〈맥베스〉의 배경이 된 곳이다. 〈맥베스〉는 음침한 작품이다. 뒤틀린 욕망과 사악한 음모, 비열한 농간, 잔혹한 살인, 병적인 환각과 환상 등 시종일관 피비린내가 진동한다. 셰익스피어는 이렇게 잔인한 드라마의 배경으로 글래미스 성을 선택했다. 예부터 이 성에 유령이 많이 출몰한다는 얘기를 들었기 때문이다.

글래미스 성은 지은 지 수백 년이 된 성이다. 전설에 따르면 이 성에는 총 9명의 유령이 살고 있다고 한다. 그중에서 가장 '한 맺힌' 유령을 꼽으라면 글래미스의 영주 존 라이언의 부인 자넷 더글러스의 유령이 아닐까 싶

셰익스피어 비극 〈맥베스〉의 배경이 되었던 글래미스 성

다. 그녀의 남편 존 라이언은 1528년에 죽었는데, 사망 당시에 부인이 남편을 독살했다는 소문이 퍼졌다. 하지만 소문이 잦아들면서 자넷은 누명을 벗고 다른 남자와의 재혼에 성공한다.

그런데 그로부터 9년 후, 뜬금없이 이 문제가 다시 불거졌다. 자넷 더글러스가 오빠인 아치볼드 더글러스 백작과 짜고 남편을 독살했다는 누명을 쓰게 된 것이다. 누명을 씌운 사람은 스코틀랜드의 왕 제임스 5세였다. 제임스 5세가 자넷에게 이런 누명을 씌운 이유는 그녀의 오빠 아치볼드 더글러스 백작 때문이었다. 아치볼드 더글러스 백작은 제임스 5세의 계부였다. 그런데 왕자가 어렸을 때 계부가 그를 학대했다고 한다. 심지어 방에 가두기까지 했다는데, 때문에 제임스 5세는 계부를 미칠 듯이 증오했다.

성인이 되어 실질적인 권력을 잡게 된 제임스 5세는 복수를 감행한다.

자넷 더글러스에게 오빠와 공모해 남편을 독살했다는 죄를 뒤집어씌운 것이다. 결국 자넷은 화형에 처해졌다. 그런데 너무 억울하게 죽었기 때문일까. 그녀는 이승을 떠나고 못하고 회색빛 유령이 되어 성 안을 맴돌았다. 자넷의 유령은 자주 사람들의 눈앞에 나타났다. 오르간 연습을 하러 예배당에 갔다가 기도를 올리고 있는 회색빛 유령을 봤다는 사람도 있었다.

글래미스 성의 지하실에는 성격 파탄자이자 술고래로 유명한 비어드 백작의 유령이 자주 출몰한다. 평소에 카드놀이를 즐겼던 그는 하인들이 모두 쉬는 일요일, 자기와 카드놀이 할 사람이 없느냐고 외쳤다가 악마의 방문을 받았다. 자정이 넘은 시각에 검은 옷을 입은 악마가 백작의 방문을 두드렸다. 백작은 문을 열고 그를 맞아들였다. 백작과 악마가 게임을 하는 동안 안에서 욕설과 고함이 흘러나왔다. 지금도 날씨가 궂은 날이면 지하실에서 백작과 악마가 카드놀이 하는 소리가 들린다고 한다.

마가렛 공주가 태어난 성

글래미스 성은 스코틀랜드의 앵거스에 있다. 요리사들 사이에서 최상급 소고기로 꼽히는 '앵거스 비프'로 유명한 바로 그 앵거스다. 성은 앵거스의 한적한 교외에 있는데, 일대의 영지가 얼마나 넓은지 성으로 가려면 차를 타고 한참 들어가야 한다. 유령이 출몰하는 성이라 잔뜩 긴장했는데 외관이 생각만큼 음침하지는 않았다. 공주가 사는 동화 속 성의 모습과 흡사했다.

우리 같은 평민은 꿈도 꾸지 못할 일이지만 사실 이 성에 실제로 살았던 공주가 있다. 엘리자베스 여왕과 마가렛 공주다. 글래미스 성은 엘리자

라이언 가문의 역사를 한눈에 알 수 있는 다이닝 룸

베스 여왕의 외가인 보우스 라이언 가문이 대대로 소유한 성이다. 여왕의 어머니 엘리자베스 보우스 라이언이 이 성에서 어린 시절을 보냈고, 여왕의 동생 마가렛 공주가 여기서 태어났다. 엘리자베스 여왕 역시 이곳에서 어린 시절을 보냈다고 한다.

글래미스 성의 내부는 반드시 가이드와 함께 돌아봐야 한다. 투어는 우아한 분위기를 자랑하는 다이닝 룸에서 시작된다. 다이닝 룸은 글래미스 성을 대대로 소유했던 보우스 라이언 가문의 역사를 한눈에 볼 수 있는 곳이다. 방에서 가장 눈에 띄는 물건은 1903년 금혼식을 맞은 제13대 백작 부부(여왕 어머니의 조부모)가 받은 축하 선물이다. 11명의 자녀가 선물한 사자상과 27명의 손주들이 선물한 괘종시계 그리고 성의 관리인들이 선물한 독일산 은제 선박 모형이 관람객의 눈길을 끈다.

　　　　　　　　　　　　　　　스코틀랜드, 글래미스 성 · 알로웨이

글래미스 성을 대대적으로 리모델링한 패트릭 라이언 백작 가족의 그림

라이언 가문 사람들은 대대로 이 응접실에서 손님을 맞았다. 그 손님 중에 스코틀랜드의 메리 여왕도 있었다. 사실 메리 여왕이 속한 스튜어트 왕가와 글래미스 성의 라이언 가문은 서로 불편한 관계였다. 성의 안주인 자넷 더글러스가 메리 여왕의 아버지 제임스 5세에게 죽임을 당했기 때문이다. 메리 여왕이 이 성을 찾았던 1562년은 자넷 더글러스가 억울한 누명을 쓰고 죽은 지 겨우 25년이 지난 뒤였다. 25년이라는 시간은 억울한 죽음을 잊고 용서하기에는 너무 짧은 시간이다. 그런데 왜 메리 여왕은 글래미스 성을 찾았을까? 아버지가 저지른 악행에 대한 사죄의 의미였을까? 이때만 해도 메리 여왕은 자기가 자넷 더글러스와 같은 비극을 겪을 운명이라는 걸 몰랐을 것이다. 운명이라는 것이 이렇게 무섭고 잔인하다.

응접실에는 라이언 가문 사람들의 그림이 빼곡히 걸려 있다. 그중 스트라스모어 3대 백작 패트릭 라이언이 아들과 함께 있는 그림이 눈에 띈다.

패트릭 라이언은 1670년에서부터 1689년까지 글래미스 성을 대대적으로 리모델링한 인물이다. 업적을 자랑하고 싶었는지 그림 속에서 새롭게 단장한 글래미스 성을 손가락으로 가리키고 있다.

그런데 처음 이 그림을 보았을 때 조금 놀라웠다. 내 눈에는 패트릭 라이언이 웃통을 벗고 있는 듯 보였기 때문이다. 그래서 가이드에게 왜 옷을 벗고 있냐고 물었더니 그렇지 않다고 한다. 가까이 가서 보고서야 가슴 근육 모양의 옷을 입고 있다는 것을 알았다. 가짜 가슴 근육이라니. 웃음이 났다. 예나 지금이나 근육질로 보이고 싶은 것이 세상 모든 남자들의 욕망인가 보다.

응접실을 나와 엘리자베스 여왕의 어머니가 쓰던 침실로 갔다. 침실은 작지만 아늑했다. 1930년 8월 21일, 바로 이 방에서 엘리자베스 여왕의 동생 마가렛 공주가 태어났다. 아리보리 바탕에 장미와 소용돌이, 엉겅퀴가 수놓인 침대보가 침대에 덮여 있는데, 지난 2000년, 여왕 어머니의 탄신 100주년을 기념하기 위해 특별히 제작했다고 한다. 방 한쪽에 있는 호두나무 아기 침대는 엘리자베스 여왕이 아기 때 쓰던 것으로 여왕 이름의 이니셜이 새겨져 있다.

여왕 어머니의 거실은 침실과 마찬가지로 아늑하고 편안한 느낌을 준다. 여왕 가족의 추억이 깃든 매우 사적인 공간으로, 곳곳에 가족사진이 보인다. 조지 3세의 마호가니 책상에 전화기가 놓여 있는데, 과거에는 이 전화기로 버킹엄 궁과 직접 통화가 가능했다고 한다.

출입문 옆에는 특별한 사연을 가진 돌의자가 있다. 성에서 잔심부름을 하던 소년이 잘못을 저지른 죄로 돌의자에 앉아 있는 벌을 받다가 얼어 죽었다는 사연이다. 사람들은 이 소년도 죽어서 유령이 되었다고 믿는 것 같

다. 돌의자에 앉아 있는 소년을 보았다는 사람들의 목격담이 줄을 잇고 있기 때문이다. 소년의 유령은 자넷 더글러스의 회색빛 유령, 악마와 카드놀이를 하는 비어드 백작의 유령과 함께 글래미스 성에서 가장 자주 목격되는 유령으로 꼽힌다.

이 성에는 〈맥베스〉에 나오는 던컨의 방이 있다. 던컨 왕이 맥베스에게 살해당한 바로 그 방이다. 물론 실제로 일어난 사건은 아니다. 셰익스피어가 만들어낸 허구일 뿐이다. 그러니까 던컨의 방은 일종의 설정인 셈이다. 그런데 방을 직접 보면 왜 던컨의 방이라고 했는지 알 듯한 기분이다. 이 방은 중세의 타임캡슐 같은 곳이다. 17세기에 쌓은 오래된 돌벽과 육중한 쇠창살에 중세적 음모와 야만의 음침한 그림자가 드리워 있다.

유령이 살고 있다는 지하실도 분위기가 비슷하다. 위층의 화려한 문명 세계와는 거리가 멀다. 벽에는 아름다운 그림 대신 각종 무기와 사냥도구, 동물의 뿔 등이 걸려 있다. 원통한 죽음의 중세적 환영이 유령이라고 한다면 이곳이야말로 유령이 살기에 가장 적합한 곳이 아닐까 싶었다.

욕망의 화신 맥베스 부인

셰익스피어의 〈맥베스〉에서 글래미스의 영주였던 맥베스는 마녀들의 예언대로 코더의 영주가 된다. 코더 성Cawdor Castle은 스코틀랜드에 실제로 있는 성이다. 그러나 실은 맥베스와는 아무 관련이 없다. 맥베스는 1040년부터 1057년까지 스코틀랜드를 다스렸지만 코더의 영주는 아니었다. 셰익스피어가 자신의 작품에 그의 이름을 가져다 쓰는 바람에 스코틀랜드 역사상 가장 나쁜 왕이라는 오명을 쓰게 된 것이다. 그래서 셰익스피어를 원망

코더 성 안뜰에 있는 맥베스 부인의 동상

하는 맥베스의 후손도 있다고 한다.

스코틀랜드 북부 인버네스에 있는 코더 성은 글래미스 성과는 비교가 안 될 정도로 규모가 작았다. 해자 위에 놓인 다리를 건너 안으로 들어가니 한 여인의 동상이 눈앞에 나타났다. 녹슨 몸에 강인한 가슴을 가진 철의 여인. 한눈에 봐도 맥베스 부인이었다. 순간 섬뜩한 느낌이 들었다. 욕망을 품은 여인 특유의 살기가 느껴졌기 때문이다. 셰익스피어는 맥베스 부인을 남편보다 훨씬 강렬한 욕망을 가진 여인, 권력을 얻을 수 있다면 무슨 일이라도 저지를 수 있는 욕망의 화신으로 그렸다.

이런 맥베스 부인의 캐릭터를 가장 생생하게 살려낸 사람은 이탈리아의 오페라 작곡가 베르디였다. 베르디는 오페라 〈맥베스〉를 통해 셰익스피어 원작보다 더 사악한 캐릭터의 맥베스 부인을 창조해냈다. 베르디는 맥베스 부인 역을 맡은 소프라노에게 아름다움과는 거리가 먼 거친 소리를 내도록 했다. 원작을 능가하는 맥베스 부인의 카리스마는 바로 여기서 비롯된 것이다. 남편으로부터 마녀들의 예언을 전해 들은 맥베스 부인은 거칠고 강렬한 목소리로 이렇게 노래한다.

빨리 돌아오세요. 차가운 당신의 가슴을 제가 뜨겁게 해드리지요. 두려워하지 않고 일을 성사시키도록 당신에게 용기를 주겠어요. 예언자들이 스코틀랜드의 왕위를 약속했거늘 주저할 게 있나요? 그 선물을 받으시고 왕좌에 앉아 통치하세요.

맥베스 부인은 남편의 마음이 약해질까 걱정한다. 그래서 자기의 사악하고 강한 정신을 남편의 귓속에 퍼부어주겠다고, 황금의 왕관을 방해하는 그 모든 것들을 혀의 힘으로 쫓아버리겠다고 다짐한다. 여기서 소프라노가 구사하는 거친 목소리와 고집스럽게 상승하는 오케스트라 반주는 권력을 향한 맥베스 부인의 강렬한 의지를 상징한다.

거친 야생의 섬, 스카이

코더 성을 본 다음 날, 스코틀랜드 본토에서 스카이 섬Isle of Skye으로 넘어갔다. 날씨가 나빠서였을까. 섬은 거칠고 삭막했다. 스코틀랜드의 다른 지역과 마찬가지로 여기에도 산에 나무가 거의 없다. 산에 나무가 없다니 무슨 소리인가 싶겠지만 정말로 그렇다. 나무 대신 초록색 풀이 산을 뒤덮고 있다. 그래서 울퉁불퉁한 산세와 아래로 내지르는 능선이 적나라하게 드러난다.

스카이 섬에 도착하자마자 찾아간 퀴랑Quirang이 바로 그런 곳이다. 트로터니쉬 능선의 최북단에 위치한 퀴랑은 깎아지른 듯 높은 절벽과 완만한 경사의 언덕 그리고 독특한 형태의 봉우리로 이루어져 있다. 적나라하게 드러난 산의 거친 뼈대를 초록의 풀이 부드럽게 감싸고 있는데, 그 외유내강의 풍경이 낯설면서도 신기했다.

퀴랑은 2015에 개봉된 영화 〈맥베스〉 촬영지로도 유명하다. 맥베스가 전쟁터에서 돌아오는 길에 마녀들의 예언을 듣고, 전령으로부터 코더의 영주로 임명되었다는 소식을 듣는 장면을 찍은 곳이 바로 퀴랑이다. 영화를 보면서도 풍경이 참 독특하다 했는데, 실제로 보니 더 그런 느낌이 강했다. 현실세계가 아닌 외계의 어떤 섬에 온 듯한 느낌이라고나 할까.

그날은 바람이 심하게 불었다. 능선 사이로 조성된 길을 따라 걷는데, 바람이 어찌나 세게 부는지 몸이 날아가버릴 지경이었다. 그날따라 바람이 세게 불었는지, 퀴랑에는 언제나 이렇게 거친 바람이 부는지는 모르겠다. 여하튼 그날 난생처음으로 거친 야생의 바람을 제대로 맞는다는 느낌이 들었다.

트래킹을 마치고 주차장으로 와 차를 빼려고 하는데, 관광버스 기사가 다가와 지금 나가느냐고 물었다. 우리가 차를 뺀 자리에 버스를 대려는 것 같았다. 기사는 스코틀랜드 전통의상을 입고 있었는데, 거세게 몰아치는 바람에 치맛자락이 자유분방하게 펄럭였다. 그는 두 손으로 치마 앞자락을 움켜쥔 채 바람의 횡포에 필사적으로 저항하는 중이었다. 하지만 두 손으로 방어하기에는 역부족이었다. 중요 부위가 드러나는 것은 손으로 간신히

영화 〈맥베스〉를 촬영한 스카이 섬의 쿼랑

빨리 돌아오세요.
차가운 당신의 가슴을 제가 뜨겁게 해드리지요.
두려워하지 않고 일을 성사시키도록
당신에게 용기를 주겠어요.
예언자들이 스코틀랜드의 왕위를 약속했거늘
주저할 게 있나요?
그 선물을 받으시고 왕좌에 앉아 통치하세요.

막을 수 있었지만 나머지 부위는 속수무책이었다. 펄럭이는 치맛자락 양옆으로 아저씨의 허연 허벅지가 그대로 보였다. 순간 민망해서 고개를 돌려버렸다. 이런 바람에 치마라니, 확실히 치마는 위험해!

숙소로 돌아오는 길에 마트에서 탈리스커 위스키를 샀다. 탈리스커는 스카이 섬에서 가장 오래된 증류소다. 스카이 섬에 간다고 하니까 누군가 마셔보라고 강력 추천해서 산 술이었다. 병에 스카이 섬 지도와 함께 '바다가 만든 위스키'라는 문구가 새겨져 있었다. 바다가 만든 위스키는 어떤 맛일까. 잔을 입에 대는 순간 강렬한 피트 향이 올라왔다. 술에서 '탄 맛'이 났다. 누군가 탈리스커 위스키를 '탄내 나는 위스키'라고 하던데, 마셔보니 정말 그랬다. 다른 위스키보다는 확실히 맛이 거칠었다. 바다가 만들었는지 바람이 만들었는지 모르지만, 여하튼 문명 세계와는 거리가 먼 야생의 맛이었다.

올드 랭 사인의 시인 로버트 번스

스카이 섬에서 육지로 나와 남쪽으로 차를 몰았다. 내려가는 길에 알로웨이Alloway라는 곳에 잠시 들렀다. 알로웨이는 〈올드 랭 사인〉의 시인으로 알려진 로버트 번스의 생가가 있는 곳이다. 우리에게 〈석별의 정〉이라는 제목으로 친숙한 〈올드 랭 사인〉은 대표적인 이별가로 꼽는다. 친구와 헤어질 때나 한 해를 보낼 때, 이별의 아쉬움을 담아 이 노래를 불렀다. 어렸을 때 졸업식장에서 "오랫동안 사귀었던 정든 내 친구여" 하면서 코를 훌쩍였던 기억이 난다.

로버트 번스는 스코틀랜드를 대표하는 민족 시인이다. 그에게 민족 시인이라는 명칭이 붙은 이유는 주로 스코틀랜드 방언으로 시를 썼기 때문이다. "'Auld lang syne" 역시 "오랜 옛날부터Old long since"라는 뜻의 스코틀랜드 방언이다. 스코틀랜드 민요에 대해 남다른 애정과 관심을 가지고 있었던 로버트 번스는 제임스 존스라는 음악 출판업자와 손잡고 스코틀랜드 각지에 흩어져 있는 민요를 수집해 책으로 펴냈다. 1787년부터 1803년까지 〈스코틀랜드 음악 박물관〉이라는 제목으로 모두 여섯 권의 민요집을 출간한다. 여기 실린 노래 중에는 스코틀랜드 각지에서 수집한 전통민요도 있지만 로버트 번스가 새롭게 가사를 붙인 노래도 있다. 대표적인 것이 〈올드 랭 사인〉이다.

〈스코틀랜드 음악 박물관〉은 출간되자마자 엄청난 반향을 불러일으켰다. 하이든, 베토벤을 비롯한 클래식 음악 작곡가들이 스코틀랜드의 민족혼이 담긴 이 민요집에 관심을 보였다. 작곡가들은 여기에 실린 민요를 직접 편곡하기도 하고, 선율의 일부를 작품에 가져다 쓰기도 했다. 그중 가장 적극적으로 스코틀랜드 민요를 사용한 인물은 독일 작곡가 막스 브루흐다. 그는 〈스코틀랜드 환상곡〉이라는 작품의 각 악장에 여기 실린 스코틀랜드 민요 선율을 삽입했다.

〈스코틀랜드 환상곡〉은 모두 네 악장으로 구성된다. 각 악장에 〈스코틀랜드 음악 박물관〉에 수록된 민요 선율이 나온다. 1악장 〈늙은 롭 모리스 Auld Rob Morris〉, 2악장 〈이봐. 먼지투성이 방앗간 남자Hey. The dusty miller〉, 3악장 〈조니가 없어서 쓸쓸해I'm a' doun for lack of Johnnie〉, 4악장 〈우리 스코틀랜드 사람들은 월리스에서 피를 흘렸다Scots wha hae wi Wallace bled〉인데, 3악장 〈조니가 없어서 쓸쓸해〉를 제외한 나머지 세 곡 모두 로버트 번스가 가사를 붙였다.

알로웨이에 있는 로버트 번스의 생가

　　알로웨이에 있는 로버트 번스의 생가는 흙벽에 초가지붕을 올린 전형
적인 시골 농가의 모습이다. 1757년에 번스의 아버지가 직접 지은 집으로
1759년 1월 25일, 바로 이 집에서 로버트 번스가 태어났다. 집에는 방이 모
두 네 개 있는데, 두 방에는 사람이 살고 나머지 방에는 가축들이 살았다.

　　생가 근처에는 로버트 번스 박물관과 작은 조각 공원이 있다. 가는 날
이 장날이라고 박물관은 문을 닫아 들어가지 못하고, 대신 공원에 조성된
'시인의 길'을 걸었다. 그러다가 커다란 생쥐 동상을 만났다. 케니 헌터라는
직가가 로버트 번스의 〈생쥐에게〉라는 시에 착안해서 제작했다고 한다. 〈생
쥐에게〉는 로버트 번스가 밭을 갈다가 무심코 생쥐 굴을 무너뜨린 것을 자
책하며 쓴 시다. 시에서는 생쥐가 인간의 쟁기질에 속절없이 당하는 나약한
존재로 그려졌지만 이 생쥐는 번스의 죄책감이 무색할 정도로 크고 힘이

♪

♫

세 보였다. 시인의 의도를 배반하는 크기라니. 뭐, 그래도 생김새가 귀엽긴 했다.

공원에서 로버트 번스의 〈샌터의 탐Tam o' Shanter〉에 나오는 캐릭터들을 만났다. 〈샌터의 탐〉은 폭풍우가 몰아치는 어두운 밤에 탐이라는 농부가 술에 취한 채 말을 타고 가다가 마녀와 마법사를 만나며 벌어지는 이야기를 그린 서사시다. 이야기가 무척 흥미진진한데, 그래서인지 철제로 만든 캐릭터의 모습이 하나같이 즐겁고 발랄했다.

이어서 찾아간 곳은 16세기에 무덤으로 조성된 올드 커크Old Kirk다. 〈샌터의 탐〉에서 마녀들이 춤을 추었던 곳이다. 오랫동안 방치되어서인지 분위기가 을씨년스러웠다. 이렇게 을씨년스러운 곳에 로버트 번스의 아버지 윌리엄 번스의 무덤이 있었다. 이끼가 잔뜩 낀 비석에 비문이 새겨져 있는데, 로버트 번스가 직접 썼다고 한다.

올드 커크를 나와 둔 강으로 갔다. 작은 강 위에 있는 아치형 돌다리는 브릭 오 둔Brig O' Doon으로 로버트 번스에게 창작의 영감을 주었다고 한다. 다리에서 주변을 돌아보니 오른쪽으로 로버트 번스 공원과 기념 조형물이 보였다. 그리스 신화에 나오는 아홉 명의 뮤즈가 기둥을 떠받치고 있는 형상이 마치 그리스 신전을 보는 듯했다. 이 기념 조형물은 로버트 번스를 사랑하는 사람들의 기부금으로 세웠다고 한다.

해마다 로버트 번스의 생일인 1월 25일이 되면 곳곳에서 '번스의 밤 Burns Night' 축하 행사가 열린다. 이 행사의 하이라이트는 '번스 만찬Burns

♪　둔 강 위에 오래된 다리가 있는 풍경
♫　로버트 번스 공원에 있는 기념 조형물

Supper'인데, 만찬의 주요리는 스코틀랜드 전통 요리인 하기스Haggis다. 하기스는 다진 양이나 송아지의 내장을 양파, 오트밀, 쇠기름, 향신료, 소금과 섞은 다음 위장에 넣어 삶아낸 요리다. 만드는 방식은 순대와 비슷하지만 맛도 다르고 먹는 방법도 다르다. 순대는 껍질째 먹지만 하기스는 풍선처럼 팽팽하게 부풀어 오른 것을 칼로 잘라 내용물을 꺼내 먹는다.

번스 만찬은 일정한 순서에 따라 진행된다. 먼저 스코틀랜드 전통의상을 입은 백파이프 주자의 음악에 맞춰 주방장이 하기스 접시를 양손에 받쳐 들고 입장한다. 그리고 본격적인 식사에 들어가기에 앞서 로버트 번스가 지은 설커크 기도문Selkirk Grace을 낭독한다.

어떤 사람은 고기를 먹을 수 없고

어떤 사람에게는 고기가 없다.

그러나 우리에겐 고기가 있고,

그것을 먹을 수 있으니

주여! 당신께 감사를 드립니다.

기도에 이어서 하기스를 자르는 의식이 치러진다. 이때는 로버트 번스의 〈하기스에게 하는 연설〉이라는 시를 낭송한다. 쭉 낭송하다가 세 번째 단락의 "능숙한 솜씨로 너를 잘라내니An' cut you up wi' ready sleight"라는 구절에 이르렀을 때 하기스를 자른다. 그런데 이때 조심해야 한다. 잘못 잘랐다가 속에 있는 내용물이 사방으로 튈 수 있기 때문이다.

잘라낸 하기스를 손님의 접시에 배분하면서 본격적인 식사가 시작된다. 하기스는 보통 삶은 순무와 감자를 버터에 넣고 으깬 닙스 앤 타티스

번스 만찬의 하기스 커팅 의식

Neeps and tatties와 함께 먹는다. 이어서 술이 나오고 로버트 번스에게 보내는 축하의 건배사가 이어진다. 로버트 번스를 기리는 이 만찬은 참석자들이 모두 함께 〈올드 랭 사인〉을 부르며 끝난다.

마을을 둘러보다가 스코틀랜드 전통의상을 입고 있는 한 무리의 남자 아이들을 만났다. 그런데 옷이 그렇게 근사해 보일 수가 없었다. 뚱뚱한 아저씨들이 입은 모습만 보다가 늘씬한 젊은이들이 입은 모습을 보니 옷 자체가 아예 달라 보였다. 스코틀랜드 전통의상이 그렇게 멋있는 옷인지 그때 처음 알았다.

아이들이 스코틀랜드 전통의상을 입고 뭘 하려는 건지 궁금해하자 남편이 말했다.

"영어 잘하는 당신이 가서 물어봐."

스코틀랜드, 글래미스 성 · 알로웨이

남편은 궁할 때마다 내 영어 실력을 치켜세운다. 그런다고 넘어갈 내가 아니지.

"왜 힘든 건 나한테 시켜? 당신이 직접 가서 물어봐."

남편이 길을 건너 한 아이에게 다가갔다. 고개를 끄덕끄덕 하는 모양새를 보니 말이 통하는 것 같았다. 대화를 끝내고 온 남편에게 물었다.

"뭐라고 그래?"

"몰라. 아카데미라는 단어 하나밖에 못 알아들었어."

멈추어라,
아름다운 시간이여!

웨일스, 펨브로크셔 국립 해양공원·포트메리온 마을

영국 여행을 계획했을 때 웨일스에 대해서는 아는 바가 전혀 없었다. 그래서 관광정보를 검색해보니 웨일스에서 가볼 만한 곳으로 펨브로크셔 국립 해양 공원Pembrokeshire Coast National Park이 나왔다. 어떤 곳인지 직접 보려고 유튜브에 '펨브로크셔'를 쳐봤다. 바닷가를 찍은 다양한 영상들이 있었는데, 그중 한 영상에 눈길이 갔다. 크레이그 에반스Craig Evans라는 사람이 웨일스 바닷가에서 먹을 것을 잡는 영상이었다. 바닷가에 온갖 종류의 먹거리가 널려 있었는데, 말이 잡는 것이지 실제로는 그냥 '줍는' 수준이었다. 고동, 소라, 조개, 성게는 그냥 줍기만 하면 되고, 바위에 붙은 따개비나 해초는 손으로

뜯으면 그만이었다. 바위를 들치자 성인 손바닥만 한 크기의 게나 물고기가 나왔다. 살이 제법 올라 아주 먹음직스러워 보였다.

남편과 나는 침을 꼴깍 삼키며 영상을 보았다. 그가 잡은 것들은 모두 너무나 훌륭한 안줏감이었다. 낙지를 잡았다가 그냥 놓아주는 모습을 보고는 어찌나 가슴이 쓰리던지. '아니 저 아까운 걸 왜 놔줘!' 그렇게 침을 꼴깍 삼키며 영상을 보다가 결심했다. '그래, 저기 가는 거야!' 안줏거리는 바다에 널려 있으니 우리는 소주와 초고추장만 준비하면 되겠지? 소주를 부르는 웨일스 바닷가여! 우리가 간다, 기다려라!

그리하여 우리는 웨일스에 도착하자마자 바로 바닷가로 달려갔다. 목적지는 프레시워터 웨스트Freshwater West. 그런데 도착한 순간 잘못 왔다는 사실을 깨달았다. 영상에서 본 풍경과 너무나 달랐기 때문이다. 해변에는 바위 대신 하얀 모래가 끝없이 펼쳐져 있었다. 그 순간 깨달았다. 웨일스 해변이 모두 똑같지는 않다는 사실을. 어딘지 미리 알아보고 왔어야 하는데, 길이가 2700km나 되는 웨일스 해안에서 영상에서 본 것과 꼭 같은 바닷가를 어떻게 찾는단 말인가. 웨일스까지 와서 빈손으로 가려니 그렇게 실망스러울 수가 없었다.

웨일스 해안 중에서 프레시워터 웨스트를 찾은 데에는 나름대로 이유가 있었다. 여기에 있다는 도비의 무덤을 보고 싶었기 때문이다. 도비는 〈해리 포터〉에 나오는 집요정이다. 〈해리 포터와 죽음의 성물〉 편에서 도비는 해리와 다른 일행들을 구출한 다음 빌과 플뢰르의 조개집Shell House으로 도망치는데, 바로 이 조개집이 프레시워터 웨스트에 있었다. 도비는 도망치는 과정에서 벨라트릭스 레스트레인지가 던진 칼에 맞는다. 그리고 도착 직후, 해리 포터의 품에 안겨 숨을 거둔다. 해리는 도비의 죽음을 슬퍼하며 조개

프레시워터 웨스트 모래언덕에 있는 도비의 무덤

집 근처에 있는 모래언덕에 도비의 무덤을 만들었다. 직접 모래를 파서 시신을 묻은 후, 묘비에 "여기 자유로운 요정 도비가 잠들다Here lies Dobby, a free elf"라는 비문을 새겨 넣었다.

　〈해리 포터〉의 촬영이 끝난 뒤 조개집은 철거되었지만 도비의 무덤은 그대로 두었다고 한다. 그래서 지금도 도비를 기억하는 많은 사람이 이곳을 찾고 있다. 평범한 바닷가였던 프레시워터 웨스트가 해리 포터 팬들의 성지가 된 것이다. 지금 무덤에는 방문객들이 갖다 놓은 자갈이 쌓여 있다. 도비에게 보내는 메시지와 추모 문구가 적힌 자갈도 눈에 띈다. 한때 옷가지나 인형, 양말을 갖다 놓는 사람도 있었는데, 양말을 갖다 놓은 것은 도비와 같은 집요정에게 양말이 곧 자유를 의미하기 때문이라고 한다. 그러나 옷가지나 인형, 양말들이 해안 생태계에 위협이 된다는 우려가 제기되면서 지금은 아무것도 놓지 말고 그냥 사진만 찍고 가라는 캠페인이 진행 중이다.

워낙 인기가 많은 캐릭터여서일까. 도비는 죽은 후에도 편히 쉬지 못하고 있다. 원래 무덤에는 “여기 자유로운 요정 도비가 잠들다”라고 쓰인 묘비가 있었다. 그런데 지금 이 묘비는 흔적도 없이 사라지고 대신 방문객들이 갖다 놓은 자갈들만 산더미처럼 쌓여 있다. 묘비가 없어질 때마다 새로 묘비를 만들어놓지만 어찌나 인기(?)가 많은지 한 달도 못 되어 사라진다고 한다. 이로 미루어 도비의 시신 역시 이미 없어졌을 가능성이 크다. 묘비를 가져가는 사람이 그 시신인들 온전히 두었을까.

날씨가 흐려서인지 해안의 전반적인 색조는 회색빛이었다. 그런데도 에너지는 엄청났다. 거대한 파도가 육지를 집어삼킬 듯 맹렬한 기세로 달려오고 있었다. 펨브로크셔 국립 해양공원에 속한 이곳은 파도가 높아 서핑 족에게 특히 인기가 많다고 한다. 길게 뻗은 해안에 모래언덕과 붉은 사암, 초원, 갈대밭, 보라색 습지, 목초지, 해양 절벽 등 다양한 풍광이 펼쳐진다.

프레시워터 웨스트 주변을 돌아보고 차로 돌아왔다. 그런데 사실 그때까지도 우리는 웨일스 바닷가에서 먹거리를 잡겠다는 꿈을 완전히 버리지 못하고 있었다. 그래서 차를 몰고 영상에서 본 것과 비슷한 바닷가를 찾아 나섰다. 지성이면 감천이라던가. 조금 가니 바위가 있는 해변이 보였다. 사람들이 바구니를 들고 무언가를 캐고 있다. 가까이 가서 보니 바위에 붙은 이름 모를 초록색 해초를 따고 있는 것이었다. 그걸 보고 덩달아 해초를 땄다. 한국에서 가져온 해산물 육수와 함께 끓여 먹으면 미역국 비슷한 맛이 나겠다 싶었다.

바위에는 해초 말고 꼬막 비슷하게 생긴 조개도 달라붙어 있었다. 해초와 조개. 환상의 궁합 아닌가. 조개로 국물을 낸 시원한 해초국을 상상하며 조개를 따려는데, 웬걸. 바위에 얼마나 단단하게 붙어 있는지 도저히 뗄 수가 없었다. 돌로 껍질을 깨보았는데 살이 제법 올라 국을 끓이면 맛있을 것 같았다. 문제는 바위에서 조개를 떼는 데 너무나 많은 에너지가 든다는 것이었다. 조개 하나 따는 데 이렇게 힘이 드는데, 도대체 어느 세월에 국을 끓여 먹을 만큼 조개를 따겠는가. 그래서 포기했다.

바다를 바라보며 걷는 둘레길

펨브로크셔 국립 해양공원에는 해안을 따라 걷는 둘레길Path이 있다. 다음 날 둘레길의 한 구간을 걸었다. 유명한 블루 라군Blue Lagoon이 포함된 구간이었는데, 얼마나 좋았는지 지금도 그때를 생각하면 가슴이 벅차오른다. 이 구간의 해안은 대부분 절벽 아래에 있고, 절벽 위에는 온갖 야생화가 만발한 평평한 초원이 펼쳐진다. 그러니까 초원 위를 걸으면서 아래로 펼쳐진 해안 절벽을 내려다보기만 하면 되는 것이다.

그날 무대는 비가 내리고 있었다. 비 오는 날을 좋아하는 나에게는 바닷가를 걷기에 최상의 날씨였다. 준비해 간 우비를 차 안에서 입었다. 포장에 '제비표 우의, 수출 100만불 달성'이라는 문구가 쓰여 있었다. 세상에! 100만 불이라니! 비옷이 갑자기 위대해 보인다. 그렇게 엄청난 위업을 달성한 비옷을 입고 해안 둘레길을 걸었다. 펨브로크셔 국립 해양공원에서 가장 유명한 곳은 블루 라군Blue Lagoon이다. 라군, 즉 석호潟湖는 조류가 운반해온 모래와 암석 부스러기로 인해 바다와 분리되어 형성된 호수다. 대개는 자연적으로 생성되지만 이곳의 라군은 기존에 있던 점판암 광산을 폭파해 만든 인공 석호다. 위에서 바라보는 물빛이 인상적이었다. 마치 파란 물감을

풀어놓은 듯 색깔이 아주 짙고 선명했다. 다이빙과 수영, 암벽 등반을 즐기는 사람들이 자주 찾기로 유명하다.

블루 라군이 있는 아베레디 만Abereiddy Bay의 절벽은 화석 수집가에게 인기가 많다. 절벽에서 바위 조각들이 수시로 해안으로 떨어지는데, 그 조각 중에 화석이 많기 때문이다. 여기서는 화석을 캐기 위해 굳이 절벽으로 기어 올라가는 모험을 할 필요가 없다. 해안 절벽에서 떨어진 화석을 밑에서 그냥 '줍줍' 하면 된다. 그런데 사실 영국에는 여기 말고도 화석을 주울 만한 곳이 많다. 과장해서 말하자면 그냥 발밑에 걸리는 게 화석일 정도로 흔하다. 그렇게 조개뿐만 아니라 화석도 줍는다.

펨브로크셔 국립 해양공원에서 가장 아름다운 해변은 바라훈들 만 Barafundle Bay이다. 이 해변은 과거 코더 가문의 영지였다고 하는데, 해안을 둘러싼 오래된 돌담과 돌길로 보아 개인 영지였음을 알 수 있다. 바라훈들은 개인의 프라이버시를 보호하기에 안성맞춤인 지형이다. 양쪽에 높은 절벽이 있고, 그 사이에 넓은 모래밭을 가진 해변이 오롯이 감춰진 풍경이 인상적이었다. 주변에 돌담까지 쳐놓았으니 과거에 코더 가문 사람들은 누구의 방해도 받지 않고 해변에서의 은밀한 일상을 즐겼을 것이다. 이렇게 아름다운 해변을 자기들끼리만 즐겼다니. 해변이 공공재公共財인 시대에 태어난 것이 참 다행이라는 생각이 들었다.

해변을 걷다가 특이한 형태의 절벽을 보았다. 절벽이 좁은 틈을 사이에 두고 둘로 갈라져 있었다. 중간 부분은 서로 붙어 있는데, 이로 미루어 아마 옛날에는 한몸이었을 것이다. 절벽 사이의 틈이 아주 좁았다. 잘하면

석양 무렵의 블루 라군

웨일스에서 가장 아름다운 해변으로 꼽히는 바라훈들 만

이쪽에서 저쪽으로 폴짝 뛰어넘을 수도 있겠다 싶을 정도였다. 그래인지 이름도 재미있다. 사냥꾼의 뛰어넘기Huntsman's Leap란다.

절벽이 이런 이름을 갖게 된 사연은 이렇다. 옛날에 한 사냥꾼이 악마에게 쫓기게 되었다. 말을 타고 도망가던 사냥꾼이 어느덧 이 절벽에 이르렀다. 더 이상 도망갈 곳이 없었던 사냥꾼은 앞뒤 잴 것도 없이 그냥 이쪽 절벽에서 다른 쪽 절벽으로 뛰어넘었다. 그렇게 해서 악마를 따돌리는 데 성공했다. 그런데 문제는 그다음에 일어났다. 한숨 돌린 사냥꾼이 자기가 엉겁결에 뛰어넘은 절벽을 본 것이다. 순간 그는 경악을 금치 못했다. '세상에! 내가 저걸 넘었단 말이야?' 놀란 사냥꾼은 충격으로 그 자리에서 죽고 말았다. 이상, 슬프고도 웃기는 웨일스 해안의 전설이었습니다.

파도와 바람은 자연의 예술가다. 유구한 시간을 거치며 온갖 기기묘묘

'바다오리 바위'라는 뜻을 가진 엘레구그 스탁스

한 절경을 만들어낸다. 그 절경 중에 절벽에서 떨어져나와 바다 위로 불쑥 솟아오른 두 바위기둥이 있었다. 이름이 웨일스어로 엘레구그 스탁스Elegug Stacks인데, 이는 '바다오리 바위'라는 뜻이라고 한다. 이 석회암 기둥은 모양이 독특해서 펨브로크셔 국립 해양공원을 소개하는 책자에 단골로 등장한다. 사진으로는 볼 때는 몰랐는데, 실제로 보니 엄청나게 커서 놀랐다. 온갖 풍파를 맞으며 바다 가운데 우뚝 서 있는 이 바위는 바닷새들의 쉼터가 되기도 한다.

비오는 날 펨브로크셔 국립 해양공원 둘레길을 걸은 경험은 내 인생에서 가장 황홀한 경험이었다. 비가 와서인지 주변에 아무도 없었다. 물에 젖어 더욱 선명한 색을 띤 바위와 절벽, 초원의 풀과 이름 모를 야생화가 어우러지는 풍경이 너무나 환상적이었다. 지금도 그 순간을 잊을 수가 없다.

웨일스, 펨브로크셔 국립 해양공원 · 포트메리온 마을

괴테가 〈파우스트〉에서 "멈추어라! 이토록 아름다운 시간이여!"라고 외친 것처럼 나도 그 아름다운 순간이 영원히 멈추기를 간절히 원했다. 그러나 시간은 속절없이 흐르는 법이다. 흘러가는 시간을 어찌 잡을 수 있으랴. 하지만 절대로 잊지 말자. 이 아름다운 순간의 황홀함을 기억의 창고 속에 꼭꼭 담아두었다가 힘들고 외로울 때 꺼내어 반추하리라. 비 오는 날 그 바닷가에서 나는 그토록 행복했노라고.

다음 날은 날씨가 화창했다. 따사로운 햇볕을 받으며 한적한 마을길을 걸었다. 어느덧 점심때가 되었다. 이런 날은 무조건 밖에서 라면을 끓여 먹어야 한다. 내 이럴 줄 알고 한국에서 브루스타를 챙겨 왔지! 라면 끓여 먹기 적당한 장소를 찾다 한 농가 앞을 지나게 되었다. 그런데 가판대에 놓인 계란이 보였다. 사람은 없고, 계란 옆에 돈을 넣는 어니스트 박스Honest Box가 있었다. 여섯 개들이 계란판에 농가에서 기르는 닭이 낳은 계란이 들어 있었는데, 크기가 다 달랐다. 박스에 돈을 넣고 계란을 가져왔다. 하! 우리가 라면 끓여 먹는 줄 어떻게 알고 계란이 '짠' 하고 나타났을까. 신기했다. 계란을 넣고 라면을 끓여 먹었다. 계란이 얼마나 맛있었는지 모른다. 세상에 태어나 그렇게 맛있는 계란은 처음 먹어본 것 같다.

웨일스의 말과 노래

여행을 하다 보면 곳곳에서 관광 안내판을 보게 된다. 웨일스의 관광 안내판은 대부분 웨일스어로 써 있다. 그런데 이 언어가 참 묘하다. 프랑스어나 이탈리아어, 독일어는 영어와 비슷해서 대충 감이라도 잡을 수 있는데, 웨일스어는 어족 자체가 달라서인지 도대체 무슨 말인지 알 수가 없었

야생화가 피어 있는 펨브로크셔 국립 해양공원의 둘레길

다. 의미는커녕 읽기도 힘들었다. "Llanfairpwllgwyngyllgogerychwyrnd robwllllantysiliogogogoch"는 웨일스 앵글리 섬에 위치한 마을이다. 마을 이름으로는 세계에서 가장 길다고 하는데, 길이도 길이지만 세계에서 가장 발음하기 힘든 이름이 아닐까 싶다. 이걸 어떻게 읽지? 어쨌든 '고고고흐'로 끝나는 것 같기는 한데, 나머지는 그냥 암호 같아 보인다. 왜 이렇게 이름 이 긴가 했더니 일부러 그렇게 지었다고 한다. 뜻은 '빠른 소용돌이 근처 흰 개암나무 분지의 성 마리아 교회와 붉은 동굴의 성 티실리오 교회'다. 원래 'Llanfairpwllgwyngyll(흰색 개암나무 분지에 있는 성 마리아 교회)'가 있

웨일스, 펨브로크셔 국립 해양공원·포트메리온 마을

었고, 근처에 'Llantysilio Gogogoch(붉은 동굴의 성 티실리오 교회)'가 있었으며, 그 사이에 물살이 빠른 소용돌이chwyrn drobwll가 있었다. 그래서 이를 모두 합해 이런 이름을 지은 것이다.

웨일스어 표지판은 영어와 병기된 것도 있지만 웨일스어로만 쓰인 것이 더 많다. 웨일스어의 중요성을 일깨우려고 일부러 그랬을까. 2011년에 실시한 통계에 따르면 웨일스 사람 중 약 70%가 웨일스 말을 구사하지 못한다고 한다. 토착 언어 보호 정책으로 웨일스어를 법적인 공식 언어로 인정하고 있지만 웨일스어 사용 인구는 해마다 줄어드는 실정이다.

세계적인 베이스 바리톤 브린 터펠이 바로 웨일스 출신이다. 브린 터펠은 1965년 웨일스의 판트 그라스라는 작은 마을에서 태어났다. 농부였던 아버지가 웨일스 토착민이었던 관계로 그는 어려서부터 웨일스어를 듣고 자랐다. 태어나서 처음 배운 말이 웨일스어였고, 처음 배운 노래가 웨일스 민요였다. 어려서부터 뛰어난 노래 실력으로 각종 콩쿠르를 휩쓸었던 브린 터펠은 19살 때 런던으로 상경해 길드홀 음악학교에 들어갔다. 그리고 음악학교를 졸업한 해인 1989년, 웨일스의 수도 카디프에서 열리는 카디프 국제 성악 콩쿨Cadiff singer of the world에 도전했다. 이때 러시아 출신의 바리톤 드미트리 흐보로스토프스키와 그랑프리를 놓고 벌인 결전이 유명하다.

웨일스 토박이인 브린 터펠은 한 인터뷰에서 웨일스인으로서 자신의 정체성은 이스테드보드Eisteddfod에서 나왔다고 밝혔다. 웨일스는 음유시인의 전통이 강한 곳이다. 12세기부터 시와 노래, 춤의 기량을 겨루는 축제가 열렸는데, 그것이 바로 이스테드보드다. 브린 터펠의 부모는 그가 어렸을 때부터 매년 여름이면 어김없이 그를 이스테드보드에 데려갔다고 한다. 이런 경험이 그를 성악가로 키운 것이다.

최초의 이스테드보드는 1176년에 열렸다. 웨일스 귀족인 리스 경이 카디건에 있는 자신의 성에서 웨일스 각지에서 온 시인과 음악가들의 실력을 겨루는 경연대회를 개최했다. 최고의 실력을 지닌 시인과 음악가에게는 리스 경의 의자를 상으로 수여했는데, 상으로 의자를 주는 이 전통은 지금까지 이어지고 있다. 웨일스의 이스테드보드 중에서 란골렌Llangollen에서 열리는 국제 음악 이스테드보드 축제의 규모가 가장 크다. 매해 7월 둘째 주에 북 웨일스의 란골렌에서 열리는데, 세계 50개국에서 온 5천 명의 음악가와 무용가들이 20개 분야에서 실력을 겨룬다. 역대 참가자 중에서 가장 유명한 사람은 세계적인 테너 루치아노 파바로티다. 1955년, 당시 스무 살의 청년이었던 파바로티는 고향 모데나를 대표하는 남성 합창단과 함께 이 대회에 참가했다. 파바로티는 처음으로 출전한 이 대회에서 당당히 그랑프리를 차지하며 성악가로서 화려한 인생을 시작했다.

지난 2000년, 브린 터펠은 웨일스 민요 음반을 냈다. 수록된 노래 중에 〈작은 냄비Sosban Fach〉라는 노래가 있다. 가정주부의 애환을 담은 노래인데 가사가 이렇게 시작한다.

Mae bys Meri-Ann wedi brifo,
A Dafydd y gwas ddim yn iach.

이방인인 나에게 웨일스어는 참 낯설다. 하지만 웨일스 토박이로 태어나 웨일스 말을 쓰고, 웨일스 민요를 부르며 성장했던 브린 터펠에게는 이 언어가 어머니의 품처럼 편안할 것이다. 그런 의미에서 브린 터펠은 웨일스 음유시인의 진정한 계승자라 할 수 있다.

동화의 나라, 포트메리온 마을

한때 우리나라 주부들 사이에 포트메리온 그릇 세트를 장만하는 것이 유행인 적이 있다. 그때는 조금이라도 부유한 집에 가면 특유의 초록잎 테두리를 두른 포트메리온 그릇들이 보란 듯 장식장을 차지하고 있었다. 하지만 포트메리온이라는 이름의 원조는 도자기가 아니라 웨일스에 있는 포트메리온 마을Portmeirion Village이다. 클러프 윌리엄스 엘리스라는 웨일스 출신 건축가가 1925년부터 50년에 걸쳐 지중해풍의 마을을 지었는데, 이 마을의 이름이 포트메리온이다.

웨일스 여행 이틀째 되는 날 포트메리온을 찾았다. 마을로 들어가자 동화 속 요정의 집처럼 아기자기하고 예쁜 집들이 눈에 들어왔다. 이탈리아 지중해 연안에 있는 마을에 온 듯한 느낌이었다. 톨 하우스Toll House 발코니에 오크 나무로 조각한 성 베드로 상像이 보였다. 밑에 있는 사람들에게 설교라도 할 작정인가. 무슨 이유로 여기에 성 베드로 상을 세워놓았는지 궁금했다. 톨 하우스 근처에는 레이디스 로지Lady's Lodge와 라운드 하우스Round House가 있다. 임대용 차고로 지어진 레이디스 로지에는 지금 작은 화랑이 들어서 있다. 레이디스 로지 맞은편에 있는 라운드 하우스는 1960년대에 방영된 인기 드라마 〈죄수The prisoner〉의 무대가 된 곳으로 유명하다. 비탈길에 지어진 둥근 모양의 2층 집으로 아랫층 외벽의 움푹 파인 곳에 하얀 성모 마리아 상이 파란 벽을 배경으로 서 있는 모습이 아름다웠다.

마을이 내려다보이는 높은 언덕에는 판테온The Pantheon이 우뚝 서 있다. 판테온은 뒤늦게 지어졌다. 마을에 둥근 지붕Dome 건물이 하나도 없어 아쉬워하던 엘리스 경이 1961년에 지었다고 한다. 돔은 유럽 건축의 알파와 오메가라고 해도 과언이 아니다. 돔이 없는 지중해 마을은 상상할 수 없다.

포트메리온 마을 입구에 있는 레이디스 로지와 라운드 하우스

대개는 마을에서 제일 좋은 자리에 돔이 들어선다. 풍경의 완성으로서 돔의 중요성을 알고 있던 엘리스 경이 마을 전체가 한눈에 내려다보이는 명당 자리에 판테온을 세운 것이다.

판테온 바로 밑에 있는 원뿔 모양의 작은 건물에 커다란 불상이 있는 것을 보고 놀랐다. 유럽 마을에 뜬금없이 웬 불상인가 했더니 엘리스 경이 받은 선물이라고 한다. 1958년에 나온 잉그리드 버그만 주연의 〈Inn of the sixth happiness(여섯 번째 행복의 여관)〉이라는 영화가 있다. 중국에서 선교사로 활동하는 웨일스 여성의 삶을 그린 이 영화를 바로 포트메리온에서 촬영했다. 촬영이 끝난 뒤 감독은 영화를 위해 특별히 제작한 불상을 엘리스 경에게 선물했다. 그래서 포트메리온에 불상이 남게 된 것이다.

프토메리온 마을의 중심은 광장이다. 광장 한가운데 연못이 있고, 양 옆에 높이 솟은 이오니아 양식의 기둥에는 춤추는 미얀마 남녀의 조각상이

웨일스, 펨브로크셔 국립 해양공원 · 포트메리온 마을

중국식 다리와 정자가 있는 숲속의 정원

금빛 자태를 자랑하고 있다. 미얀마 무용수의 조각상이 어떤 경로를 거쳐 이곳에 왔는지 모르겠다. 과거 유럽 귀족 사이에 불었던 동양 열풍의 결과가 아닌가 싶다.

포트메리온에 있는 건물 중에는 마을을 조성하며 새로 지은 것도 있지만 옛날 건물을 옮겨 와 복원한 것도 있다. 애초에 엘리스 경이 내세운 슬로건이 '과거를 보존하고 현재를 꾸미며 미래를 건설한다'였는데, 이처럼 '과거를 보존한' 건물 중에 브리스톨 기둥Bristol Colonnade이 있다. 브리스톨 기둥은 1760년에 만들어졌는데, 본래 윌리암 리브라는 구리 제련업자의 궁전에 있는 욕탕의 일부였다고 한다. 전쟁 때 폭격을 맞아 부서진 것을 가져와 광장이 내려다보이는 곳에 설치해놓았다.

마을을 건설하는 동안 엘리스 경은 끊임없이 과거의 흔적을 찾아다녔다. 다른 사람이 버리려는 것을 주워 오기도 하고, 경매에 나온 것을 돈을 주고 구입하기도 했다. 타운 홀Town Hall의 천장이 바로 그런 경우다. 철거할 예정인 건물의 천장을 1936년 경매에서 단돈 13파운드에 구입했다고 한다. 그야말로 득템을 한 셈이다. 이후 엘리스 경은 석재 창틀과 벽난로를 구입해 홀의 내부를 장식했다. 하얀 석고로 만든 천장 장식에는 헤라클레스의 형상과 태양의 궤도를 분할하는 12개의 별자리 모형이 새겨져 있다. 그래서 이 홀을 헤라클레스 홀이라고도 한다.

마을을 다 둘러본 다음 근처 해변으로 갔다. 모래밭이 끝없이 펼쳐진 해변에 아름다운 전망대가 있었다. 그 뒤에 위치한 야산에는 중국식 다리와 탑이 있는 정원과 정자가 있는데, 모두 엘리스 경의 딸 수잔이 디자인했다고 한다. 도예가이기도 한 수잔은 아버지를 도와 포트메리온 조성 작업에 참여했다. 마을에 있는 간판이나 실내장식 중에 수잔의 디자인이 들어간

♪ 연못이 있는 마을의 중앙 광장
♫ 고색창연한 브리스톨 기둥과 1961년에 지어진 판테온

헤라클래스 동상과 천장 장식이 있는 타운 홀

것이 많다. 수잔은 1960년, 도자기 회사를 세우고 회사 이름을 아버지가 디자인한 마을의 이름을 따 포트메리온이라고 지었다. 그래인지 광장 한쪽에 있는 기념품 가게에 포트메리온 제품이 수두룩했다. 여기도 포트메리온, 저기도 포트메리온. 아주 가게 안이 온통 '초록 초록'했다.

이번 영국 여행의 성과를 한마디로 요약하자면 웨일스의 발견이 아닐까 싶다. 웨일스가 이렇게 좋은지 미처 몰랐다. 그래서 일정을 사흘밖에 잡지 않은 것이 너무나 후회가 된다. 언제 기회가 되면 펨브로크셔 국립 해양 공원 둘레길 전 구간을 걷고 싶다. 걸으면서 중간에 쉬엄쉬엄 게도 잡고, 소라도 잡고, 미역도 따고 싶다. 나중에 보니 웨일스 해안 먹거리 영상을 올린 그 아저씨가 투어도 한단다. 그 팀에 합류해 웨일스 해안에 널려 있는 안주들을 초고추장, 소주와 함께 섭렵할 날을 기대해본다.

"멈추어라, 이토록 아름다운 시간이여!"
괴테가 〈파우스트〉에서 외친 것처럼
나도 그 아름다운 순간이
영원히 멈추기를 간절히 원했다.
그러나 시간은 속절없이 흐르는 법이다.

5

거대한 자연과
숭고한 음악을
마주하는 순간

Northern Europe

북유럽

건축 마니아에게
환상을 선물한 도시

노르웨이, 오슬로

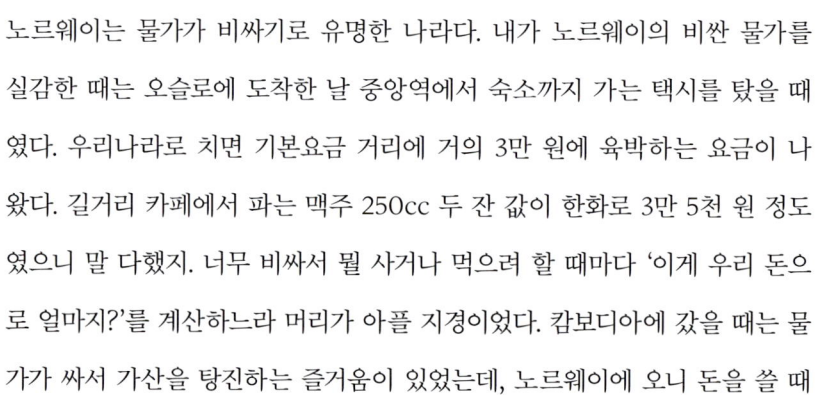

노르웨이는 물가가 비싸기로 유명한 나라다. 내가 노르웨이의 비싼 물가를 실감한 때는 오슬로에 도착한 날 중앙역에서 숙소까지 가는 택시를 탔을 때였다. 우리나라로 치면 기본요금 거리에 거의 3만 원에 육박하는 요금이 나왔다. 길거리 카페에서 파는 맥주 250cc 두 잔 값이 한화로 3만 5천 원 정도였으니 말 다했지. 너무 비싸서 뭘 사거나 먹으려 할 때마다 '이게 우리 돈으로 얼마지?'를 계산하느라 머리가 아플 지경이었다. 캄보디아에 갔을 때는 물가가 싸서 가산을 탕진하는 즐거움이 있었는데, 노르웨이에 오니 돈을 쓸 때마다 가산을 탕진하는 '고통'이 느껴졌다.

노르웨이 수도 오슬로의 야경

오슬로에서의 첫 일정은 건축박물관 관람이었다. 아침에 일어나 느긋하게 아침을 먹고 한 10시쯤 숙소에서 나왔다. 이날 다른 일정은 잡지 않고 오로지 건축박물관 하나만 잡았는데, 이렇게 나는 여행할 때 일정을 무리하게 잡지 않는다. 본전 뽑겠다는 생각에 힘겹게 돌아다니면 너무 피곤하고 나중에는 뭘 봤는지 생각조차 나지 않기 때문이다. 여행이 극기 훈련도 아니고 그렇게 힘들게 다닐 필요가 있나. 그래서 하루에 딱 한 군데만 간다.

길을 걷는데, 도로에 앉은 참새 한 마리가 보였다. 남편이 사진을 찍으려고 다가가자 도망도 가지 않고 마치 포즈를 취하듯 그 자리에 있는 모습이 놀라웠다.

"한국 참새들은 사진 찍으려고 하면 다 도망가는데, 노르웨이 참새들은 사람을 별로 무서워하지 않네."

내가 말했더니 남편이 그 이유를 알려주었다. "한국 참새들은 옛날에 참새구이 때문에 하도 많이 잡혀서, 멍청하고 경계심 없는 개체들은 모두 죽고 약삭빠르고 의심 많은 개체만 살아남는 식으로 진화해서 그래."

"아니, 진화의 사이클이 적어도 몇만 년은 되어야 하는 거 아냐?"

내가 반론을 제기하자 남편은 "인간이 개입하면 진화의 시계가 빨라질 수도 있어"라며, 학계에서 공식적으로 검증된 바 없는 주장을 전문가 포스를 풍기며 덧붙였다.

건축의 도시 오슬로

그러는 사이 어느새 건축박물관에 도착했다. 박물관으로 들어가는데 기분이 짜릿했다. 건축을 전공한 건 아니지만 나는 이른바 '건축 마니아'다. 멋진 건물만 보면 온몸에 엔돌핀이 솟는 듯한 행복을 느낀다. 노르웨이 여행의 첫 일정을 건축박물관으로 잡은 것도 이 때문이었다.

박물관 안은 한산했다. 노르웨이에 있는 건축물들의 설계도와 모형, 사진들이 있었는데, 하나같이 다 내 저격하는 것들이었다. 나는 건축 디자인이나 인테리어 모두 북유럽 스타일을 좋아한다. 그래서 박물관을 둘러보는 것이 더 재미있었다. 전시장 한쪽에서 건축학도인 듯한 젊은이가 나무 블록으로 건물모형을 쌓고 부수기를 반복하는 모습이 보였다. 학교 과제를 하는 걸까. 얼굴에는 고심하는 티가 역력했다. 본인은 물론 힘들겠지만 나는 진심으로 그가 부러웠다. 내 꿈이 건축가였기 때문이다.

박물관의 회의실 같은 곳에서는 건축 다큐 영상을 상영하고 있었다. 사람이 한 명도 없어서 남편과 둘이만 편안한 소파에 거의 눕다시피한 자

오슬로 건축박물관의 전시실

덴마크의 '8하우스'를 소개하는 영상

세로 영상을 보았다. 영상에서 보여주는 건축물은 노르웨이가 아니라 덴마크에 있는 '8하우스'라는 공동주택이었다. 집 모양이 8자 모양이라서 8하우스라고 한단다. 다큐를 보면서 저런 집에 살았으면 좋겠다는 생각을 했다.

8하우스 마당에는 작은 동산들이 있었다. 여기서 아이들이 보물찾기를 하면서 노는 광경을 보았다. 그런가 하면 풀이 심어진 건물의 경사면은 '산'과 같은 역할을 한다고 한다. 주민의 말대로 'mountain village'인 셈이다. 이렇게 자연의 형태를 구현한 다양한 구조물로 인공물의 한계를 극복하고자 한 노력이 인상적이었다. 그런 집에서 삶의 안락함을 누리며 사는 사람들이 부러웠다. 그곳에 사는 어린이들이 자기 집을 그리는 장면이 나왔는데, 아이들마다 집 그림이 다 달랐다. 어느 방향에서 바라보느냐에 따라 집 모양이 달라지기 때문이다.

보다 보니 막내딸이 초등학교에 다닐 때 미술 시간에 만든 우리집 모

멋진 디자인의 오슬로 도심의 빌딩들

형이 생각났다. 당시 우리는 아파트에 살았는데, 딸아이가 만든 집 모양은 그냥 길쭉한 직육면체였다. 그때 딸이 한 말이 지금도 생각난다.

"우리 집은 만들기 무지 쉬워요."

건축박물관에서 나와 오슬로 시내 여기저기를 둘러보았다. 오슬로도 도시이다 보니 단독주택보다는 공동주택이 더 많았다. 그런데 건물 모양이 획일적이지 않았다. 무엇보다 놀라운 것은 발코니가 우리나라 아파트와는 비교가 되지 않을 만큼 넓다는 것이었다. 한 집만이 아니라 대부분의 집들이 다 그랬다. 건축법에 발코니 면적 규정이 따로 있는지도 모르겠다.

공동주택의 발코니는 실내와 실외를 연결하는 일종의 완충지대다. 작은 마당이라고 할 수 있는데, 나는 이런 완충지대의 유무와 넓이가 그 집에 사는 사람들의 삶의 질을 결정하는 데 중요한 역할을 한다고 생각한다. 그런 의미에서 나에게는 오슬로 공동주택의 넓은 발코니가 퍽 인상적이었다.

넓은 발코니를 가진 오슬로의 공동주택

그런데 공동주택뿐만 아니라 대형 빌딩에도 발코니나 베란다가 있는 것이 눈에 띄었다. 주거공간과 마찬가지로 그 안에서 일하는 사람들에게 쾌적한 환경을 제공하고자 세심하게 배려한 흔적이 역력했다. 사선으로 된 건물도 많았는데, 아래층의 옥상이 위층의 마당이 되는 식이었다. 그밖에 발코니를 툭 튀어 나오게 만든다거나 건물 중간을 움푹 파서 넓은 베란다가 가능하도록 하는 등, 다양한 방식으로 빌딩에 마당과 같은 공간을 구현하려는 의도가 돋보였다.

좋은 건축물은 실용성과 예술성을 겸비해야 한다. 그런데 이 두 측면을 동시에 만족시키기란 그렇게 쉬운 일이 아니다. 실용성을 추구하다 보면 예술성에 차질이 생기고, 반대로 예술성만 강조하다 보면 살기에 매우 불편한 집이 될 수도 있기 때문이다. 실용성과 예술성 양극단 사이의 어느 지점에 설 것인가. 이를 결정해야 하는 것이 건축가의 운명이 아닐까 싶다.

오슬로의 빌딩들은 이 두 요소가 행복하게 만날 수 있음을 증명하고 있었다. 실용성을 추구하기 위한 여러 아이디어가 건물의 개성과 예술성을 높이는 데에도 일조한 것이다. 빌딩 안에 있는 마당처럼 넓은 베란다와 발코니에서 사람들이 차를 마시며 담소를 나누는 광경이 보였다. 저렇게 쾌적한 환경에서 일하면 정말 일할 맛 나겠다는 생각이 들었다. 획일화를 거부하는 다양한 모양의 창문과 발코니, 외부 장식, 인접 건물과의 원활한 소통을 가능하게 하는 열린 구조, 건물과 조화를 이루는 설치예술 작품들. 모든 것이 경이롭기만 했다.

평소 건물 규모가 커지면 예술성을 구현하는 데 한계가 있으리라 생각했는데 오슬로 빌딩을 보고 다시 생각하게 되었다. 거대한 빌딩도 이렇게 멋있게 지을 수 있구나! 감탄사를 연발하며 카메라 셔터를 눌러댔던 기억

오슬로 국립 오페라 하우스 로비

이 난다.

멋진 디자인의 건축물을 구경하다 어느덧 오페라 하우스에 이르렀다. 오슬로 오페라 하우스는 모던하고 심플한 것을 좋아하는 내 취향에 딱 맞는 건물이었다. 비스듬히 경사진 콘크리트 지반에서 유리 구조물이 위로 불쑥 융기한 것 같은 형상을 보면서 노르웨이가 자랑하는 웅장한 대자연의 도시적 버전을 보는 듯했다.

오페라 하우스 옆에서는 엄청나게 큰 빌딩의 공사가 한창이었다. 공사 안내도를 보고 뭉크 미술관을 짓고 있다는 것을 알았다. 아, 그렇지. 뭉크가 있었지! 여기까지 왔는데 노르웨이를 대표하는 화가의 그림을 보지 않고 가면 안 되지. 그 자리에서 다음 날 일정을 뭉크 미술관 관람으로 정했다.

뭉크, 시계와 침대 사이

　뭉크 미술관은 숙소에서 버스로 약 30분 정도 걸리는 곳에 있었다. 뭉크는 세상을 떠나면서 자신이 소장한 그림 1200점과 데생 4500점, 18000여 점의 인쇄물과 6개의 조각품을 조건 없이 오슬로 시에 기증했다. 오슬로 시는 그가 남긴 작품을 보관하고 전시하기 위해 뭉크 탄생 100주년이 되는 1963년에 뭉크 미술관을 개관했다. 뭉크 미술관은 뭉크의 작품과 유품 등을 2만여 점 소장하고 있는데, 워낙 방대하다 보니 미술관에서는 이 중에 500여 점만 전시하고 있다. 일정 기간이 지나면 전시 작품을 교체하기 때문에 여러 번 방문해도 갈 때마다 다른 작품을 볼 수 있다고 한다.

　뭉크 미술관은 작고 아담했다. 사실 뭉크는 편안한 마음으로 감상하기에는 다소 부담스러운 화가다. 〈절규〉와 〈마돈나〉를 비롯해 그의 작품들은 대개 어둡고 기괴하다. 화가가 겪은 극심한 불안과 공포가 그대로 그림 속에 들어 있다. 사실 뭉크는 선천적으로 매우 불안정한 정신 상태를 지닌 사람이었다. 태어난 순간부터 공포와 슬픔과 죽음의 사자들이 그를 따라다녔다고 한다. 친구들과 놀 때도, 봄날에 햇살이 따스하게 내리쬘 때도, 잠을 자려고 눈을 감을 때도 죽음과 지옥의 영원한 저주가 그를 위협했다. 한밤중에 무시무시한 공포에 휩싸인 때도 많았다. 그에게는 살아 있는 공간이 곧 지옥이었던 셈이다.

　그의 공포는 곧 현실이 되어 나타났다. 5살 때 어머니가 폐결핵으로 세상을 떠나고, 이에 충격을 받은 아버지가 정신분열증에 걸렸다. 부모의 보살핌을 받지 못한 뭉크는 한 살 위인 누나에게 마음을 의지하며 살았다. 하지만 얼마 후 그 누나마저 죽고 말았다. 그때 그의 나이는 고작 15살이었다. 그런데 불행은 여기서 그치지 않았다. 그 후 남동생이 폐렴으로 사망하고,

여동생은 정신분열증에 걸렸다. 그러다가 끝내 자신마저도 정신분열증에 걸리게 된다. 한 가족 중에 3명이 죽고, 3명이 정신분열증에 걸린 것이다.

"우리 가족에게는 병과 죽음밖에 없어. 우리 집안의 피가 그런 거야." 생전에 뭉크는 이렇게 한탄하곤 했다. 그러니까 그의 불안정한 정신은 다분히 기질적인 것이라 할 수 있다. 뭉크는 시시때때로 엄습해 오는 공포와 불안과 맞서 싸워야 했다. 어느 날 해질 무렵에 그는 친구들과 함께 길을 걸어가고 있었다. 약간의 우울감을 느끼고 있던 바로 그때 갑자기 그의 눈에 하늘이 핏빛으로 물드는 형상이 보였다. 순간 거의 죽을 것 같다는 느낌을 받은 그는 가던 길을 멈추고 난간에 기대섰다. 핏빛 하늘에 불타는 듯 떠 있는 구름과 암청색 도시가 눈에 들어왔다. 그 순간 어디선가 커다란 비명이 들려왔다. 그의 대표작 〈절규〉는 바로 이 순간을 그린 것이다.

〈절규〉도 그렇지만 미술관에 전시된 뭉크의 그림 속 인물들은 살아 있는 사람 같지가 않았다. 영혼이 빠져나간 듯 창백한 얼굴, 해골을 연상시키는 퀭한 눈동자, 갈 곳을 잃은 듯 이리저리 산만하게 처리된 선들 그리고 화가의 분열된 정신 상태를 상징하는 구불구불하고 불안정한 배경들. 그 그림들을 보며 그림 속 인물들의 정신을 분석하고 싶다는 충동이 들었다.

이날 전시명은 화가가 말년에 그린 그림의 제목을 딴 〈시계와 침대 사이〉였다. 여기서 '시계'는 '삶', '침대'는 '죽음'을 의미하는 것이리라. 전시의 주제 때문인지 유독 임종 장면을 담은 그림이 많았다. 임종을 앞둔 사람 옆에서 기도를 드리거나 조용히 흐느끼는 여인들의 모습이 아주 어둡게, 어둡게 그려져 있었다.

〈시계와 침대 사이〉는 말년의 작품이지만 나는 뭉크가 말년뿐만 아니라 평생 삶과 죽음에 양다리를 걸치고 살았으리라 생각한다. 그에게는 죽

♪ 〈시계에서 침대 사이〉 전이 열리고 있는 뭉크 미술관
♬ 〈절규〉가 그려진 뭉크미술관 기념품

음이 일상이었기 때문이다.

　뭉크의 그림들을 볼 때마다 슈만의 〈유령 변주곡〉이 떠오르곤 한다. 슈만도 뭉크처럼 정신질환에 시달렸다. 증상이 처음 나타난 때는 그의 나이 마흔세 살이던 1853년 2월이었다. 귀에서 이상한 소리가 들리기 시작했다. 그 소리는 때로는 천사의 소리로, 때로는 악마의 소리로 그를 괴롭혔다. 환청이었다. 끊임없이 환청에 시달리던 슈만은 이를 잊기 위해 아편을 먹기 시작했다. 아내 클라라가 말렸지만 소용이 없었다. 아편이 없으면 도저히 살아갈 수 없었기 때문이다.

　증상이 나타난 지 1년이 지난 어느 날, 슈만은 또다시 천사가 속삭이는 소리를 들었다. 하지만 그 소리는 우리가 흔히 상상하는 천사의 소리가 아니었다. 죽음을 부르는 소리, 뭉크의 그림처럼 기괴하고 섬뜩한 소리였다. 슈만은 한 해 전에 썼던 바이올린 협주곡의 주제를 가지고 변주곡을 작곡했다. 환청을 배경으로 작곡한 그 곡이 바로 〈유령 변주곡〉이다.

　그로부터 며칠 후, 슈만의 정신 상태는 완전 최악의 상태로 추락하고 말았다. 그날 아침, 그는 자기 몸에 손을 대려는 아내에게 소리를 지른 뒤 실내화에 셔츠 차림으로 밖으로 뛰쳐나갔다. 불안정한 눈망울을 굴리며 비 내리는 거리를 비틀비틀 걸어 라인강으로 갔다. 그리고 그 자리에서 미련 없이 강물로 몸을 던졌다. 물살에 몸이 휩쓸렸지만 벗어나려는 어떤 움직임도 없었다. 근처의 어부들이 그를 물에서 건져 올렸다. 하지만 그가 다시 강물로 뛰어들려고 하는 바람에 그를 꽉 붙들고 있어야 했다.

　그로부터 9일 뒤, 슈만은 스스로 정신병원에 들어가겠다고 선언한다. 슈만이 정신병원으로 가고 난 뒤, 클라라는 혼자 아기를 낳는다. 병원으로 들어간 슈만은 온갖 치료를 다 받았지만 상태는 더 악화되었다. 그렇게 그는 2년간 폐인처럼 살다가 46살을 일기로 세상을 떠났다. 세상을 마감하기에는 너무나 이른 나이였다.

어느 누구도 슈만이 겪은 정신질환의 원인이 무엇인지 모른다. 그는 누구보다 아름다운 아내 클라라에게서 헌신적인 사랑과 보살핌을 받았고, 작곡가로서도 성공적인 삶을 살고 있었다. 따라서 그 원인이 외부적인 것은 아니었던 것 같다. 그렇다면 뭉크의 경우처럼 기질적인 문제였을까. 본격적으로 병이 드러나기 전에도 조짐이 종종 나타났다고 한다. 그렇게 생명이 붙어 있는 동안 그의 신경줄은 늘 팽팽히 당겨 있었다. 그러다 마흔여섯 해의 긴장을 견디지 못하고 결국 폭발해버린 것이다.

뭉크 미술관에 있는 그림을 보면서 슈만의 〈유령 변주곡〉을 떠올렸다. 이 곡은 밑으로 한없이 가라앉아 있다. 깊고 우울하고 절망적이다. 삶이 아닌 죽음의 울림, 희망이 아닌 절망의 울림이다. 이런 슈만의 선율처럼 전시관에 걸린 뭉크의 그림들 역시 삶이 아닌 죽음을 말하고 있었다. 그림 저 너머로, 검은 옷을 입고 산 자를 기다리고 있는 저승사자의 모습이 보이는 듯했다.

뭉크와 슈만에게 삶이란 무엇이었을까. 발을 질질 끌며 걷는, 불안과 공포로 점철된 형극의 길이 아니었을까. 슈만의 선율은 이리저리 산만하게 헝클어진 뭉크 그림의 선처럼 갈 곳을 잃고 방황하고 있다. 그 허망한 울림에서 어디에도 정착할 수 없는 사람의 근원적인 불안이 읽힌다.

전시를 다 보고 미술관 기념품 가게를 둘러보았다. 뭉크의 그림이 들어간 다양한 상품을 팔고 있었는데, 절규하는 남자의 얼굴이 가장 많이 보였다. 커피잔, 티셔츠, 가방, 공책, 우산, 필통, 마우스 패드, 퍼즐 등 온갖 종류의 물건에 남자의 무시무시한 얼굴들이 새겨져 있었다. 남편은 퀭한 얼굴로 비명을 지르는 남자의 얼굴이 새겨진 커피잔을 들고 "이 잔 어때?" 하고 물었다.

"그 얼굴 보면서 커피 마시면 커피 마시다가도 체하겠다."

나는 이렇게 대답했다. 상상해보자. 아침에 상쾌한 기분으로 일어나 모 닝커피 한잔하려고 잔을 꺼냈는데, 그 속에 비명을 지르고 있는 남자가 있 다면 어떨까? 그 얼굴에 대고 '밤새 안녕?' 이런 인사를 건넬 기분이 나지 는 않을 것이다. 게다가 나는 비명을 지르며 괴로워하는 남자의 얼굴에 굳 이 뜨거운 커피를 들이붓고 싶지도 않다. 그런데 왜 이런 무시무시한 커피 잔을 만들었는지 이해가 가지 않았다.

샤갈이나 모네, 고흐, 마티스, 클림트 같은 화가들의 그림은 상품으로 만들어도 괜찮다. 예쁘니까. 근데 뭉크의 그림들은 일상의 이미지로 치환하 기에는 너무 기괴한 것이 많다. 물론 뭉크의 그림 중에 상품으로 만들기 적 당한 작품들도 있다. 그런데 왜 하필 〈절규〉일까? 그림이 주는 임팩트가 너 무 강해서일까? 뭉크 미술관뿐만 아니라 다른 미술관들도 뭉크 관련 상품 들을 파는데, 어찌된 노릇인지 다 〈절규〉다. 에코백, 필기도구, 티셔츠, 스커 트, 퍼즐, 커피잔, 머그컵, 마스크까지 종류도 다양하다.

그런데 이보다 더 압권인 것이 있다. 바로 '절규 케이크'다. 토핑으로 올 린 초콜렛에 비명을 지르는 남자의 얼굴이 새겨진 케이크인데, 뭉크 미술관 의 카페에서 이 케이크를 팔고 있었다. 관람객들은 전시장에 있는 뭉크의 〈절규〉 앞에서 그림 속 남자와 똑같은 포즈로 사진을 찍은 다음 카페에 와 서 절규 케이크를 먹는다. 그렇게 몸과 마음으로 〈절규〉의 고통을 내면화해 야 비로소 절규 체험이 완성된다고 믿는 것일까. 어떤 사람은 〈절규〉를 보 러 왔다가 그림은 못 보고 카페에서 이 케이크만 먹고 갔다고 한다. 영혼으

노르웨이, 오슬로

로 영접하지 못한 뭉크의 고통을 몸으로 영접한 셈이다.

하지만 나는 보면서 영 마음이 불편했다. 〈절규〉는 뭉크가 경험한 극도의 공포를 표현한 것이다. 그림 한구석에 스스로 "미친 자만이 그릴 수 있는'이라는 글을 적어 넣을 정도로 비정상인 상태에서 이 그림을 그렸다. 그런데 그 그림이 들어간 케이크를 만들 생각을 하다니. 한 인간이 겪었던 극심한 고통의 기록을 너무 희화화한 게 아닌가.

내가 갔을 때 한창 마무리 공사 중이던 뭉크 미술관은 지난 2021년 10월 22일에 개관했다. 13층이나 되는 대형 빌딩에 전시실 11개, 갤러기 4개, 카페, 레스토랑, 콘서트홀 등이 들어섰다고 한다. 여기에 있는 카페에서도 절규 케이크를 팔까? 내가 만약 새로 지은 뭉크 미술관에 가더라도, 절대로 절규 케이크는 먹지 않을 것이다.

대자연이 부르는
'송 오브 노르웨이'

노르웨이, 뤼세 피오르·셰락볼튼·프레이케스톨렌

오슬로에서 나흘을 보내고 자동차를 렌트해 본격적으로 노르웨이 대자연 탐험에 나섰다. 노르웨이 하면 어린 시절에 본 〈송 오브 노르웨이〉라는 영화가 생각난다. 노르웨이를 대표하는 작곡가 그리그의 일대기를 그린 영화로, 그리그의 피아노 협주곡을 배경으로 화면 가득 펼쳐지던 노르웨이의 풍광이 지금도 눈에 선하다. 그렇게 영화에서나 보던 노르웨이의 멋진 풍광을 직접 보게 되다니 이게 꿈이 아닌가 싶었다. 도시를 벗어나자 창밖으로 쉴 새 없이 멋진 풍경이 나타났다. 아름답기도 하지만 무엇보다 '사이즈'가 압도적이었다. 인간의 눈으로 가늠할 수 없는 대자연의 위용에 감탄사가 절로 나왔다.

노르웨이의 아름다운 자연 풍광

도로를 달리는데 특이한 과속방지 경고판이 눈에 들어왔다. 경고판에 여자아이 얼굴의 반쪽이 사라져가는 사진이 있었다. 얼굴 반쪽이 사라지는 사진이라니. 과속하면 한순간에 이 세상에서 이렇게 연기처럼 사라질 수 있다는 의미일까? 이승과 저승을 가르는 경계, 육체와 영혼의 분리를 시각적으로 보여주는 방식이 인상적이었다. 어떻게 보면 은근히 뭉크와 비슷한 풍인 듯도 하고.

그 경고판을 보며 노르웨이 사람들은 경고도 참 예술적으로 한다고 생각했다. 우리는 "10분 먼저 가려다 30년 먼저 간다", 이런 식으로 하는데 말이다. 그나저나 만약 우리나라 고속도로에 저런 표지판을 세우면 어떤 반응이 나올까? 참신한 발상이라고 칭찬을 받을까? 아니면 밤중에 운전하다가 귀신 나오는 줄 알았다, 죽으라고 고사 지내는 거냐고 할까? 그것이 궁금하다.

Over fartsgrensa?

♪   참신한 발상의 과속방지 표지판
♫   노르웨이에서 가장 긴 래르달 터널

가는 도중에 수없이 많은 터널을 지나야 했다. 노르웨이가 세계에서 터널 뚫는 기술이 가장 발달한 나라라는 얘기를 듣기는 했지만 직접 보니 그 수준이 말도 안 되는 경지다. 터널 안에 교차로가 있는가 하면, 100m가 훌쩍 넘는 높이를 뱅글뱅글 나선형으로 돌아서 올라가도록 만든 터널도 있었다. 터널의 길이도 엄청나게 길었다. 그러니 노르웨이에서 운전할 때는 정신을 바짝 차려야 한다. 터널을 잘못 타면 꼼짝없이 24km를 가야 할 수도 있기 때문이다.

오슬로에서 5시간을 자동차로 달린 끝에 드디어 예약한 숙소가 있는 캠프촌에 도착할 수 있었다. 이날 묵을 곳은 노르웨이 전통 방식으로 지은 오두막이었다. 예약한 숙소는 179호였는데, 번호가 있으니 쉽게 찾을 수 있으리라 생각했다. 그런데 배치가 좀 이상했다. 100번대가 179번이 미치지 못하는 곳에서 뚝 끊기더니 갑자기 200번대가 나타났다. 아무리 봐도 179호가 보이지 않았다. 길을 잘못 찾았나? 여기가 아니라 다른 캠프촌인가? 그러면서 주변을 헤맸다.

우리가 헤매는 것을 보고 자전거를 타고 가던 노르웨이 할아버지가 다가와 도와주겠다고 했다. 그가 빗자루로 마른 낙엽 터는 듯한 목소리로 행선지를 물었다. 주소를 보여주니 아까 우리가 헤매던 곳을 가리키며 저기라고만 했다. 그렇게 아무 도움도 안 되는 정보를 주고는 가버렸다. 그 뒤로도 2시간 동안 근처를 뱅뱅 돌았다. 도대체 179호는 어디 있는 거야!

그러던 중 저 아래 홀로 외따로 떨어진 오두막이 눈에 들어왔다. 혹시나 해서 가봤더니 세상에! 거기가 179호였다. 바로 눈앞에 두고 그렇게 헤맸던 것이다. 집을 발견하는 순간 화가 났다. 도대체 무슨 수열의 법칙에 의해 이 집에 179호라는 번호를 붙였을까? 1 다음에 2가 있고, 100 다음에

노르웨이에서 묵었던 숙소. 노르웨이 전통 방식으로 지어졌다

200이 있고, 178 다음에 179 그리고 180이 있다는 건 학교 다닐 때 수학
못했던 나 같은 사람도 아는 지극히 기본적인 수열 상식이다. 그런데 178도
없고 180도 없는 외따로 떨어진 집에 왜 179라는 번호를 붙였느냔 말이다.
이렇게 아무 인과관계도 없는 숫자로 호수를 매겼으니 찾을 수가 있나?

 2시간 동안 헤매느라 몸과 마음이 완전히 녹초가 된 상태에서 숙소로
들어갔다. 그런데 안이 어찌나 넓고 쾌적하고 아늑하던지 속상한 마음이
순식간에 풀리고 말았다. 짐을 풀고 한국에서 가져간 반찬으로 거나하게
저녁을 차려 먹었다. 가볍게 위스키도 한잔했다. 밥을 먹고 난 다음 밖으로
나가 주변풍광을 둘러보았다. 밤 10시가 넘은 시간이었는데도 밖이 대낮처
럼 환했다. 말로만 듣던 북구의 하얀 밤, 백야였다.

노르웨이 대자연에 점 하나를 찍다

노르웨이를 여행하는 김에 트레킹을 하기로 했다. 노르웨이에는 3대 트레킹 코스가 있다. 트롤퉁가Trolltunga, 쉐락볼튼Kjeragbolten, 프레이케스톨렌Preikestolen이다. 이 중에서 트롤퉁가가 가장 힘들고, 쉐락볼튼과 프레이케스톨렌은 중간 정도라고 한다. 그래서 트롤퉁가는 빼고 쉐락볼튼과 프레이케스톨렌만 가기로 했다. 동네 야산도 오른 적이 없는 저질 체력이지만 '중급'이라는 말에 용기를 내본 것이다. 하지만 쉐락볼튼에 오르는 순간 나는 중급이라는 말에 내가 '낚였다'는 사실을 깨달았다. 세상에! 이렇게 힘든데 중급이라고?

쉐락볼튼 트레킹은 초반부터 사람을 질리게 했다. 저질 체력 아줌마가 거의 70도 경사에 달하는 바위를 쇠사슬에 대롱대롱 매달려 올라야 했으니 오죽했을까. 얼마나 힘든지, 중급이라는 말에 낚인 나 자신을 없애버리고 싶을 정도였다. 등산을 많이 한 사람에게는 이 정도가 중급일 수 있겠지만 나 같은 사람에게는 거의 에베레스트 등정급에 해당하는 코스였다.

쇠사슬을 붙잡고 올라가면서 어떻게 하면 이 극심한 육체의 고통을 잊을 수 있을까 생각했다. 그 결과 나 자신을 무념무상의 상태에 두기로 했다. 육체와 정신을 분리하는 것이다. 몸은 몸대로 고생하라고 내버려두고 머리로는 그냥 아무 생각도 안 하는 식으로 내 몸을 객관화하기로 했다. 하지만 사실 별 효과는 보지 못했다. 육체와 정신이 어디 그리 쉽게 분리가 되나? 결국 육체와 정신이 혼연일체가 되어 죽을 만큼 힘들게 올라갔다.

그런데도 마음 한구석에 한 가지 희망은 있었다. 지금은 힘들어도 저 꼭대기까지만 올라가면 이 고생도 끝날 거야. 그러니까 그때까지 힘들어도 참자. 이렇게 생각하며 이를 악물었다. 아. 그런데 이게 무슨 일인가. 정상에

절벽 사이에 아슬아슬하게 끼어 있는 쉐락볼튼

올라가니 눈앞에 또 다른 거대한 산이 앞을 가로막고 있는 게 아닌가. 아니, 여기가 끝이 아니라고라? 저 산을 또 넘어야 한다고? 이런 생각을 하니 정말 울고 싶은 심정이었다. 그런데 그 산을 넘는다고 끝이 아니었다. 그 앞에 또 다른 산이 있었다. 그렇게 '이 산이 아닌가벼'를 반복하며 오르락내리락하기를 세 번. 드디어 비교적 평지에 가까운 고원지대에 이르렀다. 호모 사피엔스로서 평지에서 직립 보행을 할 수 있다는 게 얼마나 고마운지 그때야 비로소 깨달았다.

곳곳에 눈이 쌓여 있는 풍경이 보였다. 어린 시절 눈을 먹던 생각이 나 한 줌 집어서 먹어보는데, 남편이 말했다.

"무설탕 빙수 맛이네."

그러자 다른 외국인 여행객들이 따라서 눈을 먹기 시작했다. 그렇게 우리는 쉐락볼튼에 무설탕 빙수 맛을 유행시키고 왔다.

이렇게 고생스럽게 트래킹을 시작한 지 3시간 반 만에 드디어 쉐락볼튼에 도착했다. 절벽 사이에 낀 바위 위에 올라가 사진을 찍는 사람들이 보였다. SNS에 올라온 사진을 보면 그동안 이 바위 위에서 어떤 일이 벌어졌는지 알 수 있다. 프로포즈하려고 반지까지 준비한 남자가 무서워서 도망치려는 여자친구를 붙잡는 사진이 있는가 하면, 두 팔을 치켜들고 공중으로 펄쩍 뛰는 사진, 심지어는 자전거를 타고 점프하는 사진도 있다. 어떻게 이런 일이 가능한지 모르겠지만 일반인은 절대로 따라하면 안 된다. 개성 있는 인증샷을 찍으려다 순식간에 이 세상과 작별할 수도 있다.

한국에서는 나도 저 바위 위에서 사진을 찍겠노라고 호언장담 했었다. 그런데 막상 가까이 가보니 너무 무서웠다. 올라가면 바로 밑으로 추락할 것 같았다. 사람들이 많이 올라가서인지 바위 위에 흙이 많았는데, 그 흙 때문에 발이 미끄러질 듯했다.

저렇게 사람들이 많이 올라가니 언젠가는 그 무게 때문에 바위가 밑으로 떨어질지도 몰라. 내가 바위 위에 올라간 바로 그 순간에 그런 일이 일어나지 않는다는 보장이 어디 있어? 그러면 한국 신문에 이렇게 기사가 나겠지. "한국에서 온 진 모씨. 수만 년 세월을 버텨온 쉐락볼튼과 함께 장렬히 추락하다."

아니, 이건 아니지. 내가 고국에 돌아가서 완수해야 할 국가적, 역사적 책무가 얼마나 막중한데, 내가 여기서 죽으면 대한민국은 누가 지키나? 이런 구국의 일념으로 나는 바위 귀퉁이에 살짝 발을 올려놓고 사진 찍는 것으로 만족하기로 했다. 지금 사진을 보니 거대한 바위에 앉은 내 모습이 마치 점처럼 보인다. 그렇게 나는 노르웨이의 거대한 자연에 점 하나를 찍고 돌아왔다.

인증샷을 찍고 나니 비로소 주변 풍광이 눈에 들어오기 시작했다. 거대한 바위와 깎아지를 듯 높은 절벽 그리고 그 절벽 밑으로 펼쳐진 푸른빛의 피오르가 얼마나 멋지던지. 너무 웅장해서 현실이 아닌 듯한 느낌이 들었다. 그렇게 멋진 경치를 보면서 준비해 간 주먹밥을 먹었다. 조금 뒤 남편이 배낭에서 주섬주섬 무언가를 꺼냈다. 페트병에 넣어 온 위스키였다.

"산에 왔으니 산신령님께 고사를 지내야지."

남편이 이렇게 말하며 위스키를 뿌렸다. 한국 같으면 막걸리를 바치겠지만 서양 산신령이니까 양주를 바치는 게 맞다고 생각했다. 그렇게 노르웨이 산신령님께 예의를 갖춘 다음 위스키를 한 모금씩 나눠 마셨다.

내려오는 길 역시 힘들었다. 올라올 때와 똑같이 오르내리기를 세 번 반복한 끝에 주차장에 도달할 수 있었다. 무사히 트레킹을 마친 기념으로

뤼세보튼 마을로 내려가는 머리핀 모양의 도로

남편과 하이파이브를 했다. 그러자 지켜보던 주차요원들이 환호를 보내며 물개 박수를 쳐주었다. 겨우 쉐락볼튼 올라갔다 온 건데, 누가 보면 에베레스트 등정이라도 한 줄 알겠네.

다음은 뤼세 피오르를 오가는 페리를 타는 일정이었다. 그래서 쉐락볼튼 주차장에서 차를 타고 페리 선착장이 있는 뤼세보튼 마을까지 내려갔다. 그런데 마을까지 가는 길이 한마디로 후덜덜했다. 가파른 경사면에 나 있는 지그재그 모양의 도로를 아슬아슬하게 따라 내려가야 했다. 이런 모양의 도로를 머리핀을 닮았다고 해서 '헤어핀 로드'라고 하는데, 뤼세보튼 마을까지 가는 길에는 모두 27개의 헤어핀 도로가 있다. 위에서 내려다보니 그 생김새만으로도 뭔가 비현실적인 느낌이었다.

뤼세 피요르는 '밝은 피요르'라는 뜻이다. 피요르를 따라 우뚝 솟아 있는 암벽의 빛깔이 밝은 빛이어서 이런 이름이 붙었다고 한다. 페리를 탄 후, 갑판에서 시원한 바람을 맞으며 여유로운 시간을 보냈다. 쉐락볼튼에서 내려다볼 때도 그랬지만 물빛이 정말 아름다웠다. 게다가 날씨는 또 얼마나 화창한지 콧노래가 절로 나올 정도였다. 바로 그때 옆에서 스마트폰으로 뉴스를 검색하던 남편이 갑자기 탄성을 질렀다.

"와! 월드컵에서 한국이 독일을 이겼대!"

아무래도 노르웨이 산신령님이 도우신 거야. 우리가 바친 위스키에 감동하신 것이 분명해.

프레이케스톨렌 트레킹은 '미션 파서블'

다음 날에는 프레이케스톨렌에 올랐다. 이미 에베레스트 등정급의 난이도를 가진 쉐락볼튼을 정복하고(?) 나서인지, 출발할 때부터 마음이 가벼웠다. 중간에 조금 경사가 있는 돌계단이 나타나기는 했지만 쉐락볼튼에 비하면 어린아이 장난 수준이었다. 물론 그때도 숏 다리의 비애를 느끼기는 했다. 다리가 긴 서양 사람들은 한 발 한 발 껑충껑충 올라가는데 나는 두 발로 한 층씩 낑낑거리며 올라가야 했기 때문이다.

그렇게 올라가고 있는데, 맞은편에서 젊은 남녀 둘이 내려오며 하는 말이 들렸다.

"나는 노르웨이 이번에 처음 와봤어."

"나도 처음이야."

들어보니 두 사람은 오늘 처음 만난 모양이다. 그걸 듣고 남편이 한마디 했다.

"저것들 저 위에서 사귀고 내려오나 보다."

쉐락볼튼에서는 목적지까지 가는 데에만 신경을 쓰느라 주변 경치를 잘 보지 못했는데, 프레이케스톨렌에서는 천천히 주변을 둘러볼 여유가 있었다. 풍경이 쉐락볼튼보다 다양했다. 중간에 평평한 길도 있고, 초원도 있고, 호수도 있어서 눈이 심심하지 않았다.

그렇게 올라가다 얼마쯤 더 가야 하나 궁금해하고 있는데, 맞은편에서 내려오던 서양 남자가 우리 마음을 알았는지 "Ten Minutes"라고 알려주었다. 그 말대로 10분 정도 가니, 정말로 사진에서만 보던 프레이케스톨렌이 모습을 드러냈다. 높은 절벽 위에 마치 일부러 깎아놓은 듯 평평한 장방형 바위가 있었다. 그 모양이 설교단을 닮았다고 해서 프레이케스톨렌을 '설교단 바위Pulpit Rock'라고도 한다.

바위 위에 사람이 굉장히 많았다. 바위 끝에서 아슬아슬한 포즈로 앉아 사진을 찍는 사람도 있었고, 보다 안전한 자세로 엎드려 아래를 내려다보는 사람도 있었다. 절벽 위에서 내려다보는 뤼세 피오르의 모습이 장관이었다. 쉐락볼튼에서는 정상에 얼마 있지 못하고 바로 내려왔지만 프레이케스톨렌에서는 여유가 있었다. 오랫동안 머물면서 뤼세 피오르 주변의 장관을 감상했다. 정말 평생 잊지 못할 멋진 시간이었다.

쉐락볼튼도 그렇고 프레이케스톨렌도 그렇고, 노르웨이의 자연은 우선 그 거대한 '사이즈'로 보는 이를 압도한다. 〈송 오브 노르웨이〉를 통해 노르웨이의 자연을 보기는 했지만 직접 보면 영화로 보는 것과는 차원이 다른 감동이 밀려온다. 고요한 피오르의 푸른 물 밑에 엄청난 에너지가 응축되어 있는 듯 보였다.

뤼세 피오르 위에 있는 프레이케스톨렌

위에서 내려다본 프레이케스톨렌. 설교단을 닮았다

그 광경을 보니 그리그의 〈피아노 협주곡〉이 떠올랐다. 이 곡의 도입부에서는 팀파니가 크레센도로 '드르르르르르' 발 구르는 소리를 내면, 피아노가 높은 곳에서 "쾅!" 하고 폭발한 다음 양손으로 옥타브를 치며 격정적으로 하강한다. 그런데 나에게는 이 소리가 노르웨이 대자연에 응축된 에너지가 단번에 폭발하는 소리처럼 들린다. 그렇게 시작한 그리그의 〈피아노 협주곡〉에는 노르웨이의 대자연이 담겨 있다. 노르웨이의 산과 호수, 폭포, 눈, 계곡, 절벽, 바위, 햇빛, 빙하를 때로는 강렬한 터치로, 때로는 영롱하고 섬세한 터치로 그리고 있다.

그리그의 음악 인생에 중요한 영향을 끼친 인물이 있다. 노르웨이 국가를 작곡한 노드랙이다. 노드랙은 그리그에게 노르웨이 사람만이 만들고 느낄 수 있는 노르웨이 음악을 만들라고 권유했다. 여기서 '노르웨이 사람만이 만들고 느낄 수 있는 것'에는 노르웨이의 대자연도 포함된다. 영화 〈송 오브 노르웨이〉를 보면 노드랙이 그리그의 〈피아노 협주곡〉 1악장의 선율을 노래로 만들어 부르는 장면이 나온다. 가사를 보니 가히 '노르웨이 자연 찬가'라고 할 만하다.

소리 없는 눈雪을 노래하라!

겨울 바다를 노래하라!

언덕을 덮고 있는 나무를 노래하라!

다이아몬드처럼 반짝이는 서리와

젖과 꿀이 흐르는 땅으로 이루어진 이 숲을 노래하라!

겨울은 마법사의 손.

투명한 얼음성城과 이끼가 산을 뒤덮고

눈처럼 흰 금수강산은 금방 잠드는 거인 같구나.

갑자기 남쪽으로 기운 태양을 노래하라!

봄이 되면 땅에 다시 물이 흐르고 대지는 녹색으로 덮인다.

언덕은 해묵은 땅껍질을 벗고 새들도 다시 지저귄다.

미나리아재비가 즐거이 춤추고 붓꽃의 물결이 언덕을 뒤덮어도

산꼭대기엔 아직도 흰 눈이 쌓여 있다.

시냇물을 노래하라!

눈 덮인 산꼭대기와 노르웨이를 노래하라!

양들이 뛰어놀고 숲속에서 산들바람 불어오고

수천 개의 물줄기가 폭포를 따라 쏟아진다.

여름의 붉은빛이 가을이면 어두워지나니,

오! 시인이여!

빙하, 피오르 해안 그리고 웅장한 하늘을

소리 높여 노래하라!

우리가 가진 이 세계를 온 세상에 알려라!

차가운 북구의 땅에 즐거움과 신비가 있다는 것을

그것이 바로 진정한 노르웨이의 노래.

누구의 노래가 우리 가슴을 밝혀주겠는가?

바로 너와 나의 조국을.

프레이케스톨렌은 지난 2018년에 개봉된 톰 크루즈 주연의 영화 〈미션 임파시블〉 시리즈의 〈Fall Out〉 편 촬영지로도 유명하다. 영화를 보면 톰 크루즈가 절벽에 아슬아슬하게 매달려 있는 장면이 나온다. 현실적으로는 전혀 불가능하겠지만, 여하튼 프레이케스톨렌에서의 이 격투는 시종일관 손에 땀을 쥐게 만드는 멋진 장면으로 손꼽힌다.

〈미션 임파서블〉이 개봉된 지 며칠 후에 촬영지인 프레이케스톨렌에서 무료 상영회가 열렸다고 한다. 미리 알았더라면 여행 일정을 조정해서라도 보았을 텐데 아쉽다. 앞서도 얘기했지만 프레이케스톨렌 트레킹은 그리 힘들지 않았다. 여기서 촬영한 영화는 〈미션 임파서블〉이지만 나에게는 프레이케스톨렌 등정이 '미션 파서블'이었다.

뵈링 폭포. 위에 그리그가 묵었던 포슬리 호텔이 있다

양들이 뛰어놀고 숲속에서 산들바람 불어오고
수천 개의 물줄기가 폭포를 따라 쏟아진다.
여름의 붉은빛이 가을이면 어두워지나니,
오! 시인이여!
빙하, 피오르 해안 그리고 웅장한 하늘을
소리 높여 노래하라!
우리가 가진 이 세계를 온 세상에 알려라!

그저 바라만 보아도 힐링이 되는 곳

노르웨이에는 18개의 내셔널 투어리스트 루트가 있다. 이 루트들은 하나같이 빼어난 풍광을 자랑한다. 프레이케스톨렌을 본 다음 날, 내셔널 투어리스트 루트 중 하나인 하르당게르 루트를 타고 북쪽으로 올라갔다. 하르당게르 루트는 라테포센에서 그란빈까지 길이가 165킬로미터에 이르는 길인데, 대부분의 구간이 피오르를 좌우로 끼고 있고, 일부 구간에서는 가파른 산을 오르기도 하기 때문에 노르웨이의 다양한 자연 풍광을 감상하기에 좋은 코스다.

이 코스를 돌면서 폭포는 원도 한도 없이 본 것 같다. 〈송 오브 노르웨이〉에도 나오는 쌍둥이 폭포 라테 폭포Låtefossen를 비롯해서 노르웨이에서 제일 유명한 폭포인 뵈링 폭포Vøringfossen와 스타인달스 폭포Steinsdalsfossen 그리고 우리나라 같으면 분명히 관광 명소가 되고도 남을 법한 수많은 '듣보잡' 폭포를 보았다.

엄청난 크기를 자랑하는 뵈링 폭포 꼭대기에는 포슬리 호텔이 있다. 이 호텔은 여름철에만 개장하는데, 작곡가 그리그가 생전에 이 호텔을 즐겨 찾았다고 한다. 그는 1896년 여름, 이곳에 머무는 동안 〈노르웨이 민속 선율 작품 66〉을 작곡했다. 호텔에 가면 그가 사용하던 라이프치히 지머만 피아노와 그가 직접 쓴 악보, 사진 그리고 생활용품을 볼 수 있다.

스타인달스 폭포 역시 사람들이 많이 찾는 관광 명소다. 그런데 건축 마니아인 나는 폭포보다 화장실이 더 인상적이었다. 내 눈에는 그냥 화장실이 아니라 건축가가 신경 써서 디자인한 작품처럼 보였다. 특히 폭포가 있는 풍경을 화장실 안으로 끌어들인 아이디어가 참신했다. 화장실 하나도 디자인 요소를 생각해서 만든다는 디자인 왕국 노르웨이의 위상을 절감할

내셔널 투어리스트 루트에 있는 독특한 디자인의 화장실

수 있었다. 노르웨이 내셔널 투어리스트 루트에는 이 외에도 멋진 디자인의 건축물이 많다. 기회가 되면 이 루트에 있는 건축물만 돌아보는 투어를 따로 하고 싶다.

차를 타고 가면서 시시각각 펼쳐지는 절경에 감탄사를 연발했다. 얼마나 아름다운지 따로 어디 안 가고 창밖만 내다봐도 그냥 힐링이 될 정도였다. 가다가 경치 좋은 곳에 차를 세우고 라면을 끓여 먹었다. 그런 다음 피오르의 짙푸른 물빛을 바라보며 커피까지 마셨다. 한국에서 가져간 브루스타가 진가를 발휘하는 순간이었다. 내가 '이 짓을' 하고 싶어 여행 때마다 브루스타를 챙겨 간다.

그런데 브루스타는 비행기에 실을 수 있지만 부탄가스는 금지다. 노르웨이에서 부탄가스를 살 수 있나 알아보니 주유소에 딸린 편의점에서 가

　　　　　　　　　　　　노르웨이, 뤼세 피오르·셰락볼튼·프레이케스톨렌

끔 팔기도 한다는 말을 들었다. 내셔널 루트를 타고 가면서 주유소란 주유소는 다 뒤졌다. 그러다가 한 곳에서 간신히 부탄가스를 발견할 수 있었다. 가격이 한국 돈으로 18000원 정도 했던 것 같다. 그런데 가스가 얼마 들어 있지 않은지 무게가 가벼웠다. 이거 몇 번 못 쓰는 거 아니야 했더니 아니나 다를까. 열 번도 쓰지 않았는데 가스가 떨어져버렸다.

"이러면 도대체 라면 한번 끓여 먹는 데 얼마라는 얘기야?"

내가 이렇게 투덜거리자 남편이 말했다.

"그냥 경치값이라고 생각해."

노르웨이 음악의 성지 트롤하우겐

노르웨이, 베르겐·뉘가드 빙하·게이랑에르 피오르

노르웨이 북서부 호르달란 주에 있는 베르겐은 한자 동맹의 도시로 유명하다. 학창 시절 역사 시간에 한자 동맹에 대해 배운 적이 있는데, 처음에는 '한자Hansa'를 '한자漢字'로 잘못 알고, 예전에는 유럽에서도 한자를 사용했나 보다 했다. 아니, 한자를 썼으면 썼지 뭐 죽기 살기로 '동맹'씩이나 맺었을까 궁금해했던 기억이 난다.

한자 동맹은 독일 상인들이 중심이 되어 결성한 무역 공동체다. 13세기부터 15세기까지 번성했는데, 베르겐에서는 옛 부두 지역인 브뤼겐이 주요 활동지였다. 현재 브뤼겐에는 당시 한자 동맹 소속 독일 상인들이 살았던

노르웨이 제일의 항구 도시 베르겐

목조주택이 그대로 남아 있다.

베르겐은 노르웨이를 대표하는 작곡가 그리그의 고향으로도 유명하다. 그리그는 마흔두 살 때인 1885년에 고향인 베르겐 근교에 여름 별장을 지었다. 집은 호수가 내려다보이는 언덕에 자리 잡고 있는데, 그리그의 아내 니나는 환상적인 전망을 가진 이 집을 트롤하우겐이라고 했다. 그리그는 이 집을 특별히 좋아해서 생의 마지막 22년 동안 여름이 되면 항상 이곳을 찾았다고 한다.

클래식 팬들에게 트롤하우겐은 음악의 성지聖地와 같은 곳이다. 해마다 많은 음악애호가가 트롤하우겐을 찾는데, 나도 그 성지 순례 행렬에 기꺼이 동참하기로 했다. 베르겐에 도착한 뒤 인터넷으로 트롤하우겐에 관한 정보를 찾아보았다. 방문 프로그램 중에 '런치 콘서트'라는 것이 눈에 띄었

그리그의 여름 별장 트롤하우겐

다. 작곡가가 살았던 집도 보고 점심도 먹고 음악까지 들을 수 있다니, 참 좋은 구성이구나 싶어 예약을 했다.

트롤하우겐은 베르겐 중심지에서 차로 한 30분쯤 걸리는 곳에 있었다. 차에서 내려 나무가 우거진 길을 따라 조금 올라가니 사진에서만 보던 트롤하우겐이 모습을 드러냈다. 외관은 수수했지만 전망만큼은 어느 부잣집 못지않게 환상적이었다. 안으로 들어가니 가장 먼저 널직한 응접실이 나왔다. 응접실에 그리그가 1892년부터 사용했던 스타인웨이 피아노가 있고, 피아노 위에 그리그의 부인 니나의 사진이 놓여 있었다.

니나는 성악가였다. 성악가인 아내를 두었기 때문인지 그리그는 가곡을 많이 작곡했다. 영화 〈송 오브 노르웨이〉에 보면 남편의 피아노 반주에 맞추어 니나가 노래를 부르는 장면이 나온다. 그리그의 성악곡 하면 모두

〈솔베이그의 노래〉만 생각하는데, 사실 그리그는 그 외에도 아름다운 가곡을 많이 작곡했다. 그리그의 가곡은 서정성이 뛰어나서 마치 음악으로 듣는 시와 같은 느낌을 준다.

트롤하우겐은 그리그에게 영감의 샘 같은 곳이었다. 스칸디나비아 풍으로 꾸며진 거실의 넓은 창밖으로 노르웨이의 아름다운 자연이 풍경화처럼 펼쳐지곤 했다. 짙푸른 바다와 호수, 투명한 하늘, 눈 위에서 서늘하게 반짝이며 부서지는 햇빛… 각기 다른 빛깔로 펼쳐지는 노르웨이의 풍경들이 이 집에서 고스란히 그의 오선지에 담겼다.

트롤하우겐 옆에는 그리그와 관련된 물건을 전시해놓은 박물관과 콘서트홀 그리고 오두막이 있었다. 박물관에서 그리그와 그의 아내가 입었던 연미복과 드레스를 보았는데, 옷이 얼마나 작은지 마치 인형 옷 같았다. 그리그는 키가 152센티 정도밖에 안 되었고 니나는 그보다 더 작았다고 하니, 아마 실제 모습도 인형 같았을 것이다. 콘서트홀로 들어가는 입구에 서 있는 그리그의 실물 크기 동상만 봐도 그리그가 얼마나 작았는지 알 수 있다. 이렇게 작은 체구를 가진 사람이 피아노 협주곡같이 스케일이 큰 음악을 작곡했다니. 체구는 작아도 노르웨이의 대자연이 발산하는 에너지를 받아 그토록 웅장한 음악을 작곡할 수 있었던 것이 아닐까.

박물관 카페에 들어서니 저 멀리 노르도스Nordås 호수의 환상적인 풍경이 한눈에 들어왔다. 호숫가에는 작은 오두막이 있었다. 그리그는 소리에 민감해서 조금이라도 이상한 소리가 들리면 작곡을 하지 못했다고 한다. 그래서 작곡에만 몰두하기 위해 이 오두막을 지었다. 호수 쪽으로 난 오두막의 창 앞에는 그리그가 작곡할 때 사용하던 책상이 놓여 있었다. 책상 앞에 앉으면 호수가 바로 보이는데, 저런 풍경을 보고 있으면 없던 영감도 저절로

풀이 자라는 콘서트홀 지붕과 그리그의 동상

떠오르겠다는 생각이 들었다.

오두막 안에는 업라이트 피아노도 있었다. 피아노 의자 위에 두꺼운 책이 놓여 있는 것이 보였다. 베토벤의 교향곡 총보라고 한다. 그런데 왜 베토벤 교향곡 악보를 의자 위에 올려놓았을까? 알고 보니 키를 높이기 위해서였다고 한다. 앞서 말한 대로 그리그는 단신이었다. 일반 의자에 앉으면 자세가 너무 낮아 피아노를 제대로 치기가 힘들었다. 그래서 베토벤의 두꺼운 악보를 깔고 앉아 키를 높인 것이다. 악성의 역작을 깔고 앉는 불경스러움이라니! 지하의 베토벤이 알면 크게 역정을 낼 일이 아닐 수 없다.

트롤하우겐과 박물관을 둘러보니 어느덧 런치 콘서트가 열릴 시간이 되었다. 나는 런치 콘서트라고 해서 샌드위치같이 간단한 점심을 제공하는 줄 알았다. 그런데 아니었다. 런치를 제공하는 콘서트가 아니라 런치 타임

콘서트홀. 무대 뒤편으로 오두막이 보인다

에 하는 콘서트라는 의미였다.

콘서트홀은 언덕의 경사면에 자리 잡고 있었다. 노르웨이 전통 양식에 따라 지붕을 잔디로 덮은 모습이 인상적이었다, 객석이 약 200석에 불과한 작은 홀이어서인지 분위기가 아늑했다. 무대 뒷면이 유리로 되어 있고, 그 유리 너머로 오두막과 호수가 한눈에 들어왔다. 바깥 경치를 그대로 무대 배경으로 활용한 발상이 참신했다.

이날 레퍼토리는 그리그의 〈서정소곡집〉이었다. 리스트를 쏙 빼닮은 단발머리의 젊은 피아니스트가 나와서 연주를 했다. 아름다운 풍경을 배경으로 영화배우 뺨치게 잘생긴 피아니스트가 연주하는 음악을 들으니 느낌이 남달랐다.

콘서트가 끝나고 음악당 뒤로 난 길을 걸었다. 그리그가 생전에 걸었을 법한 길을 걷다 보니 호수가 보이는 바위 언덕이 나타났다. 거기에 그리그의 무덤이 있었다. 황혼 무렵에 친구와 낚시를 하던 그리그가 바위에 낙조가 비치는 장면을 보고, 죽으면 그 바위에 묻히고 싶다고 말했다고 한다. 그 말대로 그리그와 그의 아내 니나는 지금 이 바위 밑에 묻혀 있다.

트롤하우겐에서 베르겐 중심지로 돌아오니 배가 고팠다. 주린 배를 채우기 위해 베르겐 어시장으로 가기로 했다. 술꾼인 남편은 여행할 때마다 어디 자갈치 시장 같은 곳이 없나 찾아 헤매곤 한다. 하지만 유럽에는 그런 곳이 거의 없다. 그럴 때마다 "이 동네 사람들은 생선도 안 먹나?" 하면서 아쉬워했는데, 베르겐에 어시장이 있다는 말을 듣고 뛸 듯이 기뻐했다. 하기야 고양이가 어물전을 그냥 지나칠 수 없지.

혹시 술을 마실지도 모른다는 생각에 차를 숙소에 갖다 두고, 한달음에 어시장으로 달려갔다. 그런데 쭉 둘러보니 먹을 게 별로 없었다. 우리나라 수산시장에 비해 다양성이 턱없이 부족했다. 팔고 있는 해산물 종류가 몇 가지 안 될 뿐만 아니라 가격도 비쌌다. 여러 종류의 해산물을 조합해놓은 접시들을 진열해놓은 걸 보니 하나같이 맛없어 보였다.

그중에서 가장 식욕을 떨어뜨리는 것은 딱딱한 빵과 차가운 새우, 생선, 레몬, 양배추의 조합이었다. 오슬로에서 딱딱한 바게트에 찬 새우가 들어간 샌드위치를 먹은 적이 있어서 그 맛이 어떤지 충분히 짐작이 갔다. 이 나라 사람들은 왜 새우를 차갑게 해서 먹는지 도저히 이해가 가지 않았다.

어시장을 둘러보며 "저걸 저 가격에 먹어?" 이 말만 반복하다 포기하고 말았다. '그 돈이면 차라리 레스토랑에 가서 먹는 게 낫지.' 이런 생각에 베르겐 맛집을 검색해 한국인이 추천한 레스토랑을 찾아갔다. 하지만 값만 비싸지 맛이 별로였다. 북유럽에서는 어설픈 식당에 가느니 차라리 맥도널

드에 가는 게 낫다는 말이 실감났다. 지금 와서 아무리 생각해봐도 북유럽에서 뭘 맛있게 먹은 기억이 없다.

오스테달 국립 공원의 뉘가드 빙하

베르겐에서 이틀을 보낸 후, 뉘가드 빙하Nigardsbreen와 게이랑에르 피오르Geiranger Fjord를 보기 위해 북쪽으로 올라갔다. 뉘가드 빙하에 근접하려면 주차장에 차를 세우고 빙하까지 가는 작은 배를 타야한다. 십 대 소년이 뱃삯을 받고 있었다. 내가 카드를 내밀자 카드는 안 되고 오로지 현금만 된단다. 현금이 있었기에 다행이지 없었으면 먼 곳까지 왔다가 허탕 칠 뻔했다. 그러니 뉘가드 빙하에 가고 싶다면 반드시 현금을 챙기시도록!

배에서 내려서도 또 얼마쯤 걸어가야 했다. 앞에 헐벗은(?) 중년 서양

인 부부가 걸어가고 있었다. 날씨가 더워서 그랬는지 여자는 브래지어 차림이었다. 브래지어 모양의 옷이 아니라 그냥 속에 입는 브래지어였다. 웃옷을 벗은 것이다. 옆에 있는 남자는 마누라와 보조를 맞추려고 그랬는지 웃통을 벗고 있었다. 두 사람 모두 그다지 자랑할 만한 몸매는 아니었다. 대사증후군이 의심될 정도로 뚱뚱했고, 특히 여자의 늘어진 뱃살은 타의 추종을 불허할 정도였다. 배에 문신을 했는데, 걸을 때마다 그 문신이 춤추듯이 출렁거렸다.

유럽을 여행할 때마다 느끼지만 정말 서양 사람들은 다른 사람에게 전혀 신경을 쓰지 않는다. 다른 사람이 무엇을 입든, 무엇을 먹든, 무엇을 하든 아예 관심이 없어 보인다. 헐벗은 부부는 사람들 앞에서 보란 듯 당당히 걸어갔다. 우리나라 같으면 힐끗힐끗 쳐다보면서 수군거렸을 텐데 말이다. 나이 먹은 꼰대에게 걸리면 복장이 그게 뭐냐며 혼쭐났을지도 모른다. 그런

뉘가드 빙하

데 여기서는 신경 쓰는 사람이 아무도 없다. 정말 관심이 없는지 아니면 일부러 못 본 척하는지 모르겠지만, 여하튼 나는 이 당당함과 무심함의 조합에서 항상 신선한 충격을 받곤 한다.

드디어 저 멀리 빙하가 보이는 지점까지 도착했다. 본래는 내가 서 있는 자리까지 빙하가 있었다고 한다. 하지만 지금은 빙하가 수십 미터 뒤로 물러나 있다. 지구 온난화로 빙하가 녹아내리고 있다는 얘기를 듣기는 했지만 실제로 와보니 상태가 훨씬 심각해 보였다. 빙하를 탐사하려면 장비를 착용하고 여러 명이 서로 몸을 묶은 채 같이 움직여야 한다. 탐사하다가 낙오자가 잘못되는 일을 막기 위해서다. 여러 명이 몸을 묶어야 한다는 말에 탐사를 포기했다. 원래 모험을 좋아하지 않는 터라 겁이 나기도 했고, 가다가 혹시 낙오라도 하면 다른 사람에게 피해가 될까 걱정되었기 때문이다.

빙하를 보고 내려오는데 마음이 착잡했다. 저렇게 빠른 속도로 녹아내리면 나중에 어떻게 될지 뻔하기 때문이다. 도대체 인간은 환경을 파괴하는 이 짓을 언제 멈추게 될까? 언젠가 지구에 산소를 공급하고 있는 아마존 우림이 심각하게 훼손되고 있다는 소식을 듣고 친구가 "숨 막힐 때쯤 되면 그만두겠지"라고 했던 말이 기억난다. 이 말처럼, 빙하가 다 녹아내려 살고 있는 땅이 물에 잠길 때쯤 되면 멈출까? 그때가 되면 물에 동동 떠내려가며 후회해봐야 아무 소용이 없을 텐데 말이다. 녹아내린 빙하를 보니 이미 그 재앙이 시작되었다는 생각이 들었다.

지구 온난화라는 거창한 문제에 대해 고민하다 보니 어느덧 배가 고파졌다. 그래서 빙하에서 나오는 길을 따라 흐르는 시냇가에 앉아 도시락을 먹었다. 그런데 점심을 먹으면서 물이 흐르는 곳을 자세히 보니 조금 이상했다. 중간에 나무와 풀이 있는 모양새가 원래부터 물이 흐르던 곳은 아닌

빙하 녹은 물이 흐르는 숲

듯했다. 색깔도 투명하지 않고 혼탁했다. 빙하에서 녹아내린 물이 숲으로 범람했을까. 여하튼 비현실적인 분위기였다. 아름답고 신비롭고 환상적이면서 다른 한편 묘하게 기괴하기도 했다.

다음 일정은 노르웨이에 있는 피오르 가운데 가장 볼거리가 많다는 게이랑에르 피오르였다. 그래서 피오르 근처에 숙소를 잡았다. 대개는 구글 지도에 주소를 찍고 찾아가는데 어찌된 일인지 이 집은 구글 지도에 안 나왔다. 숙소 예약 사이트에는 '마을 센터에 도착해 주인에게 전화할 것'이라고 써 있었다. 그 말대로 마을 센터 앞에 도착해 전화를 하니 한 할머니가 차를 운전하고 나타났다. 우리에게 "Just follow me"라고 하더니 산으로 하염없이 올라갔다. 너무 많이 올라가서 살짝 겁이 날 정도였다. 이렇게 속세와 떨어져 있으니 구글 지도에도 안 나오는 게 당연해 보였다.

한참을 올라가니 산중턱에 통나무로 지은 커다란 2층집이 나타났다. 1층과 2층에 각각 침실 5개, 각 층에 욕실이 2개씩 있는 커다란 집이었다. 2, 30명이 묵어도 될 만한 집을 둘이서만 쓰게 되다니 이게 무슨 횡재인가 싶었다. 안에는 세탁기, 냉장고, 식기세척기, 전기렌지, 커피머신 등 생활에 필요한 기구가 모두 갖춰져 있었다. 가구나 실내 장식도 도시에 있는 숙소보다 훨씬 세련되고 깨끗해 보였다.

거실에는 넓은 테이블이 놓여 있고 그 옆에 커다란 창이 있었다. 그리고 그 창으로 푸른빛의 피오르가 한눈에 내려다보였다. 전망이 그야말로 환상이었다. 숙박비는 한화로 한 8만 원 정도 했는데, 그 가격에 이렇게 큰 집에서 묵을 수 있으리라고는 꿈에도 생각하지 못했었다. 어찌나 좋은지 하루만 묵고 가기가 아까울 정도였다.

집주인 할머니가 방이 많으니 아무 방이나 쓰고 싶은 대로 쓰라고 했다. 화장실도 4개나 되니 샤워할 때마다 바꿔서 하라는 농담도 잊지 않았다. 그래서 남편은 아래층, 나는 위층을 쓰고, 보고플(?) 때만 거실이나 주방에서 랑데부 하기로 했다. 여행 와서 각 방이 아닌 각 층을 쓰다니 이런 호사가 또 있을까 싶었다.

집을 보여주고 떠나려는 할머니에게 열쇠가 어디 있냐고 물었다. 나갈 때 문을 잠그려면 열쇠가 필요하니까. 그랬더니 할머니가 쿨 하게 던진 말.

"잠그긴 뭘 잠가. 그냥 가."

플리달슈베트 전망대의 유리로 된 관광 안내판

게이랑에르 피오르

게이랑에르 피오르로 가는 페리의 선착장이 있는 마을은 사람들로 붐 볐다. 관광버스가 끊임없이 들어와 꾸역꾸역 사람들을 토해냈다. 노르웨이 를 여행하면서 이만큼 사람들로 북적이는 곳은 처음 봤던 것 같다.

페리를 타기 전에 우선 전망대에 올라가 보기로 했다. 전망대로 오르 는 63번 국도 외르네베겐Ørnevegen은 지그재그 모양의 머리핀 도로다. 일명 독수리 길Eagle Road이라고도 하는데, 예전에 독수리가 많이 서식하던 지역 을 통과하기 때문에 이런 별명이 붙었다고 한다. 길을 타고 올라가는데, 경 사가 심해서인지 차가 엉금엉금 기어가는 것 같았다. 운전하는 것을 지켜보 기만 하는데도 가슴이 쪼그라들었다. 거리는 짧지만 그만큼 스릴은 강렬했 다. 노르웨이에서 가장 경사가 가파른 길 중 하나로 자동차 회사들이 동절기 도로 주행 시험을 할 때 많이 이용한다고 한다.

피오르를 보기 위해 플리달슈베트Flydalsjuvet 전망대에 올라갔다. 저 밑으로 푸른빛 피오르가 보였다. 피오르는 산지 근처에서 형성된 빙하가 해안까지 이동하여 좁고 긴 골짜기를 만들고 그 골짜기에 바닷물이 들어와 형성된 지형이다. 깊이가 1000미터가 넘는다고 하니 빙하가 얼마나 컸을지 상상이 안 될 정도다. 그렇게 큰 빙하가 이렇게 깊게 육지를 파고 들어왔다니. 자연이 위대하다는 말밖에 달리 무슨 말을 더할 수 있을까? 우리 인간 따위가 감히 넘볼 수 없을 정도로 자연의 힘은 압도적이다.

눈앞에 펼쳐진 대자연의 드라마를 보면서 베를리오즈의 오페라 〈파우스트의 겁벌〉에 나오는 파우스트의 아리아 〈웅대한 자연이여!Nature immense, impenetrable!〉를 떠올렸다. 인간은 파우스트에게 실패와 좌절만 안겨주었지만 자연은 언제나 새로운 힘과 희망을 주는 존재로 그려진다.

숲이여! 바위여! 급류여!
나는 그대들을 숭배한다.
오! 찬란하게 반짝이는 세계여!
너를 보면 내 심장이 뛴다.
너무나 광대한 심장과
더 많은 것을 갈구하는 영혼!
그것들이 순간의 행복을 위해
하늘을 탐색한다.

오케스트라가 파도처럼 부서지고, 바람처럼 휘몰아치고, 천둥처럼 포

노르웨이 피오르 중에서 가장 볼거리가 많은 게이랑에르 피오르

효한다. 먼 옛날 피오르를 만들었던 거대한 자연의 에너지를 상징하듯.

전망대에서 내려와서 선착장 주변을 어슬렁거렸다. 기념품 가게마다 물건을 사려는 관광객들로 발 디딜 틈이 없었다. 돌아다니다가 어떤 가게 입구에 서 있는 커다란 트롤 인형이 보였다. 노르웨이를 여행하면 언제 어디에서나 각양각색의 트롤을 보게 된다. 크기도, 모습도 각양각색이다. 하지만 트롤에게는 공통점이 있다. 하나같이 못생겼다는 것이다.

트롤은 북유럽 신화에 나오는 퇴화된 거인족이다. 인간 세상과 멀리

노르웨이, 베르겐 · 뉘가드 빙하 · 게이랑에르 피오르

떨어진 깊은 계곡이나 동굴에 살며, 사람들이 모두 잠든 밤에 나타나서 마을을 배회한다. 둔하지만 덩치가 크고 힘이 세서 야생동물을 공격하고 때로는 사람을 잡아먹기도 한다. 예측할 수 없는 난폭한 행동을 일삼기 때문에 인간 세상에 해를 끼치는 존재로 알려져왔다.

트롤은 우리말로 요정, 괴물, 요괴, 도깨비 등 다양하게 불리는데, 그나마 트롤의 본래 이미지에 가장 어울리는 것은 '괴물'이 아닐까 싶다. 하지만 지금 트롤은 더 이상 괴물이 아니다. 트롤에 관한 이야기가 오랜 세월 입에서 입으로 전해 내려오면서 캐릭터가 바뀌었다. 본래 인간에게 해를 끼치던 존재가 이제는 인간에게 복을 가져다주는 존재가 된 것이다.

지금 노르웨이의 기념품 가게에 가면 각양각색의 트롤 인형이 진열되어 있는 광경을 볼 수 있다. 트롤 인형을 장식품으로 집에다 갖다놓는 사람도 많다. 외모의 컨셉트도 조금 바뀌었다. 흉측한 모습에서 지금은, 못생겼지만 좀 귀엽게 못생긴 쪽으로 진화(?)했다. 그래서인지 노르웨이에는 트롤이라는 단어가 들어간 곳이 많다. 노르웨이 3대 트레킹 코스 중 하나인 트롤퉁가는 '트롤의 혀', 지그재그 모양의트롤스티겐은 '트롤의 사다리', 그리그의 여름별장인 트롤하우겐은 '트롤의 언덕'이라는 뜻이다. 이렇게 트롤은 노르웨이 사람들의 삶에 깊이 뿌리 내리고 있다.

그리그의 〈서정소곡집〉에는 〈트롤의 행진〉이라는 곡이 있다. 여기서 트롤은 더 이상 괴물이 아니다. 음악을 들으면 못생겼지만 작고 귀여운 장난꾸러기의 이미지가 떠오른다. 피아노를 치는 손가락이 트롤처럼 건반 위에서 가볍게 통통거리며 뛰어다닌다. 중간에는 살짝 신비스러운 느낌이 드는 대목도 나온다. 이것으로 미루어 그리그는 트롤을 괴물이 아닌 친근한 존재로 생각했던 것 같다. 그러니까 집 이름도 트롤하우겐이라고 지었겠지.

자연과 건축의 조화

노르웨이 내셔널 투어리스트 루트는 대자연의 위용을 만끽할 수 있는 환상의 코스다. 그런데 여기에 자연만 있는 것이 아니다. 전망대, 화장실, 여행안내 센터, 커피숍, 상점과 같은 건물도 있다. 그런데 이 건물들이 기능적으로만 유용한 것이 아니다. 예술적으로도 훌륭하다. 디자인 강국답게 건축물의 디자인이 얼마나 개성 있고 참신한지 모른다. 그런데 건물의 디자인은 다 다르지만 이것을 관통하는 하나의 이상이 있다. 미니멀리즘이다. 자연을 거스르지 않도록 인간의 손길을 최소화하는 것이다. 그렇게 인공물이 자연 속에 스며들도록 했다.

구드브란드유빗Gudbrandsjuvet 계곡 위에 있는 다리에는 바닥이 투명한 유리로 되어 있는 곳이 있다. 유리를 통해 다리 밑으로 흐르는 계곡물을 볼 수 있도록 한 것이다. 지그재그 모양으로 설치된 다리를 이리저리 걸으며 여러 방향에서 계곡을 감상했다. 그 옆에 있는 카페는 사방이 다 유리로 되어 있어 바깥 풍경이 오롯이 안으로 들어 왔다. 계곡이 바라다보이는 야외 테라스에서 커피를 마셨는데, 테라스의 난간도 유리로 되어 있었다. 실내인 듯 아닌 듯 안과 밖의 경계를 허문 디자인이 신선했다.

시원한 계곡물을 바라보며 휴식을 취한 후 다시 차를 탔다. 조금 전까지 환하던 하늘이 갑자기 흐려지더니 비가 내리기 시작했다. 차를 몰아 도착한 곳은 트롤스티겐Trollstigen 전망대. 디자인이 멋진 곳이라 들었는데, 짙은 안개에 싸여 건물이 잘 보이지 않았다. 트롤스티겐 전망대에는 모두 세 곳의 뷰 포인트가 있다. 비옷을 걸치고 뷰 포인트까지 갔지만 안개와 구름에 가려 아무것도 보이지 않았다.

서둘러 차로 돌아왔다. 그런데 앞으로가 문제였다. 트롤스티겐은 경사

가 가파른 지그재그 길이다. 일차선 도로를 따라 곡예 운전을 해야 하는데, 날씨가 너무 나빠 시야 확보가 잘 되지 않는 게 문제였다. 운전을 못하는 나는 조수석에 앉아 있기만 하면 되지만 곡예 운전을 해야 하는 남편이 은근히 걱정이 되었다. 트롤스티겐이 '트롤의 길'이라는 뜻이라는데, 정말 고약한 길이었다. 그야말로 엉금엉금 기어가듯이 지그재그 길을 내려갔다. 그런데 그런 길을 운전하는 것이 스스로 대견하다고 생각했는지 남편이 명령을 내렸다.

"나 운전 잘하는 거, 동영상으로 좀 찍어봐!"

♪　독특한 디자인이 돋보이는 구드그란드유벳 계곡의 설치물
♫　지그재그 형태의 산악 도로 트롤스티겐. 겨울에는 폐쇄된다

시벨리우스가 노래한 핀란드 민족 서사시

핀란드, 헬싱키

핀란드의 헬싱키 공항에서 시내 중심에 있는 숙소를 찾아가기 위해 전철과 버스를 세 번이나 갈아타야 했다. 처음에는 이 짐들을 다 끌고 어떻게 세 번씩이나 차를 갈아타나 난감했다. 그런데 우려했던 것과 달리 전철에서 버스 그리고 또 다른 버스로 갈아타는 모든 과정이 너무나 순조롭게 이루어졌다. 그만큼 헬싱키의 대중교통망이 체계적으로 구축되어 있었다.

숙소 앞에 도착한 순간 안도의 한숨이 나왔다. 여행할 때마다 느끼는 것이지만 여행의 최대 난제는 숙소를 찾는 일이다. 쉽게 찾을 때도 있지만 노르웨이 산속에서처럼 그렇지 않을 때도 많기 때문이다. 그런데 이렇게 쉽

아늑한 분위기의 헬싱키 숙소

게 숙소를 찾다니 여행의 반은 성공한 것 같은 느낌이 들었다.

삐꺽거리는 엘리베이터를 타고 숙소가 있는 4층으로 올라갔다. 다른 집처럼 이 집 역시 열쇠로 문을 열게 되어 있었다. 그런데 당연히 있어야 할 키 박스가 보이지 않았다. 주인이 분명 키 박스에 열쇠가 있다고 했는데 어디 갔지? 당황해서 현관문 주위를 이리저리 살펴보다가 문 위쪽 높은 곳에 키 박스가 있는 것이 보였다. 그런데 위치가 높아도 너무 높았다. 손을 아무리 뻗어도 닿을 수 없는 곳에 있었다. 집 잘 찾아놓고 현관 앞에서 이런 난관에 봉착하다니. 끝날 때까지 끝난 게 아니구나. 이 난관을 어떻게 극복하지? 트렁크를 밟고 올라가야 하나?

난감해서 주변을 두리번거리는데, 위층으로 올라가는 계단 앞에 놓인 사다리가 보였다. 순간 안도의 한숨이 나왔다. 남편이 사다리를 밟고 올라갔다. 그리고 키 박스의 비밀번호를 누르고 열쇠를 꺼냈다. 나는 이런 역사적인(?) 순간을 기념하기 위해 사진을 찍었다.

숙소 안은 넓고 아늑했다. 예약 사이트에서 본 사진과 똑같았다.

"어머나! 딱 내 취향이잖아."

내가 작은 탄성을 질렀다. 여행할 때, 나는 될 수 있으면 예쁘고 깔끔하고 아늑한 집에서 머무르려고 한다. 단 며칠을 묵더라도 마음에 드는 집에서 묵고 싶은 것이다. 그런데 헬싱키의 이 숙소는 정말 내 마음에 쏙 들었다. 싱크대 위에 주인이 남긴 메모가 보였다.

"설거지를 하느라 귀중한 시간을 낭비하지 말고 식기세척기를 사용하세요."

암석 안에 지은 교회

숙소는 헬싱키 관광 명소 중의 하나인 암석 교회 근처에 있었다. 그래서 여행 첫날 일정을 암석 교회로 잡았다. 나는 처음에 '암석 교회'라는 말을 듣고 암석 위에 지은 교회인 줄 알았다. 왜, '반석 위에 지은 교회'라는 말도 있지 않은가. 그런데 막상 가서 보니 암석 '위'가 아니라 암석 '안'에 지은 교회였다. 커다란 화강암 덩어리를 다이너마이트로 폭파시키고 그 자리에 교회를 '앉힌' 것이라 한다. 위에는 구리로 만든 원형 천장을 덮었는데, 그 모습이 마치 우주선 같아 보였다.

안이 어두울 것이라는 예상을 깨고 실내는 환했다. 천장의 가장자리에 빙 둘러 설치된 유리창으로 자연광이 들어오기 때문이다. 벽에는 불규칙하게 깎인 암석 덩어리가 그대로 노출되어 있었다. 원래는 벽을 시멘트로 마

현대적인 디자인의 암석 교회

감하기로 했는데, 시멘트보다는 천연 암석이 더 부드러운 음향을 연출한다
는 지휘자 파보 베르글룬드의 의견을 받아들여 자연 상태 그대로 두게 되
었다고 한다. 파보 베르글룬드는 20세기 핀란드를 대표하는 지휘자로, 생전
에 시벨리우스 음악 전문 지휘자로 이름을 떨친 사람이다. 시벨리우스 음반
도 다수 녹음했다.

 디자인이 심플하고 현대적이어서 최근에 지은 줄 알았는데, 1969년에
완공했단다. 그 옛날에 이렇게 시대를 앞서가는 디자인을 했다니 놀라웠다.

음향을 위해서라지만 천연암석을 그대로 둔 것이 신의 한수였던 것 같다. 만약 벽을 시멘트로 마감했다면 지금과 같은 느낌은 절대 나지 않았을 것이다.

유럽의 교회는 종을 쳐서 예배 시간을 알린다. 암석 교회도 그럴 것이라 생각했다. 벽이 천연암석이니 종소리 역시 '천연'일 것이라 짐작했는데 아니란다. 타넬리 쿠시스토Taneli Kuusisto라는 사람이 작곡한 종음악을 스피커를 통해서 내보낸다고 한다. 이런 반전이 있나. 궁금해서 소리를 들어보았다. 실제 종소리는 무겁고 웅장한데, 이 소리는 가볍고 영롱하고 아름답다. 현대적인 건물 디자인에 어울리는 현대적인 소리다.

음향이 좋기로 소문난 암석 교회에서는 수시로 음악회가 열린다. 음악회는 파이프 오르간 연주회, 독창회, 피아노 독주회, 실내악 연주회, 합창 공연 등 다양한데, 이 중에서 나는 파이프 오르간 연주회를 가장 보고 싶었다. 파이프 오르간은 암석 교회의 또 다른 자랑거리다. 얼핏 보면 그렇게 커 보이지 않는데, 파이프가 무려 3001개라고 한다. 3001개의 파이프에서 나온 소리가 천연 암석에 반사되어 울리는 소리가 어떨지 궁금했다.

교회 안은 관광객들로 북적였다. 그래서 교회 특유의 경건한 분위기는 찾아볼 수 없었다. 한 젊은이가 피아노 앞에 앉아 슈베르트의 〈즉흥곡〉 3번을 치고 있었다. 음악을 차분하게 감상할 분위기는 아니었지만 그래도 슈베르트의 음악을 듣는 기분이 남달랐다. 관광객들이 연주하는 모습을 동영상으로 찍자, 피아니스트는 노골적으로 싫어하는 티를 팍팍 냈다. 슈베르트 음악의 아름다움을 배신하는 적대적인 눈빛이었다. 정식 연주회도 아닌데 저렇게까지 할 필요가 있을까. 그때 사람들을 바라보던 피아니스트의 눈빛이 좋았던 기억에 흠집을 내는 옥의 티처럼 남아 있다.

핀란드의 민족 음악가 시벨리우스

대중교통을 이용해 헬싱키 시내를 돌아다니면서 한 가지 이상한 점을 발견했다. 정거장 이름이 모두 두 가지 언어로 표기되어 있다는 점이었다. 그러고 보니 주소도 그랬던 것 같다. 하나는 핀란드어가 분명하고 다른 하나는 무엇인지 궁금했는데, 나중에 알고 보니 스웨덴어라고 한다. 핀란드에서는 인구의 약 5.5%가 스웨덴어를 사용하고 있어 스웨덴어가 핀란드어와 함께 공용어로 지정되어 있다. 언어 소수자를 배려한 정책인데, 정치권에서는 스웨덴어를 사용하는 핀란드인의 권익을 대변하는 정당까지 있다고 한다.

핀란드에서 스웨덴어를 쓰게 된 데에는 역사적 배경이 있다. 사실 핀란드는 600여 년 동안 스웨덴의 통치를 받아왔다. 하지만 스웨덴이 핀란드 지역을 식민지가 아니라 그들 영토의 일부로 취급했기 때문에, 이 시기 핀란드 사람들은 피지배 민족이라는 자각이 거의 없었다.

그런데 19세기 초, 스웨덴과의 전쟁에서 이긴 러시아가 핀란드를 지배하면서 사정이 달라졌다. 러시아는 100여 년간 핀란드를 지배했는데, 그 기간 동안 핀란드의 자치권을 박탈하고, 핀란드를 러시아로 편입시키기 위해 여러 강압 정책들을 실시했다. 그때서야 나라 잃은 설움을 실감한 핀란드 사람들은 강렬하게 저항했다. 러시아의 강압 조치가 오히려 핀란드 국민들의 민족의식을 고취하는 자극제가 되었던 것이다.

핀란드를 대표하는 작곡가 시벨리우스는 핀란드가 이런 민족적 시련을 겪던 시기에 활동했다. 그는 노르웨이의 그리그, 보헤미아의 드보르자크와 함께 대표적인 국민음악파로 불린다. 국민음악파란 음악 분야의 민족주의자를 가리킨다. 요즘 우리식으로 표현하자면 이른바 '국뽕' 음악가인 셈이다.

1899년, 핀란드에서는 러시아에 대한 저항운동의 일환으로 〈역사적 정경〉이라는 극을 공연했다. 당시 핀란드 국민음악의 아버지로 추앙받던 시벨리우스는 이 극의 공연에 사용할 음악을 작곡했는데, 그중 〈핀란드가 깨어난다〉라는 최종막에서 울려 퍼지는 곡이 바로 그 유명한 〈핀란디아〉다.

〈핀란디아〉는 핀란드 국민의 애국심을 고취하기 위한 일종의 민족송가다. 나는 이 곡을 들을 때마다 세상에 이렇게 '국뽕'에 충만한 음악이 또 있을까 생각하곤 한다. 음악을 듣고 있으면 가슴이 웅장해지고, 뭉클해진다. 핀란드 사람도 아닌 내가 이 정도니 핀란드 사람들은 어떨까. 음악을 들을 때마다 가슴 벅찬 애국심을 느낄 것이다.

암석 교회를 본 다음 헬싱키 외곽에 위치한 시벨리우스 공원을 찾아갔다. 시벨리우스 공원은 1945년에 시벨리우스 탄생 80주년을 기념하기 위해 조성되었다. 여기에는 아름다운 여인이 새와 함께 있는 청동상이 있는데, 이는 핀란드 전설 〈칼레발라〉의 한 장면을 형상화한 것이라고 한다. 〈칼레발라〉는 '핀란드의 창조신이 만든 나라'라는 뜻으로, 천지창조에서부터 선과 악의 싸움, 영웅과 악당의 활약상 등을 담은 핀란드 민족신화다. 청동상의 여인은 일마타르라는 공기의 정령인데, 〈칼레발라〉에 따르면 바로 그녀에게서 핀란드의 시조 베이내뫼이넨이 탄생했다고 한다. 〈칼레발라〉는 배이내뫼니엔의 탄생을 이렇게 묘사한다.

태초의 바다를 처녀가 표류한다. 처녀 무릎에 작은 새가 둥지를 튼다. 새가 낳은 알이 굴러 떨어져, 깨진 껍질은 하늘과 땅이 된다. 노른자위에서 해, 흰자위에서 달이 생겨난다. 처녀 뱃속에서 아이가 9년을 자라 노인이 되어서야 태어난다. 지혜, 마법, 시의 힘으로 세상에 필요한 것

시벨리우스 공원에 있는 파이프 오르간 기념비와 시벨리우스 얼굴상

들을 만들어내는 현자 베이내뫼이넨이다.

핀란드 민족음악의 아버지로 불리는 작곡가 시벨리우스는 이 위대한 민족 서사시에서 무한한 창작의 영감을 얻었다. 초기 작품인 〈쿨레르보 교향곡〉을 비롯해 수많은 걸작이 바로 이 〈칼레발라〉를 바탕으로 탄생했다.

시벨리우스는 1957년, 향년 92세로 세상을 떠났다. 그가 세상을 떠난 후 시벨리우스 협회는 이 공원에 기념비를 세우기로 하고 작품을 공모했다. 이 공모전에서 파이프 수백 개를 조합해 만든 에일라 힐투넨의 작품이 당선작으로 선정되었다. 이 작품을 구성하고 있는 파이프는 오르간의 파이프를 형상화했다고 한다.

힐투넨의 파이프 조형물은 1967년에 시벨리우스 공원에 설치되었다.

하지만 설치 초기부터 이것을 두고 이러쿵저러쿵 말이 많았다. 생전에 시벨리우스가 오르간 음악을 거의 작곡하지 않았는데, 그를 기념하는 조형물이 오르간 파이프라는 건 말이 안 된다는 비판이었다. 작가가 이건 특정 음악이 아니라 음악의 본질을 형상화한 것이라고 아무리 해명을 해도 논란이 수그러들지 않았다. 결국 힐투넨은 시벨리우스 얼굴상像을 제작해 파이프 조형물 옆에 설치함으로써 이런 논란을 잠재웠다. 어쩌면 힐투넨은 이렇게 생각했을지도 모른다. '추상미술의 '추' 자도 모르는 무식한 인간들아. 자, 여기 시벨리우스 얼굴이다. 이제 됐냐?'

핀란드 국립 박물관의 칼레발라

이튿날에는 핀란드 국립 박물관에 갔다. 입구에 들어서자마자 둥근 천장을 가득 메우고 있는 프레스코화가 눈에 들어왔다. 그림이 눈에 익었다. 생각해보니 시벨리우스 음반 재킷에서 본 그림이었다. 이 그림은 악셀리 갈렌칼렐라라는 핀란드 화가가 〈칼레발라〉에 나오는 이야기를 바탕으로 그린 것이다. 그림 속에 백발의 음유시인 베이내뫼이넨의 모습을 찾을 수 있었다.

전시실에서도 익숙한 그림이 보였다. 천장 벽화를 그린 악셀리 갈렌칼렐라의 〈쿨레르보의 저주〉라는 그림이었다. 파보 베르글룬드가 지휘하는 헬싱키 필하모니 오케스트라가 녹음한 시벨리우스의 〈쿨레르보 교향곡〉 음반에서 이 그림을 본 기억이 났다.

〈쿨레르보 교향곡〉은 시벨리우스의 출세작으로, 〈칼레발라〉의 31장에서 36장까지의 내용을 바탕으로 작곡한 것이다. 여기에 쿨레르보의 행적을 노래한 남성 합창이 나온다.

> 그의 아들 쿨레르보
>
> 불운한 이 젊은이 보라색 옷을 입고
>
> 사슴 가죽으로 만든 마법의 신을 신고
>
> 금발 머리를 한 그는
>
> 백성들에게 베풀고자 길을 떠났다.
>
> 백성들에게 그해의 몫을 나누어준 뒤
>
> 자신의 썰매로 돌아와
>
> 준마에 채찍을 휘두르며
>
> 귀향길에 올랐다
>
> 힘차게 말을 달려
>
> 베이내뫼이넨의 절벽과 계곡,
>
> 그가 경작지가 있는 들판을 지나갔다.

합창을 듣고 있으면 오랜 세월 대자연과 더불어 성장해온 북유럽 특유의 스케일이 그대로 몸으로 느껴진다. 이 곡의 초연 때, 관객들은 민족의 언어인 핀란드어로 부르는 노래에 흥분했다. 그 안에 흘러넘치는 남성적인 힘, 위대한 민족의 혼, 유구한 역사에 응축된 에너지를 온몸으로 느끼며 전율했다.

〈칼레발라〉에 나오는 인물 중에서 시벨리우스가 가장 좋아한 인물은 연애 박사 레민케이넨이었다. 1896년, 그는 레민케이넨의 이야기를 바탕으로 네 편의 교향시를 발표했는데, 〈레민케이넨과 소녀들〉, 〈투오넬라의 백

핀란드 국립 박물관 천장 벽화. 악셀리 갈렌칼렐라의 〈칼레발라〉

조〉, 〈투오넬라의 레민케이넨〉, 〈레민케이넨의 귀향〉이다.

　　전시실에는 악셀리 갈렌칼렐라가 〈칼레발라〉를 바탕으로 그린 또 다른 그림 〈레민케이넨의 어머니〉도 있었다. 〈쿨레르보의 저주〉와 마찬가지로 눈이 익은 그림인데, 시벨리우스의 〈투오넬라의 백조〉 음반에서 본 기억이 난다.

　　칼레발라의 후미진 곳 카우코미에니에서 어머니와 함께 살던 레민케이넨은 투오넬라 강의 백조를 잡으려다 물뱀에 물려 죽는다. 아들이 죽었다는 소식을 들은 그의 어머니는 투오넬라 강으로 가서 죽은 아들을 살려낸 다음 고향으로 데려온다.

레민케이넨이 집으로 돌아오는 장면을 그린 시벨리우스의 음악은 환희로 가득 차 있다. 언제 고생을 했냐는 듯 음악의 모든 요소가 '기쁨'이라는 긍정적인 에너지를 발산하고 있다. 현악기나 관악기나 모두들 기고만장이다. 죽음을 헤치고 새 생명을 얻은 레민케이넨의 모습을 숨 막힐 듯 빠른 템포와 현란한 멜로디로 생생하게 그려낸다. 음악을 듣고 있으면 레민케이넨이 이렇게 외치는 소리가 들리는 듯하다.

"고생, 끝! 행복, 시작!"

힐링의 공간, 침묵의 예배당과 이딸라 디자인 센터

국립 박물관 다음 일정은 이딸라 디자인 센터였다. 버스 정거장으로 가는 길에 아주 인상적인 건물을 발견했다. 복잡한 도심 한복판에 배 같기도 하고, 커다란 욕조 같기도 한 목조 건물이 있었다. 궁금해서 안으로 들어가보니 작은 예배당이었다. 사람들이 있었지만 어찌나 조용하던지 바늘이 떨어져도 소리가 날 것 같았다. 이렇게 복잡한 도시 한가운데 이렇게 평화로운 공간이 있다니 놀라웠다.

이 예배당의 정식 명칭은 캠피 채플Kamppi Chapel이다. 2012년 세계 디자인 수도 프로그램의 일환으로 지어졌고 설계는 헬싱키에 있는 K2S 아키텍츠의 건축가 킴모 린툴라, 니코 시롤라, 미코 수마넨이 맡았다. 문을 열자마자 헬싱키의 명소로 등극해서 1년 만에 50만 명이 방문한 기록을 세웠다고 한다.

건물을 처음 본 순간 노아의 방주가 생각났다. 정말 이곳은 속세의 재난으로부터 우리를 보호하는 방주 같은 곳이다. 나무로 지어서 더 그런 느낌이 들었는지도 모르겠다. 건물을 짓는 데 모두 세 종류의 나무가 사용되었는데, 내벽에는 오리나무, 외벽에는 가문비나무 그리고 예배당의 부속품과 문에는 물푸레나무를 썼다고 한다. 그래서일까, 느낌이 편안하고 아늑하다. 누구든지 따뜻하게 안아줄 듯한 느낌이라고나 할까. 예배당이라고 하지만 종교의식을 위한 공간은 아니다. 따라서 일요일에도 예배가 없다. 결혼식 같은 사적인 행사도 가질 수 없다. 오로지 개인적인 평화와 고요함을 위한 공간인 것이다.

침묵의 예배당에서 잠시 명상의 시간을 가진 후, 이딸라 & 아라비아 디자인 센터로 향했다. 핀란드 도예와 유리 디자인의 역사는 이딸라와 아라비아에서 시작되었다고 해도 과언이 아니다. 나는 북유럽 스타일의 심플하고 모던한 디자인을 좋아한다. 집에 북유럽 디자인 브랜드 제품을 몇 개 갖고 있는데, 그중에서 이딸라 제품을 가장 좋아한다.

이딸라 & 아라비아 디자인 센터는 과거에 아라비아 도자기를 생산하던 공장을 개조해서 만들었다. 그래서인지 건물 높이 만한 굴뚝이 그대로 남아 있는 모습이 보였다. 벽돌로 된 외관은 투박했으나 안은 외관과 달리 모던했다.

전시실에는 이딸라와 아라비아 제품의 시대별 변천사를 한눈에 볼 수 있는 전시물과 유명 디자이너들의 유리 공예와 세라믹 작품들이 전시되어 있었다. 매해 수많은 예술가와 디자이너, 미래의 디자이너를 꿈꾸는 젊은이들이 이곳에 와서 새로운 창작의 아이디어를 얻고 간다고 한다.

9층에 있는 디자인 랩 갤러리는 새로운 응용 예술과 디자인을 주제

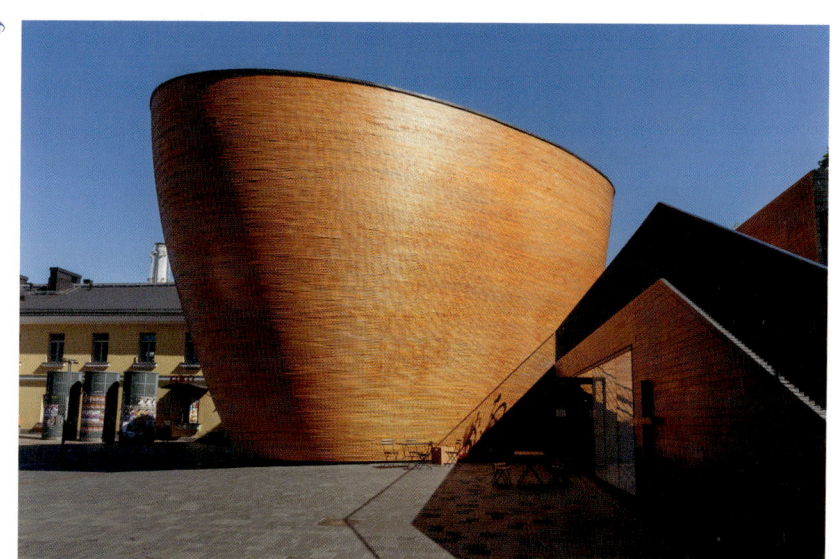

♪ 　헬싱키에 있는 침묵의 예배당

♬ 　침묵의 예배당 내부

로 한 이벤트와 워크샵, 디자인 포럼, 전시가 열리는 공간이다. 내가 이곳을 찾았을 때는 핀란드에서 가장 유명한 도예가인 헬리아 리우코 선드스트롬 Heljä Liukko-Sundström의 도예 작품전 〈새로운 환경으로의 전환〉이 열리고 있었다. 전시실에 설치된 스크린을 통해 그녀가 작업하고 있는 모습을 보았다. 흙을 다루는 예술가의 손이 아름다웠다. 82세라는 나이가 믿기지 않을 왕성한 창작열을 보여주고 있었다. 그 나이에도 여전히 총기를 잃지 않고 창조적인 일을 하고 있다니, 복 받은 인생이 아닐 수 없다.

그런데 사실 이렇게 전시실을 돌아보는 동안에도 내 마음은 어느덧 아울렛 매장으로 달려가고 있었다. 이딸라 디자인 센터를 찾은 본래 목적이 아울렛 매장이었다고 한다면 너무 속물처럼 보일라나. 그래도 뭐 할 수 없다. 그것이 솔직한 마음이니까.

아울렛 매장에 가니 예상한 대로 사고 싶은 물건이 많았다. 그중에서 독특한 사각 모양의 꽃병이 눈에 들어왔다. 진작부터 사고 싶었던 물건이었다. 하지만 여행 중인데 유리 제품을 어떻게 사서 들고 다니지? 내가 이 문제로 망설이자 남편이 말했다.

"뭘 망설여? 여기서 다 포장해서 집까지 부쳐준다니까."

남편은 이러면서 내 소비 본능에 부채질을 했다. 다른 집 남편들은 아내가 뭘 산다고 하면 그렇게 말린다는데 우리 남편은 정반대다. 옆에서 열심히 사라고 부추긴다. 물론 내 돈으로.

남편의 응원에 용기를 얻어 각기 다른 크기와 빛깔의 꽃병 네 개를 세트로 샀다. 물건 가격에 국제 운송비와 파손시를 대비한 보험료까지 함께 계산했다. 약 한 달 후면 물건이 집에 도착한다고 했다. 내가 산 꽃병은 프랑스 출신의 디자이너 부홀렉 형제의 작품이다. 1999년부터 형제가 함께

다양한 유리 제품을 팔고 있는
이딸라의 아울렛 매장

디자인 스튜디오를 운영하고 있는데, 이들은 국내에서 세리프 TV의 디자이너로 잘 알려져 있다.

    이 형제의 디자인 스타일이 딱 내 취향이었나 보다. 꽃병을 살 때는 몰랐는데, 그 후에 구입한 북유럽 스타일의 의자 역시 이 형제의 작품이라는 걸 알게 되었다. 사실 내가 갖고 있는 의자는 진품이 아니라 디자인만 베낀 복제품이다. 오래전에 북유럽 가구 파는 곳에서 진품을 봤는데, 마음에 들지만 너무 비싸서 사지 못했다. 그러다가 온라인 쇼핑몰에서 저렴한 가격에 파는 복제품을 보고 신이 나서 의자 6개를 한꺼번에 샀다.

예술가들의 공방이 모여 있는 피스카스 마을

아울렛 매장에는 그 유명한 피스카스Fiscars 가위도 있었다. 피스카스는 가위, 쟁기, 나이프 같은 생활용품을 만드는 유명한 브랜드다. 헬싱키 교외의 피스카스 지역은 17세기부터 구리와 철을 제련하던 곳이다. 피스카스 그룹은 이 지역의 부지를 사들여 장인과 예술가들이 자유롭게 활동할 수 있는 예술마을을 만들었다. 이곳에 가면 다양한 제품을 만드는 예술가들의 공방을 둘러볼 수 있다. 핀란드에 온 김에 피스카스에도 가보고 싶었다. 하지만 도저히 일정이 맞지 않아서 포기하고 대신 피스카스 가위만 샀다.

피스카스 가위가 좋다는 얘기는 들었지만 직접 사용해보니 정말 장난이 아니었다. 일단 손잡이의 그립감이 다른 가위와는 비교되지 않을 정도로 좋았다. 게다가 얼마나 잘 드는지 피스카스 가위를 쓰면서부터 다른 가위는 거들떠보지 않게 되었다. 특히 종이를 썰 때 나는 소리가 좋다. 썰 때마다 사각사각 경쾌한 소리가 난다.

여행을 끝내고 집에 돌아온 지 한 달이 지난 후, 이딸라에서 산 꽃병이 도착했다. 얼마나 꽁꽁 싸맸는지 푸는 데도 시간이 한참 걸렸다. 다행히 깨진 물건은 없었다. 그런데 그로부터 얼마 후 국내의 한 백화점에서 내가 산 것과 똑같은 꽃병을 발견했다. 가격을 물어보니 핀란드에서 산 가격과 비슷했다. 하지만 나는 국제 운송비에다 보험료까지 들었으니 결과적으로 더 비싸게 산 셈이다. 그전에는 그렇게 찾아도 안 보이던 꽃병이 왜 그때 나타났는지 모르겠다. 속상한 마음이 들었지만 어쩌랴. 본토에서 산 진짜 '오리지널'이라는 사실에서나마 위안을 찾을 수밖에.

먼 옛날
이 바다에는

스웨덴, 스톡홀름 · 바사 박물관 · 밀레의 정원

핀란드 헬싱키에서 스웨덴 스톡홀름으로 갈 때는 바이킹 라인이라는 페리를 이용했다. 저녁에 헬싱키를 출발해 아침에 스톡홀름에 도착하는 심야 페리였는데, 이렇게 잠을 자면서 이동하면 시간을 절약할 수 있을 뿐 아니라 밤바다 위에서의 낭만도 즐길 수 있다는 장점이 있다. 내 일생에 페리를 타고 밤바다를 볼 날이 과연 몇 번이나 될까. 어쩌면 이번이 처음이자 마지막일지도 몰라. 그렇다면 이 낭만을 제대로, 진하게 즐겨보면 어떨까. 이런 생각에 일반 객실이 아닌 스위트룸을 예약했다. 스위트룸이라 비용이 상당했지만 '일생에 단 한 번'이라는 미명하에 그냥 질러버렸다. 내 나이가 지금 몇인데,

비행기 퍼스트 클래스도 아니고 페리의 스위트룸 정도는 누려도 될 만한 나이가 아니던가.

이왕 스위트룸에 묵는 김에 식사도 격에 맞게 하기로 했다. 그래서 승객에게 기본적으로 제공되는 뷔페를 먹지 않고 레스토랑에서 스페셜 요리를 먹기로 했다. 갑각류 요리였는데 사진을 보니 비주얼이 그럴 듯했다. 바다 위 레스토랑에서 발트해의 황혼을 바라보며 추억에 길이 남을 낭만적인 식사를 할 생각을 하니 가슴이 설렜다. 스위트룸에 짐을 풀고 저녁을 먹으러 레스토랑으로 갔다. 테이블 위에 갑각류 껍질을 제거하는 데 필요한 장비(?)가 쭉 놓인 광경이 보였다. '저런 장비가 필요한 걸 보니 보통 요리는 아닌가 보다.' 이렇게 생각했다.

드디어 기다리던 요리가 나왔다. 그런데 그것을 본 순간 내 눈을 의심하지 않을 수 없었다. 이것이 그 비싼 갑각류 요리라고? 접시에 수북하게 쌓인 얼음 위에 해산물이 덮여 있었는데, 대부분이 작은 새우였다. 그 사이에 홍합이 드문드문 보였고, 중앙에 중간 크기 랍스터 반 마리와 이름 모를 갑각류 두 마리 그리고 굴 두 개가 놓여 있었다. 양도 적고 다양성도 부족할 뿐만 아니라, 무엇보다 맛이 정말 없었다.

다른 사람들 반응은 어떤가 싶어 주변을 둘러보았다. 그런데 2500여 명의 승객 중에 이 스페셜(?) 요리를 주문한 사람은 남편과 나 두 사람뿐이었다. 그 순간 깨달았다. 우리가 글로벌 호구가 되었다는 것을. 일생에 단 한 번이라는 생각에 꽂혀 그만 판단을 잘못한 것이다. 후회막급이지만 어쩌랴. 그냥 꾸역꾸역 맛없는 요리를 먹을 수밖에. 이 자리를 빌려 헬싱키와 스톡홀름을 연결하는 바이킹 라인을 타는 사람들에게 말해주고 싶다. 갑각류 요리는 절대로 먹지 말라고. 글로벌 호구는 우리 두 사람으로 충분하다고.

중세의 배에서 듣는 인어의 노래

스웨덴의 스톡홀름은 스칸디나비아 반도 최대의 도시로 주변에 섬이 많아 '북방의 베네치아'라고도 한다. 자연 경관도 아름답지만 문화적 역량도 높아 1998년에는 유럽 문화 도시로 선정되기도 했다. 1983년 그리스 문화부 장관이던 배우 멜리나 메르쿠리의 제안으로 시작된 유럽 문화 도시 사업은 유럽 연합 회원국에 있는 도시 중에서 문화적으로 의미 있는 도시를 선정해 1년간 문화 행사를 전개하는 사업이다.

스톡홀름이 유럽 문화 도시로 선정된 1998년 한 해 동안 이 도시에서는 문화적으로 의미 있는 행사가 집중적으로 개최되었다. 그중 가장 사람들의 이목을 끈 것은 베를린 필하모니 오케스트라의 유러피안 콘서트다. 베를린 필하모닉 오케스트라는 매해 창립 기념일인 5월 1일에 문화적으로 의미 있는 장소를 찾아 유러피언 콘서트를 열어왔다. 1998년에 유러피안 콘서트가 열린 곳은 스톡홀름에 있는 바사 박물관Vasa Museum이었다.

바사 박물관은 바사Vasa 호라는 17세기 전함을 전시하는 박물관으로 스웨덴을 찾는 사람이라면 반드시 방문하는 관광 명소로 유명하다. 바사 호는 1627년 북방의 사자로 불리던 바사 왕가의 구스타프 2세가 건조한 군함이다. 높이 52m, 길이 69m, 무게 1200t에 달하는 이 대형 군함에는 10개의 돛을 달 수 있는 돛대 3개와 대포 64개를 장착할 수 있는 장치가 달려 있었다. 스웨덴이 자랑하는 무적 함대의 상징으로 손색없는 규모였다.

완공 이듬해인 1628년 8월 10일, 바사 호는 첫 항해에 나섰다. 이날 1만 명에 가까운 시민과 외교사절들이 바사 호가 출항하는 모습을 보기 위해 항구로 몰려들었다. 전함의 위용은 대단했다. 갑판에는 첫 출항을 기념하기 위해 설치한 장식물들이 반짝였고, 선원들은 갑판에 서서 환호하는

17세기에 건조된 호화 군함 바사 호

군중들에게 손을 흔들었다. 포문이 열리고 예포가 발사되었다. 그리고 서서히 배가 움직이기 시작했다. 그렇게 한 1500미터쯤 갔을까. 갑자기 불어온 돌풍에 배가 옆으로 기울었다. 열린 포문 사이로 물이 들어오자 배가 서서히 물속으로 가라앉기 시작했다. 스웨덴 무적함대의 상징인 거대 전함이 겨우 1500미터밖에 가지 못하고 침몰한 것이다. 이 사고로 배에 타고 있던 150여 명 중 50여 명이 사망했다. 만여 명의 사람들이 지켜보는 가운데 벌어진 비극이었다.

수세기가 흐르는 동안 바사 호는 사람들의 기억에서 잊혔다. 그러다가 20세기 초, 한 가구업자가 바사 호의 선체를 사겠다고 나서면서 바사 호가 다시 주목받게 되었다. 당시 스웨덴에서는 검은 참나무로 만든 가구가 크게 인기를 끌었는데, 바사 호의 선체를 바로 이 검은 참나무로 만들었다. 가구

업자는 선체를 폭파하면 나올 검은 참나무로 가구를 만들 생각이었다. 하지만 이 계획은 당국이 허가하지 않아 무산되고 말았다. 만약 그 업자가 허가를 받았다면 오늘날 우리가 바사 호를 볼 수는 없었을 것이다.

바사 호는 300년이 넘는 시간을 바닷속에 가라앉아 있었다. 이렇게 잠자던 바사 호를 깨운 인물은 앤더스 프란젠이라는 아마추어 고고학자였다. 대학 시절 고고학 강의에서 바사 호에 대한 이야기를 들은 그는 스무 살 때부터 바사 호의 행방을 찾기 시작했다. 그 과정에서 온갖 난관에 부딪쳤지만 포기하지 않았다. 끈질기게 도전에 도전을 거듭한 끝에 1956년, 해저 30m 지점에서 바사 호의 선체를 발견하는 데 성공했다. 탐사를 시작한 지 17년 만에 이룬 성과였다.

바사 호를 발견한 후, 선체를 인양하기 위한 프란젠의 계획이 널리 알려졌다. 이에 대해 많은 사람이 관심을 보였는데, 그중에서 가장 주목할 만한 사람은 당시 스웨덴 국왕이던 구스타프 6세였다. 대학에서 고고학을 공부한 그는 바사 호가 발견되었다는 소식을 듣고 크게 기뻐했으며, 배의 발굴과 인양에 전폭적인 지원을 아끼지 않았다.

사실 구스타프 6세는 우리나라와도 인연이 깊은 사람이다. 일제 강점기였던 1926년, 경주에 있는 서봉총의 발굴 작업에 직접 참여한 적이 있기 때문이다. 당시 왕자 신분으로 일본을 국빈 방문 중이었던 구스타프 6세는 일제의 요청으로 경주 고분 발굴 작업에 참여했다. 그 고분 이름이 서봉총인데, 여기서 '서瑞'은 스웨덴을 가리키는 한자어다.

발굴에 참여하는 동안 구스타프 6세는 경주 교동에 있는 최 부자 고택의 안채에 머물렀다. 한중일 세 나라의 예술 중에서 한국의 예술을 특히 높이 평가했던 그는 소장하고 있는 고려자기의 순수하고 담백한 멋에 깊이 매료되었다. 당시 그를 직접 만난 적이 있는 영친왕은 그로부터 문화를 만드는 정신적 힘은 영원불멸하다는 말을 듣고 깊은 인상을 받았다고 했다.

바사 호가 발견되었을 때 구스타프 6세는 74세의 고령이었다. 그러나 고고학자로서의 호기심과 열정은 여전했다. 왕의 후원 아래 본격적인 인양 작업이 시작되었다. 케이블을 선체 밑으로 통과시켜 배 전체를 끌어올리기 위해 먼저 선체 밑을 통과하는 터널을 팠는데, 이 작업에만 꼬박 2년이 걸렸다. 그다음에는 펌프로 배에 쌓여 있는 뻘흙을 걷어내고, 선체를 조금씩 들어올리는 작업을 진행했다. 이렇게 온갖 기술적 난관을 뚫고 수년 동안 인양 작업에 매달렸다. 그 결과, 1961년 4월 24일 마침내 바사 호가 333년 만에 물 밖으로 모습을 드러냈다.

그렇게 오랜 기간 물속에 있었는데도 배의 보존 상태는 아주 양호했다. 복원할 때 선체의 98%를 그대로 사용할 수 있을 정도였다. 그 후 복원 전문가와 목수를 동원해 바사 호를 복원하고 보존하려는 작업이 본격적으로 시작되었다. 복원 작업은 1979년까지 계속되었는데, 300년 이상 바다 속에 잠겨 있던 선박을 복원하기란 결코 쉬운 일이 아니었다. 급선무는 바닷물을 잔뜩 머금은 목재를 건조하는 일이었다. 목재는 건조 과정 중에 수축되거나 갈라지기 쉬운데, 이를 막기 위해 선체에 계속 물을 뿌리는 작업을 병행해야 했다. 이렇게 배를 건조하는 데 꼬박 9년이 걸렸고, 보존제를 발라 목재의 상태를 안정화하는 데 17년이 소요되었다. 그러는 동안 배에서 발견된 유골과 유물에 대한 분석을 통해 선박에서의 생활상을 복원하는 작업도 병행해서 진행되었다.

1987년, 17년에 걸친 보존 작업을 마무리하고 선체가 일반에 공개되었다. 그와 동시에 스톡홀름 해안의 작은 섬에 바사 호 전용 박물관을 짓기

화려하게 채색된 바사 호의 장식물

시작했다. 건물이 절반 정도 지어졌을 때 선체를 박물관으로 옮긴 다음 나머지 작업을 마무리했다. 그리고 1990년 5월, 정식으로 바사 호 박물관을 개관했다.

밖에서 바라본 바사 박물관은 건물 자체가 거대한 선박처럼 보였다. 구리로 만든 지붕과 실물 크기의 돛대가 이곳이 선박 박물관임을 말해주고 있었다. 안으로 들어가니 어마어마하게 큰 배가 눈앞에 나타났다. 배의 바닥을 받치고 있는 용골에서부터 꼭대기까지 각기 다른 위치에서 배의 각 부분을 감상할 수 있었는데, 배를 장식한 수백 개의 조각상이 가장 먼저 눈에 들어왔다. 조각상들이 하나같이 화려하고 섬세했다. 전투 용도로 지은 배를 이렇게 화려하게 장식할 필요가 있었을까 싶을 정도였다. 사자상도 스무 개나 있었는데, 그 가운데 무게가 무려 2톤에 달하는 사자상도 있었다.

4층으로 이루어진 전시실에는 바사 호와 함께 발견된 선원들의 유골과 유품, 스웨덴 해군들의 선상 생활을 엿볼 수 있는 모형들이 전시되어 있었다. 또한 최첨단 문화재 복원 기술이 적용된 바사 호의 복원과 복구 전 과정을 담은 각종 기록물과 사진, 영상도 볼 수 있었다. 그중에서 배에서 발견된 유골을 바탕으로 복원한 선원들의 얼굴이 인상적이었다. 복원된 얼굴들을 보니 마치 살아 있는 사람을 보는 듯한 느낌이 들었다. 운명의 그날, 저 순박한 얼굴들은 설레는 가슴을 안고 배에 올랐을 것이다. 함박웃음을 지으며 마중 나온 사람들에게 손을 흔들었을 것이다. 그러나 불과 몇 분 후, 그들은 침몰하는 배와 함께 비극적인 최후를 맞았다.

　　그로부터 무려 370년이 흐른 1998년, 바로 이 배 앞에서 베를린 필의 유러피안 콘서트가 열렸다. 이날 베를린 필은 클라우디오 아바도의 지휘로 차이코프스키의 환상서곡 〈템페스트〉와 드뷔시의 〈세 개의 야상곡〉를 연주했다. 바사 호에 얽힌 침몰과 부활의 서사를 고려한 선곡이었다.

　　바사 호뿐만 아니라 바다를 항해하는 모든 배들은 '폭풍'과 맞서 싸워야 할 운명을 가지고 있다, 바사 호가 침몰하는 광경을 묘사한 기록에 의하면 갑자기 불어온 돌풍으로 배가 기울었다고 한다. 이렇게 바다로 나가는 배는 시시때때로 불어닥치는 바람의 횡포에 속수무책으로 당할 수밖에 없다. 차이코프스키의 〈템페스트〉는 바사 호뿐만 아니라 세상 모든 배가 숙명적으로 겪어야 할 침몰의 비극을 그리고 있다. 침몰한 바사 호는 깊은 바닷속에서 수백 년 동안 고독과 망각의 시간을 보냈다. 누구도 배가 어디 있는지 몰랐다. 그렇게 행방이 묘연해지면서 배는 신비로운 바다의 전설이 되었다.

　　〈템페스트〉에 이어서 연주된 드뷔시의 〈세 개의 야상곡〉 중 〈인어〉는

♪   바사 호 안에서의 생활을 보여주는 모형
♬   배 안에서 발견된 유골을 바탕으로 만든 선원들의 얼굴

바다의 전설처럼 신비한 곡이다. 달빛 비치는 은빛 물결 너머로 들리는 인어의 노래를 여성 합창이 부르는데, 나는 이 신비로운 노래를 들을 때마다 로렐라이 언덕의 전설이 떠오르곤 한다. 노을이 질 무렵, 로렐라이 바위 위에서 머리를 빗으며 노래를 부르는 인어의 모습에 홀려 수많은 배가 침몰했다는 바로 그 전설 말이다. 이렇게 침몰의 비극은 때론 신비로운 서사로 윤색되기도 한다. 바사 호에 울려 퍼진 인어의 노래가 그랬다. 노래가 너무나 아름답고 매혹적이어서 먼 옛날 이 배가 겪었던 비극을 까맣게 잊을 정도였다.

고대 신들의 향연

스톡홀름에는 예술을 사랑하는 사람이라면 반드시 가봐야 할 명소가 있다. 밀레의 정원Millesgården이다. 밀레 하면 〈만종〉의 화가 밀레를 생각하는 사람이 많을 것이다. 나도 처음에는 밀레가 스톡홀름까지 와서 정원을 만든 줄 알았다. 하지만 여기서 말하는 밀레는 그 밀레가 아니다. 스웨덴 출신의 조각가 카알 밀레Carl Milles(1875~1955)다.

조각가를 돌덩어리로 무언가를 만드는 예술계의 블루칼라라고 생각한 적이 있었다. 그런데 오래전 파리에 있는 로댕 미술관에서 로댕의 작품을 보고 나서 생각이 완전히 달라졌다. '세상에! 돌덩어리를 가지고 어떻게 이런 걸 만들 수 있지?' 생명 없는 돌덩어리가 조각가의 손에 의해 살아 있는 생명으로 탄생하는 것을 보며 조각가를 존경하게 되었다. 이렇게 멋진 일을 해낸 로댕이 신에 버금가는 존재처럼 위대해 보였다.

카알 밀레는 바로 이 로댕 밑에서 조각을 배웠다. 22살이던 1897년, 밀레는 체조 학교에 입학하기 위해 칠레로 가는 길에 잠시 파리에 들렀다. 그때 로댕의 작업실에서 조수로 일하게 되었는데, 이것이 그의 인생을 완전히 바꾸어놓았다. 조각이라는 장르에 매력을 느껴 로댕 밑에서 본격적으로 조각을 배우기 시작한 것이다. 그 뒤 밀레는 파리와 뮌헨에서 조각가로 활동했다.

1906년, 외국 생활을 정리하고 스웨덴으로 돌아온 밀레는 스톡홀름 근교 리딩외 섬에 있는 헤르세르두 절벽 위의 땅을 샀다. 그리고 2년에 걸쳐 집과 작업실을 짓고 정원을 만들었다. 바로 밀레의 정원이다.

밀레의 정원은 스톡홀름에서 그리 멀지 않은 곳에 있었다. 전철과 버스를 타고 한 20분 정도 갔던 것 같다. 입장료는 다소 비싼 편이었다. 그런데 갤러리에 전시된 작품들을 보니 비싼 입장료가 아깝지 않다는 생각이 들었다. 피카소, 달리, 레거, 로트랙, 로스코, 미로, 칸딘스키, 르누아르, 리히텐슈타인, 앤디 워홀, 니키드 생팔 등 기라성 같은 예술가들의 작품을 볼 수 있었기 때문이다. 이렇게 규모가 작은 갤러리에서 이렇게 중요한 작품을 보리라곤 미처 생각하지 못했다. 마치 위대한 예술의 성찬을 먹은 듯 황홀했다.

이어서 밀레가 살던 집과 작업실을 둘러보았다. 지금 이곳은 밀레가 생전에 수집한 고대 예술품을 전시하는 전시관으로 쓰이고 있다. 밀레는 화가인 아내 올가와 함께 1931년 미국으로 건너가 약 20여 년간 미국에서 활동했다. 그동안 조각가로서 세계적인 명성을 얻었고, 덕분에 상당한 부를 축적할 수 있었다. 그는 이렇게 번 돈의 대부분을 고대 그리스와 로마의 예술품을 구입하는 데 썼다. 밀레의 컬렉션은 200여 점이 넘는데, 북유럽에서 가장 많은 개인 컬렉션이라고 한다.

나폴리 풍경이 그려진 벽화와 트리튼 분수

고대 조각품이 놓여 있는 전시실로 들어가니 시간이 멈춘 듯한 느낌이 들었다. 말로만 듣던 고대 신화의 주인공들이 눈앞에 서 있었다. 밀레는 그리스 로마 신화와 북유럽 신화에서 작품의 소재를 찾았다고 한다. 여기에 늘어선 고대의 조각들이 그에게는 영감의 원천이었던 셈이다.

밀레는 미국에서 스웨덴으로 돌아온 뒤에도 매해 겨울은 따뜻한 이탈리아 로마에서 보냈다. 로마에 머무는 동안 이탈리아 여러 곳을 여행하고 아름다운 고대의 조각상을 사들였다. 이렇게 예술품을 사는 데에는 돈을 아끼지 않았지만 실제 생활은 검소했다고 한다. 그래서인지 화려한 전시실에 비해 주방은 의외로 소박했다. 주방에 있는 접시의 그림은 모두 화가인 올가가 직접 그린 것이다.

집을 돌아보는 중에 벽이 온통 빨간 방이 나타났다. 이탈리아 폼페이에서 영향을 받아 폼페이 스타일로 꾸몄다고 한다. 어디서 많이 봤다 싶더라니 역시 폼페이였다. 폼페이에 가면 이런 빨간색 벽이 많이 보인다. 이 색을 '폼페이 레드'라고 한다. 얼핏 보고 돌인 줄 알았는데 돌이 아니라 특수 채색 기법을 써서 빨간색 돌처럼 보이도록 했다고 한다.

원래 오픈 테라스였던 곳도 폼페이 풍의 다이닝과 갤러리로 개축했다. 바닥에 정교한 솜씨로 깔아놓은 모자이크 타일이 눈에 띄었다. 역시 폼페이에 있는 집에서 많이 본 것이었다. 정원 쪽을 향한 외벽에는 폼페이가

피리를 불고 있는 천사상

전망 좋은 언덕 위에 조성된 조각 공원

있는 나폴리의 풍광을 담은 벽화가 그려져 있고, 그 앞에 있는 분수에서는 포세이돈의 아들 트리톤이 물을 내뿜고 있다. 먼 고대로 시간 여행을 온 듯한 낭만적인 공간이었다. 밀레가 얼마나 고대 로마를 사랑하고 동경했는지 알 수 있었다.

집과 작업실을 구경하고 조각 공원으로 나오니 또 다른 세상이 펼쳐졌다. 발트해가 내려다보이는 전망 좋은 언덕에 조성된 조각 공원은 환상 그 자체였다. 바다의 신 포세이돈이 오른손에 커다란 물고기를 들고 발트해를 내려다보고 있는 모습이 인상적이었다. 그 뒤로 다양한 형상의 조각들이 자유분방하게 늘어서 있었는데, 포세이돈을 제외하고 메인 광장에 있는 대부분의 조각들이 높은 곳에 설치되어 있다는 점이 특이했다. 그래서 머리를 한껏 치켜들고 봐야 했다.

아가페 분수의 뮤즈들

밀레의 피조물들은 모두 움직이고 있었다. 하늘을 향해 펼친 신의 손가락 위에 서 있는 인간은 금방이라도 땅으로 떨어질 듯 아슬아슬한 자세를 하고 있었고, 앞으로 팔을 힘껏 뻗은 인간은 날개 달린 말 페가수스와 함께 하늘을 향해 날아오르고 있었다. 그 역동성에 감탄을 금치 못했다. 그동안 조각 작품을 많이 봤지만 이처럼 역동적인 작품은 처음이었던 것 같다. 어찌나 날렵하던지 움직임의 한순간을 포착한 스냅 사진을 보는 듯했다. 무겁고 정적인 재료의 물성을 단번에 날려버린 예술가의 역량에 감탄을 금치 못했다.

조각 공원은 또한 천사들의 놀이터이기도 했다. 파란 하늘을 배경으로 악기를 연주하고 있는 천사들의 모습이 눈에 들어왔다. 필시 천상의 음악을 연주하고 있으리라. 어떤 음악일까? 문득 헨델의 오라토리오 〈삼손〉에 나오는 〈빛나는 세라핌〉이 생각났다. 천상의 기쁨을 노래한 이 곡에는 트럼펫이 나온다. 세라핌은 천사이고, 트럼펫은 천사의 악기다. 외관도 그렇지만 소리에서도 금빛 광채가 난다. 음악에서 천상의 기쁨을 표현할 때는 언제나 트럼펫이 등장한다. 그렇게 밀레의 천사들은 파란 하늘을 날아다니며 천상의 음악을 연주하고 있었다.

정원에 있는 아가니페 분수에서도 밀레 작품 특유의 역동성을 느낄 수 있었다. 아가니페는 그리스 신화에 나오는 샘의 요정이다. 샘의 요정이니 당연히 물속에 있어야겠지만, 여기서는 물 바깥에 비스듬히 누워 물 안에 있는 세 명의 뮤즈를 바라보고 있다. 뮤즈는 학문과 예술을 관장하는 여신이다. 하지만 밀레는 뮤즈의 성별을 모두 남자로 바꿔버렸다. 남자로 변신한 뮤즈들은 각기 자기들이 신봉하는 예술의 상징을 들고 어디론가 달려가고 있다. 조각의 신은 페가수스 형상을, 그림의 신은 꽃다발을, 음악의 신은 색소폰을 들고 있다.

아가니페 분수의 뮤즈들은 그리스 신화에 나오는 우아한 뮤즈와는 거리가 멀다. 돌고래 등을 밟고 신나게 달려가는 모습이 그렇게 즐겁고 경쾌할 수가 없다. 신이라기보다 어디 장난칠 거리가 없나 찾아 나선 악동들 같기도 하고, 만화 캐릭터 같기도 하다. 학문과 예술을 관장하는 절대지존의 여신들을 이렇게 발랄한 모습으로 바꿔놓은 밀레의 도발성에 신선한 충격을 받았다.

밀레는 1955년에 세상을 떠났다. 그는 죽은 뒤 밀레의 정원에 묻히고 싶어 했다. 하지만 당시 스웨덴에서는 죽으면 반드시 교회 묘지에 묻어야 한다는 법이 있었다. 따라서 밀레의 정원에 시신을 매장하는 것은 불법이었다. 이때 스웨덴 국왕 구스타프 6세가 나서서 도와주었다. 밀레의 정원에 작은 예배당을 지어 그곳에 밀레가 묻힐 수 있도록 허락해준 것이다. 예술을 사랑한 왕 덕분에 밀레는 자신의 예술혼이 깃든 이곳에서 영원한 안식을 누리게 되었다.

숲이여! 바위여! 급류여!
나는 그대들을 숭배한다.
오! 찬란하게 반짝이는 세계여!
너를 보면 내 심장이 뛴다.
너무나 광대한 심장과
더 많은 것을 갈구하는 영혼!
그것들이 순간의 행복을 위해
하늘을 탐색한다.

여행은 낯선 시간 속의
나를 만나는 것

나는 '낯선 곳'에 가는 것을 좋아한다. 내가 여행을 좋아하는 이유다. 꼭 근사한 풍경이나 굉장한 볼거리가 없는 곳이어도 좋다. 그저 내가 알지 못하는 낯선 곳이면 된다. 그런 곳에서 나는 과거로의 시간 여행을 경험하곤 한다. 낯선 곳에서 낯선 풍광과 낯선 사람들을 만나다 보면, 지금은 기억조차 희미한 과거의 어느 시간 속으로 순간 이동한 듯한 느낌을 받는다. 여행을 떠난다는 것은 나에게 먼 과거로의 시간 여행을 떠나는 것과 같은 의미를 지닌다. 낯선 소도시의 골목길을 걷는 연인들을 보면서 젊은 시절 보았던 영화의 한 장면을 떠올리고, 황혼으로 물든 바닷가를 걸으며 삶의 가장 아름다운 시절 가슴 설레며 들었던 음악의 한 구절을 떠올린다.

책을 쓰면서 여기저기 참 많이 돌아다녔구나 하는 생각이 들었다. 사실 이 책에서 소개한 여행지를 방문한 시기는 각기 다르다. 30년 전부터 최근에 이르기까지 아주 다양하다. 그래서 최신 정보를 빠트린 것도 있을 것이다. 하지만 그런 부분은 인터넷을 찾아보면 언제라도 알 수 있으니 그리 걱정하지 않는다. 내가 이 책을 통해서 독자들에게 전달하고 싶은 것은 정보가 아니라 '이야기'이기 때문이다.

이야기 위주로 여행지를 정하다 보니 소개한 곳 가운데 남들이 잘 가지 않는, 이른바 인기 여행지가 아닌 곳이 다수 포함된 것도 사실이다. 마리 앙투아네트의 작은 극장이라든가 루소의 집, 볼테르 성, 실러의 생가 같은 곳에는 사람들이 별로 없다. 실제로 가서 보고 실망할 수도 있다. 그러나 나는 집이나 성 그 자체보다 그 공간에 스며든 이야기를 알고 싶고, 전하고 싶었다. 먼 옛날 그 공간에서 울고 웃고 살았던 사람들의 숨결을 느끼고, 시공을 초월한 영혼의 대화를 나누고 싶었다.

여행은 낯선 시간 속의 나를 만나는 것

베르사유 궁전의 후미진 곳에 있는 왕비의 극장에서 오페라를 좋아했던 철부지 왕비 마리 앙투아네트를 만나고, 샹베리의 루소의 집에서는 정원에서 허브 농사를 짓고 과수원을 산책하는 자연주의자 루소를 만났으며, 독일의 작은 시골 마을 마르바흐에서는 찢어지게 가난했는데도 불구하고 문학에의 열정을 불태웠던 청년 시절의 실러를 만났다. 그들이 겪었을 삶의 애환, 그 시대적 한계를 잘 알고 있던 나는 마음속으로 울었고, 그것을 극복하고자 했던 그 노력들이 가상해서 웃었다.

최근에 이탈리아의 소렌토에 다녀왔다. 하지만 키루소가 묵었던 방에는 묵지 못했다. 숙박비가 천만 원을 훌쩍 넘었기 때문이다. 이로써 미래의 어느 날, 카루소가 묵었던 방에서 묵으리라는 내 소원은 이번 생에서는 이룰 수 없게 되었다. 영원히 미완으로 남겨둘 수밖에 없는 꿈이 되어버린 것이다. 글쎄, 다음 생에는 가능하려나.

　　건강이 허락하는 한, 나는 낯선 시간 속으로의 여행을 계속할 것이다. 그때는 또 어느 공간에서 누굴 만날지 벌써부터 설렌다. 그 설레는 마음을 담아 또다시 여행을 하고, 그 이야기를 독자 여러분과 같이 나눌 날을 기대해본다.

2025년 12월

진회숙

여행은 낯선 시간 속의 나를 만나는 것

본문에 수록된 사진들은 아래 크레딧을 제외하면
모두 저자가 직접 촬영한 사진이다.

11p, 20p, 24p, 29p, 34p, 39p, 50p, 54p, 58p 상단, 66p, 72p, 89p,
96p 상단, 98p, 109p, 111p, 115p 우측, 117p, 123p, 128p, 131p,
132p, 134p~135p, 143p, 145p, 148p, 151p, 158p, 168p 상단,
187p, 195p, 199p, 211p, 212p 하단, 243p 우측, 252p 상단, 265p,
276p 상단, 281p, 284p, 288p, 290p~291p, 294p, 320p, 323p,
326p 하단, 328p~329p, 333p, 357p, 365p, 368p, 378p, 379p,
381p, 387p, 389p, 392p~393p, 401p, 402p 하단, 405p, 409p,
412p, 422p~423p, 426p, 436p~437p, 452p, 456p, 465p, 471p,
484p 상단, 493p, 502p, 515p, 516p, 518p @ Alamy

14p, 36p, 56p, 64p, 85p 좌측, 103p, 104p, 163p, 171p, 183p,
188p 상단, 223p, 237p, 256p, 258p 하단, 267p, 272p, 305p,
310p, 314p, 350p~351p, 439p, 448p @ 123RF

길 위의 클래식

초판 1쇄 인쇄 2025년 12월 10일
초판 1쇄 발행 2025년 12월 17일

지은이 진회숙
펴낸이 고영성

책임편집 박유진
디자인 이화연

펴낸곳 주식회사 상상스퀘어
출판등록 2021년 4월 29일 제2021-000079호
주소 경기도 성남시 분당구 성남대로 52, 그랜드프라자 604호
팩스 02-6499-3031
이메일 publication@sangsangsquare.com
홈페이지 www.sangsangsquare-books.com

ISBN 979-11-988543-7-7 (03670)

· 상상스퀘어는 출간 도서를 한국작은도서관협회에 기부하고 있습니다.
· 이 책은 저작권법에 따라 보호를 받는 저작물이므로 무단 전재와 복제를 금지하며,
  이 책 내용의 전부 또는 일부를 사용하려면 반드시 저작권자와 상상스퀘어의 서면 동의를 받아야 합니다.
· 파손된 책은 구입하신 서점에서 교환해 드리며 책값은 뒤표지에 있습니다.